"十三五"普通高等教育本科规划教材

电子商务与快递物流综合信息技术实训系列教材

物流配送路径优化与物流跟踪实训

周晓光 杨萌柯 方亮 编著

内 容 简 介

本书共计 9 章,包括概述篇、基础知识篇和实训篇三大部分。概述篇介绍了物流配送与跟踪的基础知识;基础知识篇介绍了车辆路径优化问题,以及地理信息系统、全球定位系统、条码技术、射频识别技术等物流跟踪技术;实训篇介绍了 MATLAB 编程基础知识、地图最短路径算法、单配送中心单车辆多算法求解实例,在此基础上介绍了两个用相关算法求解的案例,最后提供了物流配送路径优化地理信息系统实训操作教程,使读者在获得理论知识的基础上,通过实训加深对物流配送路径优化与物流跟踪相关知识的理解。

本书作为电子商务与快递物流综合实训系列教材的实训教材,以理论与实践相结合,根据课程教学的实际需要,进行相关算法的编程,突出培养实践技能,着眼于提高读者的理论知识以及将理论知识应用到实际应用中的能力,具有较强的实用价值。

本书可作为物流工程、物流管理等相关专业的教学用书,也适用于具有一定的 MATLAB 语言基础和对路径优化算法感兴趣的读者。

图书在版编目(CIP)数据

物流配送路径优化与物流跟踪实训 / 周晓光,杨萌柯,方亮编著. —北京:北京大学出版社,2017.11
(电子商务与快递物流综合信息技术实训系列教材)
ISBN 978-7-301-28763-7

Ⅰ. ①物… Ⅱ. ①周… ②杨… ③方… Ⅲ. ①物资配送—物资管理—高等学校—教材 Ⅳ. ① F252.2

中国版本图书馆 CIP 数据核字(2017)第 224296 号

书　　　名	物流配送路径优化与物流跟踪实训
	WULIU PEISONG LUJING YOUHUA YU WULIU GENZONG SHIXUN
著作责任者	周晓光　杨萌柯　方亮　编著
策划编辑	刘　丽
责任编辑	翟　源
数字编辑	陈颖颖
标准书号	ISBN 978-7-301-28763-7
出版发行	北京大学出版社
地　　　址	北京市海淀区成府路 205 号　100871
网　　　址	http://www.pup.cn　新浪微博:@北京大学出版社
电子信箱	pup_6@163.com
电　　　话	邮购部 62752015　发行部 62750672　编辑部 62750667
印 刷 者	北京虎彩文化传播有限公司
经 销 者	新华书店
	787 毫米 × 1092 毫米　16 开本　17.5 印张　411 千字
	2017 年 11 月第 1 版　2023 年 1 月第 3 次印刷
定　　　价	42.00 元

未经许可,不得以任何方式复制或抄袭本书之部分或全部内容。
版权所有,侵权必究
举报电话:010-62752024　电子信箱:fd@pup.pku.edu.cn
图书如有印装质量问题,请与出版部联系,电话:010-62756370

前言
PREFACE

随着电子商务的不断发展，快递和物流服务已经深入到人们生活的方方面面。然而从产业发展的角度看，快递、物流都不仅仅是收件和投递那么简单。"互联网＋物流"也并非快递企业、物流企业简单开发一个APP而已。2015年5月，中华人民共和国商务部发布了《"互联网＋流通"行动计划》，计划提出，将在农村电商、线上线下融合及跨境电商等方面创新流通方式，释放消费潜力，解决电商"最后一公里"和"最后一百米"的问题。这对物流业来说是机遇也是挑战，以网购为代表的电子商务正在逐渐成为消费主流，该行业若无法突破自身瓶颈，必将限制电子商务的壮大，而"互联网＋物流"无疑具备着颠覆快递企业、物流企业传统的运营模式，使其再度焕发生机的能力。

物流业作为企业的"第三利润来源"备受关注。在得知物流业有可观的发展前景之后，上至政府下到企业纷纷探讨如何提高物流利润，使其成为一个重要的发展行业。通过分析研究发现：配送成本在物流的各项成本中占有相当高的比例，高效率、合理地配送是物流系统顺利运行的保障，配送路线安排合理与否对配送速度、成本、效益影响很大，合理正确地安排配送车辆，实现合理的线路规划，可以有效地节约配送成本，简化配送程序、减少配送频率、缩短配送时间、提高车辆利用率，从而提高企业经济效益与客户服务水平，使企业达到科学化的物流管理水平，带来更大的效益，这也是企业提高自身竞争力的有效途径之一。因此，配送路径的优化选择引起了各界人士的关注。

本书根据系统性、完整性的要求，全面阐述了物流配送路径优化与物流跟踪的基本问题。概述篇通过介绍物流配送与跟踪的基础知识、电子商务发展下物流配送模式、快递物流智能化跟踪系统，使读者对物流配送路径优化与物流跟踪的问题有一个直观地了解。在此基础上，基础知识篇介绍了车辆路径优化问题模型及4种物流跟踪技术，分别是地理信息系统、全球定位系统、条码技术和射频识别技术，使读者进一步加深对物流配送路径优化与跟踪问题的理解。实训篇介绍了MATLAB编程基础、地图最短路径算法，着重讲解了单配送中心单车辆多算法求解实例，包括遗传算法、混合粒子群算法、模拟退火算法、蚁群算法多种路径优化算法，并给出了MATLAB程序源码。此外，用蚁群算法对物流公司A配送方案进行分析、用遗传算法对北京市某区域共同配送中心案例进行分析，使读者熟练地掌握路径优化算法。在本书的最后，提供了物流配送路径优化地理信息系统实训操作教程，使读者在获得理论知识的基础上，通过实训加深对物流配送路径优化与跟踪相关知识的理解。

本书通过零基础、可操作的实训教学方案，为读者提供实用的物流配送规划指导；书中完整可靠的配送案例程序解读，方便读者进行学习和实操实践；基于实际快递物流配送问题的案例求解，真正实现理论与实践相结合。作为电子商务与快递物流综合实训系列教材之一，具有较强的实用价值。

本书由作者及所领导的电子商务与物流协同发展研究院[北京邮电大学和中科富创（北京）科技有限公司联合成立]的研发队伍编写而成，在此特别感谢张琦、邓庆元、白玉凤、杨宁、周红艳、王海霞、郑磊、刘刚、潘彦、孙琼、于清几位研究员，没有他们的辛勤劳动，就不可能有本书的完成。

由于作者水平有限，加之时间仓促，书中可能出现不完善和疏漏之处，敬请读者批评指正。

编 者
2017 年 8 月

【资源索引】

目录
CONTENTS

概 述 篇

第 1 章 物流配送与跟踪概述 …………………………………………… 1
  1.1 物流配送 ………………………………………………………… 2
    1.1.1 配送的概念 ……………………………………………… 2
    1.1.2 配送的特点 ……………………………………………… 2
    1.1.3 配送的分类 ……………………………………………… 3
    1.1.4 配送的意义和作用 ……………………………………… 6
  1.2 电子商务与快递物流配送 ……………………………………… 7
  1.3 快递物流配送智能化跟踪系统 ………………………………… 10
  本章小结 ……………………………………………………………… 13
  习题 …………………………………………………………………… 13

基础知识篇

第 2 章 配送路径优化问题 ……………………………………………… 15
  2.1 配送路径优化概述 ……………………………………………… 16
  2.2 常见 TSP 模型的求解方法 ……………………………………… 18
    2.2.1 图解法 …………………………………………………… 18
    2.2.2 启发式算法 ……………………………………………… 19
  2.3 车辆优化调度问题的模型分析与建立 ………………………… 22
    2.3.1 车辆优化调度问题的一般描述 ………………………… 22
    2.3.2 数学模型的分析与建立 ………………………………… 23
  2.4 求解车辆优化调度问题的算法 ………………………………… 28
    2.4.1 精确算法 ………………………………………………… 30
    2.4.2 启发式算法 ……………………………………………… 31
  本章小结 ……………………………………………………………… 38
  习题 …………………………………………………………………… 38

第 3 章 物流跟踪技术 …………………………………………………… 41
  3.1 GIS …………………………………………………………………… 42

3.1.1 GIS 的含义	42
3.1.2 GIS 的功能	43
3.1.3 GIS 的应用	46
3.1.4 GIS 应用软件	49
3.2 GPS	53
3.2.1 GPS 概述	53
3.2.2 GPS 的组成	54
3.2.3 GPS 的基本特点	57
3.2.4 GPS 的应用	58
3.3 条码技术	59
3.3.1 条码概述	59
3.3.2 条码符号的组成及相关参数与概念	61
3.3.3 常见条码	62
3.3.4 条码技术的应用	67
3.4 RFID 技术	68
3.4.1 RFID 技术概述	68
3.4.2 RFID 系统的组成	69
3.4.3 RFID 技术的应用领域	73
3.5 案例分析	75
本章小结	76
习题	77

实 训 篇

第4章 MATLAB 编程基础	78
4.1 变量和数据	79
4.1.1 数据类型	79
4.1.2 数据	79
4.1.3 变量	80
4.2 矩阵和数组	81
4.2.1 矩阵输入	81
4.2.2 矩阵元素和操作	85
4.2.3 字符串	90
4.2.4 矩阵和数组运算	93
4.2.5 多维数组	104
4.3 多项式	107
4.3.1 多项式的求值、求根和部分分式展开	107
4.3.2 多项式的乘除法和微积分	109
4.3.3 多项式拟合和插值	110
4.4 元胞数组和结构数组	113

　　　　4.4.1　元胞数组 ………………………………………………………………… 113
　　　　4.4.2　结构数组 ………………………………………………………………… 116
　4.5　符号表达式的建立 ……………………………………………………………………… 119
　　　　4.5.1　创建符号常量 …………………………………………………………… 119
　　　　4.5.2　创建符号变量和表达式 ………………………………………………… 120
　　　　4.5.3　符号矩阵 ………………………………………………………………… 122
　4.6　符号表达式的代数运算 ………………………………………………………………… 123
　　　　4.6.1　符号表达式的代数运算 ………………………………………………… 123
　　　　4.6.2　符号数值任意精度控制和运算 ………………………………………… 125
　　　　4.6.3　符号对象与数值对象的转换 …………………………………………… 126
　4.7　符号表达式的操作和转换 ……………………………………………………………… 127
　　　　4.7.1　符号表达式中自由变量的确定 ………………………………………… 127
　　　　4.7.2　符号表达式的化简 ……………………………………………………… 128
　　　　4.7.3　符号表达式的替换 ……………………………………………………… 131
　　　　4.7.4　求反函数和复合函数 …………………………………………………… 132
　　　　4.7.5　符号表达式的转换 ……………………………………………………… 133
　4.8　符号函数的可视化 ……………………………………………………………………… 135
　　　　4.8.1　符号函数的绘图命令 …………………………………………………… 135
　　　　4.8.2　图形化的符号函数计算器 ……………………………………………… 136
　4.9　二维曲线的绘制 ………………………………………………………………………… 137
　　　　4.9.1　基本绘图命令 plot ……………………………………………………… 137
　　　　4.9.2　绘制曲线的一般步骤 …………………………………………………… 141
　　　　4.9.3　多个图形绘制的方法 …………………………………………………… 141
　　　　4.9.4　曲线的线型、颜色和数据点形 ………………………………………… 144
　　　　4.9.5　设置坐标轴和文字标注 ………………………………………………… 145
　　　　4.9.6　交互式图形命令 ………………………………………………………… 148
　4.10　脚本文件和函数文件 …………………………………………………………………… 149
　　　　4.10.1　M 文本编辑器 ………………………………………………………… 149
　　　　4.10.2　M 文件的基本格式 …………………………………………………… 150
　　　　4.10.3　M 脚本文件 …………………………………………………………… 151
　　　　4.10.4　M 函数文件 …………………………………………………………… 152
　4.11　程序流程控制 …………………………………………………………………………… 153
　　　　4.11.1　for…end 循环结构 …………………………………………………… 153
　　　　4.11.2　while…end 循环结构 ………………………………………………… 154
　　　　4.11.3　if…else…end 条件转移结构 ………………………………………… 155
　　　　4.11.4　switch…case 开关结构 ……………………………………………… 156
　　　　4.11.5　try…catch…end 试探结构 …………………………………………… 157
　　　　4.11.6　流程控制语句 ………………………………………………………… 158
　4.12　函数调用和参数传递 …………………………………………………………………… 160
　　　　4.12.1　子函数和私有函数 …………………………………………………… 160
　　　　4.12.2　局部变量和全局变量 ………………………………………………… 161

          4.12.3　函数的参数 · 162
          4.12.4　程序举例 · 165
    4.13　低级文件的输入/输出 · 166
          4.13.1　打开和关闭文件 · 166
          4.13.2　读写格式化文件 · 167
          4.13.3　读写二进制数据 · 169
          4.13.4　文件定位 · 170
    本章小结 · 172
    习题 · 173

第 5 章　地图最短路径算法 · 174
    5.1　Dijkstra 算法 · 175
    5.2　Floyd 算法 · 176
    5.3　A*算法 · 178
    本章小结 · 183
    习题 · 183

第 6 章　单配送中心单车辆多算法求解实例 · 184
    6.1　遗传算法求解 TSP · 185
          6.1.1　算法及案例简介 · 185
          6.1.2　程序源码 · 185
          6.1.3　优化结果 · 194
    6.2　混合粒子群算法求解 TSP · 196
          6.2.1　算法及案例简介 · 196
          6.2.2　程序源码 · 197
          6.2.3　优化结果 · 203
    6.3　模拟退火算法求解 TSP · 204
          6.3.1　算法及案例简介 · 204
          6.3.2　程序源码 · 205
          6.3.3　优化结果 · 210
    6.4　蚁群算法求解 TSP · 212
          6.4.1　算法及案例简介 · 212
          6.4.2　程序源码 · 213
          6.4.3　优化结果 · 217
    本章小结 · 218
    习题 · 219

第 7 章　物流公司 A 配送方案分析 · 220
    7.1　案例背景 · 221
    7.2　问题分析与模型建立 · 222
    7.3　蚁群算法 · 223

  7.3.1 蚁群算法基本原理 ……………………………………………………… 223
  7.3.2 蚁群算法基本模型 ……………………………………………………… 224
  7.3.3 改进的蚁群算法 VRP 模型 …………………………………………… 225
 7.4 算法程序的实现 ……………………………………………………………… 226
 7.5 配送方案与结果分析 ………………………………………………………… 230
  7.5.1 α 对配送路径优化求解的影响 ………………………………………… 230
  7.5.2 β 对配送路径优化求解的影响 ………………………………………… 231
  7.5.3 ρ 对配送路径优化求解的影响 ………………………………………… 232
  7.5.4 确定最优参数组合 ……………………………………………………… 233
 本章小结 ……………………………………………………………………………… 233

第8章 北京市某区域共同配送中心案例分析 ……………………………………… 234
 8.1 案例背景 ……………………………………………………………………… 235
 8.2 项目系统性分析 ……………………………………………………………… 235
 8.3 物流配送调度优化解决方案 ………………………………………………… 236
  8.3.1 数据采集和整理 ………………………………………………………… 236
  8.3.2 遗传算法介绍 …………………………………………………………… 238
  8.3.3 遗传算法设计 …………………………………………………………… 241
  8.3.4 算法比较验证 …………………………………………………………… 244
  8.3.5 遗传算法程序实现 ……………………………………………………… 248
  8.3.6 实验计算和结果 ………………………………………………………… 254
 本章小结 ……………………………………………………………………………… 255

第9章 快递物流配送路径优化和监控系统案例分析 ………………………………… 256
 9.1 案例背景 ……………………………………………………………………… 257
 9.2 系统解决方案 ………………………………………………………………… 257
  9.2.1 物流配送路径优化系统 ………………………………………………… 257
  9.2.2 快递物流跟踪监控系统 ………………………………………………… 258
 9.3 物流配送路径优化系统展示 ………………………………………………… 261
  9.3.1 引言 ……………………………………………………………………… 261
  9.3.2 基本环境配置 …………………………………………………………… 261
  9.3.3 操作说明 ………………………………………………………………… 263
  9.3.4 数据交互 ………………………………………………………………… 265
 本章小结 ……………………………………………………………………………… 266
 习题 …………………………………………………………………………………… 267

附录 主要术语 ……………………………………………………………………………… 268
参考文献 ……………………………………………………………………………………… 271

概述篇

第 1 章 物流配送与跟踪概述

【学习目标】
(1) 学习配送的概念、特点、分类、意义及作用。
(2) 了解电子商务发展下的快递物流配送模式。
(3) 了解快递物流配送智能化跟踪系统。

【学习重点】
配送的概念、特点、分类、意义及作用。

【学习难点】
(1) 了解电子商务发展下的快递物流配送模式。
(2) 了解快递物流配送智能化跟踪系统。

物流配送对于完善物流系统，提高整个社会的经济效益具有重要作用。物流配送能够降低整个社会物资的库存水平，有利于降低物流费用，提高物流效率，提升物流服务水平。其可以从根本上打破条块分割的流通体制，实现流通社会化、物流产业化。物流跟踪主要是指对物流的运输载体及物流活动中涉及的物品所在地进行跟踪。通过跟踪货运车辆与货物的运输情况，使货主及车主能随时了解车辆与货物的位置与状态，保障整个物流过程的有效监控与快速运转。本章主要介绍了配送的基本知识、电子商务与快递物流配送的关系，以及快递物流配送智能化跟踪系统。

【拓展视频】

1.1　物流配送

配送是物流中一种特殊的、综合的活动形式，配送作为物流的基本功能之一，在其中占有相当重要的地位。合理化配送对整个物流活动的高效率、高水平起着至关重要的作用，是保证物流企业正常运转、良性发展的前提条件。本节将介绍配送的一些基本知识，包括配送的概念、特点、分类、意义及作用等。

1.1.1　配送的概念

配送是现代流通业的一种经营方式。国家标准《物流术语》GB/T 18354—2006 将物流定义为物流是指物品从供应地向接收地的实体流动过程。在物品的流动过程中，根据实际需要，将运输、储存、装卸、搬运、包装、流通加工、配送、信息处理等基本功能实施有机结合。配送是指在经济合理区域范围内，根据客户要求，对物品进行拣选、加工、包装、分割、组配等作业，并按时送达指定地点的物流活动。物流与配送关系紧密，在具体活动中往往交织在一起，为此人们时常把物流配送连在一起表述。随着物流配送向集约化、一体化的方向发展，人们常将配送的各环节综合起来，其核心部分为配送车辆的集货、货物配装及送货过程。对配送系统进行优化，主要就是配送车辆调度优化。电子商务下的物流配送过程如图 1.1 所示，即从仓库分拣发货，经自营或第三方物流配送到客户签收的过程。

1.1.2　配送的特点

配送具有以下特点。

（1）配送与送货概念的区别在于，配送并不是一般概念的送货，也不是生产企业推销产品时直接从事的销售性送货，而是从物流据点至用户的一种特殊送货形式。从送货功能看，其特殊性表现在：①从事送货的是专职流通企业，而不是生产企业；②配送是"中转"型送货，而一般送货尤其是从工厂至用户的过程往往是"直达"型的；③一般送货

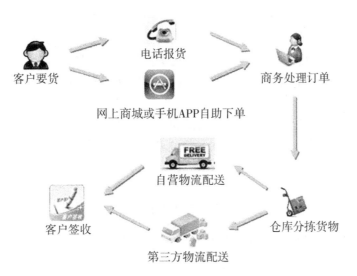

图 1.1　电子商务下的物流配送过程

是生产什么送什么,有什么送什么,配送则是需要什么送什么。

(2)配送与输送、运输概念的区别在于,配送不是单纯的运输或输送,而是运输与其他活动共同构成的有机体。配送所包含的那一部分运输活动在整个输送过程中处于"二次输送""支线输送""末端输送"的位置。其起止点分别是物流据点和用户,这也是配送不同于一般输送的一个特点。

(3)配送与一般概念的供应或供给的区别在于,配送不是广义概念的组织物资订货、签约、结算、进货及对物资处理分配的供应。从服务方式来讲,配送是一种"门到门"的服务,可以将货物从物流据点一直送到用户的仓库、营业所、车间乃至生产线的起点。

(4)配送与运送、发放、投送概念的区别在于,配送是在全面配货基础上,充分按照要求,包括种类、种类措施、数量、时间等方面的要求所进行的运送。因此,配送除了各种"运""送"活动外,还要从事大量分货、配货、配装等工作,是"配"和"送"的有机结合形式。

1.1.3　配送的分类

1. 按实施配送的节点不同进行分类

1)配送中心

配送组织者是专职从事配送的配送中心,规模较大,有的配送中心需要储存各种商品,储存量也比较大。有的配送中心专职于配送,储存量较小,货源靠附近的仓库补充。由于配送中心配送覆盖面较宽,配送规模较大,因此必须有一套配套的大规模实施配送的设施,如配送中心建筑、车辆、路线等。配送中心一旦建成便很难改变,灵活机动性较差,投资较高,在实施配送时难以一下子大量建设配送中心。因此,这种配送形式有一定的局限性。

2）仓库配送

仓库配送是以传统的仓库为据点而实施的配送形式。它可以把仓库完全改造成配送中心，也可以以仓库原功能为主，在保持原功能的前提下，增加一部分配送职能。由于仓库不是专门按配送中心要求设计和建立的，因此仓库配送规模较小，配送的专业化程度低。

3）商店配送

商店配送是以商店为据点组织的配送活动。组织者是商业或物资的门市网点，这些网点主要承担商品的零售，规模一般不大，但经营品种较齐全。这种配送组织者实力有限，往往只是小批量、零星商品的配送。

4）厂矿企业配送

厂矿企业配送是以工矿企业成品库为据点开展的配送活动。

2. 按配送商品的种类和数量的多少进行分类

1）单（少）品种大批量配送

当生产企业所需的物资品种较少，或只需某个品种的物资，且需要量较大、较稳定时，可实行此种配送形式。这种形式多由生产企业直送客户，但为了降低客户库存量，也可由配送中心进行配送。

2）多品种少批量配送

在现代化生产发展过程中，由于消费者的需求在不断发生变化，市场的供求状况也随之变化。这就促使生产企业的生产向多样化方面发展，消费者需求的变化，也引起了企业对产品配送需求方面的变化，在配送上也应按照客户要求，随时改变配送物资的品种和数量，或增加配送次数。这样，一种多品种、少批量、多批次的配送形式也就应运而生。

3）配套成套配送

这是一种为满足装配企业的生产需要，按其生产进度，将装配的各种零配件、部件、成套设备定时送达生产线进行组装的配送形式。

3. 按配送时间和数量的多少进行分类

1）定时配送

按规定时间或时间间隔进行的配送称为定时配送。定时配送的时间由配送的供给与需求双方通过协议确认。由于时间确定，客户易于根据自己的经营情况，按照最理想的时间进货，也易于安排接货力量。对于配送供给企业而言，易于安排工作计划，有利于对多个客户实行共同配送，以减少成本投入。但是，由于配送物品种类变化，配货、装货难度较大，因此当要求配送数量变化较大时，也会使安排配送运力出现困难。

2）定量配送

定量配送是指按照规定的批量，在一个指定的时间范围内进行配送。这种配送方式数量固定，备货工作较为简单，可以根据托盘、集装箱及车辆的装载能力规定配送的定量，能够有效利用托盘、集装箱等集装方式，也可做到整车配送，配送效率较高。由于定量配送的时间不严格限定，因此可以将不同客户所需的物品凑成整车后配送，运力得以很好地利用。对于客户来讲，每次接货都处理同等数量的货物，有利于人力、物力的准备工作。

3）定时定量配送

定时定量配送指按照规定的配送时间和配送数量进行配送，兼有定时、定量两种方式的优点，是一种精密的配送服务方式。这种方式要求有较高的服务质量水平，组织工作难度很大，通常针对固定客户进行这项服务。由于适合采用定时定量配送的对象不多，很难实行共同配送等配送方式，因而成本较高，在客户有特殊要求时采用，不是一种普遍适用的方式。

4）定时定路线配送

定时定路线配送是指在规定的运行路线上，制定配送车辆到达的时间表，按运行时间表进行配送的一种配送方式。采用这种方式有利于配送企业计划安排车辆和驾驶人员，可以依次对多个客户实行共同配送，比较容易管理，配送成本较低。对于客户而言，既可以在确定的路线、确定的时间表上进行选择，又可以有计划地安排接货力量，客户也乐于接受这种服务方式。

5）即时配送

即时配送是指完全按照客户突然提出的时间、数量方面的配送要求，随即进行配送的方式。

4. 按经营形式不同进行分类

1）销售配送

销售配送是指配送企业是销售性企业，或者是指销售企业作为销售战略的一环所进行的促销型配送。一般来讲，这种配送形式的配送对象是不固定的，客户也通常是不固定的，配送对象和客户往往根据对市场的占有情况而定。其配送的经营状况也取决于市场状况，因此，这种形式的配送随机性较强，计划性较差。各种类型的商店配送一般多属于销售配送。

2）供应配送

供应配送是指客户为了自己的供应需要所采取的配送形式。在这种配送形式下，一般来讲首先由客户或客户集团组建配送据点，集中组织大批量进货，以便获取批量折扣，然后向本企业配送或向本企业集团若干企业配送。在大型企业、企业集团或联合公司中，常常采用这种配送形式组织对本企业的供应，如商业中广泛采用的连锁商店，就常常采用这种方式。用配送方式进行供应，是保证供应水平、提高供应能力、降低供应成本的重要方式。

3）销售供应一体化配送

销售供应一体化配送是配送经营中的重要形式，这种形式有利于形成稳定的供需关系，有利于采取先进的计划手段和技术手段，有利于保持流通渠道的畅通稳定，因而受到人们的关注。

4）代存代供配送

代存代供配送是指客户先将属于自己的货物委托给配送企业代存、代供，有时还委托代订，然后组织对本身的配送。这种配送在实施时不发生物品所有权的转移，配送企业只是客户的委托代理人。物品所有权在配送前后都属于客户所有,所发生的仅是商品物理位置的转移。配送企业仅从代存、代供中获取收益,而不能获得物品销售的经营性收益。在这种配送方式下,商物是分流的。

1.1.4 配送的意义和作用

【拓展案例】 【拓展视频】

1. 完善输送及整个物流系统

第二次世界大战爆发之后,大吨位、高效率运输力量的出现,使得干线运输无论在铁路、海运或公路方面都达到了较高水平,长距离、大批量的运输实现了低成本化。但是,在所有的干线运输之后,往往都要辅以支线运输或小搬运,这种支线运输及小搬运成了物流过程的一个薄弱环节。这个环节有许多与干线运输不同的特点,如要求灵活性、适应性、服务性,使运力利用不合理、成本过高等问题难以解决。采用配送方式可以将支线运输及小搬运统一起来,使输送过程得以优化和完善。

2. 提高末端物流的效益

采用配送方式,既可通过增大经济批量来达到经济地进货,又可通过将各种商品用户集中在一起进行一次发货,代替分别向不同用户小批量发货从而达到经济地发货,使末端物流经济效益提高。

3. 通过集中库存使企业实现低库存或零库存

实现了高水平的配送之后,尤其是采取准时配送方式之后,生产企业可以完全依靠配送中心的准时配送而不需保持自己的库存。或者,生产企业只需保持少量保险储备而不必留有经常储备,这就可以实现生产企业多年追求的零库存,使企业从库存中解脱出来,同时解放出大量储备资金,从而改善企业的财务状况。

集中库存的总量远低于不实行集中库存时各企业分散库存的总量。实行集中库存既增加了企业的调节能力,也提高了社会经济效益。此外,采用集中库存可利用规模经济的优势,使单位存货成本下降。

4. 简化事务并方便用户

采用配送方式,用户只需向一处订购,或和一个进货单位联系就可订购到以往需要去许多地方才能订到的货物,只需组织对一个配送单位的接货便可代替现有的高频率接货,因而大大减轻了客户工作量和负担,节省了事务开支。

5. 提高供应保证程度

如果生产企业自己保持库存、维持生产,那么供应保证程度很难提高,这是因为受到库存费用的制约。采取配送方式,配送中心可以比任何单位企业的储备量更大,因而对每个企业而言,中断供应、影响生产的风险便相对缩小,使客户免去短缺之忧。

案例

戴尔高效物流配送体系

在不到 20 年的时间内，戴尔计算机公司的创始人迈克尔·戴尔，白手起家把公司发展到 250 亿美元的规模。即使面对美国经济的低迷，在惠普等超大型竞争对手纷纷裁员减产的情况下，戴尔仍以两位数的发展速度飞快前进。

时任戴尔公司分管物流配送的副总裁迪克·亨特一语道破天机："我们只保存可供 5 天生产的存货，而我们的竞争对手则保存 30 天、45 天，甚至 90 天的存货。这就是区别。"

物流配送专家詹姆斯·阿尔里德在其专著《无声的革命》中写道，主要通过提高物流配送打竞争战的时代已经悄悄来临。看清这点的企业和管理人员才是未来竞争激流中的弄潮者，否则，一个企业将可能在新的物流配送环境下苦苦挣扎，甚至被淘汰出局。

（资料来源：http：//wenku.baidu.com/link?url=wEMnF469R3uQSj9pDD6Y5QZZhbzVe--FPSRhPrDdcV8xQLhoZKIH-rQRXG5m5LGfrjK8M8x_BEkLGjQ4FdDG36hvLACoiyozADpiUD1sqSK.）

1.2 电子商务与快递物流配送

【拓展案例】

1. 电子商务的发展促进经济迅速发展

网上交易使得"商流"有了革命性的发展。以互联网为平台的网上交易大大缩短了商品交易的时间，网上交易使商品交易发生了巨大的变革，不仅缩短了时间、加快了交易速度，而且大大降低了商业交易的交易成本，尤其对于个性化较弱的商品，对于现代经济中大量按标准生产的，有严格品种、规格、质量标准约定的产品，可以在网上实现全部商业交易活动，就此而言，以互联网为平台的网上交易具有很大的优势。

2. 电子商务的发展离不开物流配送

从现在的理论和实践来看，网上交易的作用获得了社会广泛的肯定。然而，网上交易只是电子商务的一个部分，一个完整的电子商务过程，与一个完整的商品流通过程一样，可以细分为商流、物流、信息流、货币流 4 个主要组成部分。任何一次商品流通过程，包括完整的电子商务过程，都是这"四流"实现的过程。现在看来，商流、信息流、货币流可以有效地通过互联网络来实现，在网上可以轻而易举地完成商品所有权的转移。但是这毕竟是"虚拟"的经济过程，最终的资源配置还需要通过商品实体的转移来实现，也就是说，尽管网上可以解决商品流通的大部分问题，但是却无法解决"物流"的问题。在一个时期内，人们对电子商务的认识有一些偏差，以为网上交易就是电子商务。这个认识的偏差在于：网上交易并没有完成商品的实体转移，只完成了商品所有权的转移，更重要的转移，是伴随所有权转移而出现的商品的实体转移，这个转移完成后，才使商品所有权最终发生了变化。

电子商务是网络经济和现代物流一体化的产物。配送方式又是现代物流的一个核心内容，配送对于经济发展的意义，不仅局限在电子商务的一个重要组成部分，更重要的是它是企业发展的一个战略手段。电子商务这种新经济形态，是由网络经济和现代物流共同创造出来的，是两者一体化的产物。如果要表述电子商务的内涵，我们可以提出以下公式：

$$电子商务 = 网上信息传递 + 网上交易 + 网上结算 + 配送$$

一个完整的商务活动，必须包含信息流、商流、货币流、物流这4个流动过程。电子商务的特殊性就在于，信息流、商流、货币流主要可以在互联网上实现，这就是人们概括的"鼠标"，电子商务的另一半是不可能在网上实现的，最多可以用网络来优化，就是人们概括的"车轮"，即配送。所以，电子商务等于"鼠标"加"车轮"，这是对上述公式的一个通俗解释。

3. 电子商务的瓶颈——物流配送

【拓展视频】

电子商务的物流瓶颈在我国的主要表现是，在网上进行商流活动之后，没有一个有效的社会物流配送系统可以实现对实物转移低成本的、适时的、适量的转移服务的有效支撑。配送的成本过高、速度过慢是偶尔涉足电子商务的买方最为不满的问题。物流瓶颈问题可以从以下两方面去认识。

（1）互联网无法解决物流问题。人们可以依靠互联网解决商流及其相关问题，但是却无法解决物流的主要问题。在这种情况下，未来的流通时间和流通成本，绝大部分被物流所占有，因此，未来的经济发展态势定会受到物流的制约作用。可以说，现代经济的水平在很大程度上取决于物流的水平。然而物流的特殊性就在于，物流问题无法像解决商流问题一样依靠互联网来解决。以互联网为平台的网络经济可以改造和优化物流，但是不可能从根本上解决物流问题。物流问题的解决，尤其是物流平台的构筑，需要进行大规模基本建设。

（2）物流本身发展的滞后。和电子商务的发展相比，即便是发达国家的物流，其发展速度也难以和电子商务的发展速度并驾齐驱。在我国，物流更是处于经济领域的落后部分。在我国先进的电子商务和落后的物流形成了鲜明对比。网络经济、电子商务的迅猛发展势头，会加剧物流瓶颈的作用。这个问题表面上看是我国物流服务问题，但其背后原因是我国为物流服务运行的物流平台不能满足发展的要求。所以，在关注电子商务的同时，以更大的精力建设基础物流平台系统和与电子商务配套的配送服务系统，逐渐改善我国的物流平台，建立物流产业，应当是需要引起决策层和经济界重视的问题。

协调、同步是经济发展的规律之一，其实质在于尽量减少制约和瓶颈的出现，尽量降低经济发展所付出的成本。

4. 大力发展电子商务下的物流配送

1）完善适应电子商务需要的物流配送基础设施

建设和完善与电子商务物流配送相适应的基础设施关系到我国物流行业的发展水平和

国际竞争力,毕竟随着电子商务在全球范围内展开,物流业必然跨越国界发展,国际化物流是物流业发展的方向。因此,我国必须大力促进国内物流与国际物流标准接轨,包括物流术语标准化、物流条码标准化和物流设备标准化。这要求政府相关部门及行业组织要在计量标准、技术标准、数据传输标准、物流作业和服务标准等方面做好基础工作。同时,在高速公路网络的建设与完善、物流配送中心的规划与管理等方面,政府应当加强投入力度,并且加强指导和管理,通过提供良好的服务与引导使基础设施的建设与完善得到落实。此外,公共信息交流平台的建立也只有依靠政府和相关行业协会的支持和引导才能建立起来。

2)加强对电子商务物流配送体系建设的支持力度

首先,为支持和推动电子商务物流配送行业的发展,政府应当在政策法规上加强支持力度;为改善条块分割的问题,必须在政府的主导下建立统一管理和协调有序的全国性的或跨区域性的物流协调机构,由其承担组织协调职能,为管理物流行业创造条件。其次,必须规范电子商务物流配送发展的产业政策,以政府为主导并引导企业共同加大对电子商务物流配送行业的投资力度,统一进行发展规划,重点建设基于电子商务的物流配送基础设施,并以此为基础建立起我国电子商务物流配送的实体网络,形成全社会的电子化物流配送系统。

3)加强软硬件建设,提高电子化集成化管理水平

电子商务物流配送的集成化管理水平依赖于物流配送各个环节软硬件的先进性及它们之间的兼容性和良好衔接。为此,必须做到物流配送手段的机械化和现代化、物流配送管理的规范化和制度化、物流配送过程的信息化和自动化,只有做到这几个方面,电子商务物流配送的集成化管理水平才能真正提高。除了管理方面应当建立、健全科学的管理体制,形成统一的程序和标准之外,先进技术的采用和管理策略的使用也非常重要。一般认为,物流信息收集的数据化和条码化、物流信息处理的电子化和计算机化、物流信息传递的标准化和适时化、物流信息存储的数字化等,是实现高水平集成化管理的关键环节。物流系统只有具有良好的信息处理和传输功能,快速、准确地对配送货物进行适时跟踪,并及时提供反馈信息,才能做到统一有序的高效管理。

4)大力培育高层次的电子商务物流配送人才

电子商务物流配送行业的发展关键还要依靠高素质、高层次人才的推动。为了适应电子商务时代物流配送行业的新要求,必须大力培养从事物流理论研究与实务的专门人才、懂得电子商务理论与实务的专门人才、既懂IT技术又懂电子商务的网络经济人、既懂电子商务又懂现代物流的复合型人才。电子商务物流配送人才培养的途径和模式可以多种多样,职业教育、专业教育、岗位学习等方式都可以采用,但关键是与实际相结合,着重于实际运作能力的培养和操作经验的积累。虽然高层次电子商务物流配送人才的培育必然与我国电子商务物流配送发展的水平相关联,但明确的方向引导、市场需求的拉动、培训途径的科学和完善都会起到有力的推动作用。

【拓展视频】

案例

京东商城物流模式

京东商城的物流模式主要有两种：自建物流体系与自建体系+第三方物流。

1. 自建物流体系

2009年，京东商城陆续在天津、苏州、杭州、南京、深圳、宁波、无锡、济南等23座重点城市建立了城市配送站。最终配送站将覆盖全国200座城市，均由自建快递公司提供物流配送、货到付款、移动POS刷卡、上门取换件等服务。此外，京、沪、粤三地仓储中心也已扩容至8万平方米，仓储吞吐量全面提升。

京东商城的城市配送站分布在华北、华东、华南的三大物流中心覆盖了全国各大城市。2009年3月，京东商城斥资2 000万元成立了上海圆迈贸易有限公司，使上海及华东地区乃至全国的物流配送速度、服务质量得以全面提升。2010年4月初，京东商城在北京等城市率先推出"211限时达"配送服务。2010年5月15日，京东商城在上海嘉定占地200亩的京东商城华东物流仓储中心内，投资上千万的自动传送带已投入使用。工人们手持PDA，开着小型叉车在数万平方米的仓库内调配商品。这是京东商城迄今为止最大的仓储中心，承担了一半销售额的物流配送，也是公司将2 100万美元的70%投放到物流建设的结果。在这里，京东商城每日能正常处理2.5万个订单，日订单处理能力可达5万单。在此基础上，公司计划2011年在嘉定建成一座15万~18万平方米的超大型仓储中心，其规模将是鸟巢的8倍。

2. 自建体系+第三方物流

虽说京东商城2010年获得了100亿元的销售额，可其主要业务阵营仍局限于北京、上海、广州等经济发达城市。随着互联网应用的深入，京东业务阵营已经扩展到二级城市或三级城市。可是，如果在全国每个二级城市都建立自己的物流或运输公司，成本至少要在数百亿。更何况，目前二级城市的利润不足以维持物流中心的运营。正因为如此，所以大多数B2C网站都与第三方物流合作完成配送。

在北京、上海、广州之外的其他城市，京东商城和当地的快递公司合作，完成产品的配送。在配送大件商品时，京东商城选择与厂商合作。这是因为厂商在各个城市均建有自己的售后服务网点，并且有自己的物流配送合作伙伴。例如，海尔在太原就有自己的仓库和合作的物流公司。京东与海尔合作，不仅能利用海尔在本地的知名度替自己扩大宣传，也较好地解决了资金流和信息流的问题。其主要的第三方物流公司有宅急送、中国邮政等。

（资料来源：http://wenku.baidu.com/view/ffd7506983d049649a6658b7.）

【拓展知识】

1.3 快递物流配送智能化跟踪系统

为了适应电子商务的迅速发展，提高物流配送的时效性和安全性，信息化的物流配送模式已成为趋势，通过地理信息系统（GIS）、全球定位系统（GPS）和北斗导航系统（BDS）在配送过程中进行货物跟踪将很大程度地提高物流配送的效率和质量。大部分物流企业纷纷开始建立信息化的配送车辆监控与调度系统。

车辆监控与调度系统，是采用 GPS 技术、地理信息技术、无线数据通信技术和网络技术，对移动车辆进行实时监控和调度的指挥管理系统。从功能上来看，车辆监控与调度系统主要实现定位跟踪、报警处理、调度指挥、双向通信、设备保障、系统管理等功能。车辆监控与调度系统的原理如图 1.2 所示。

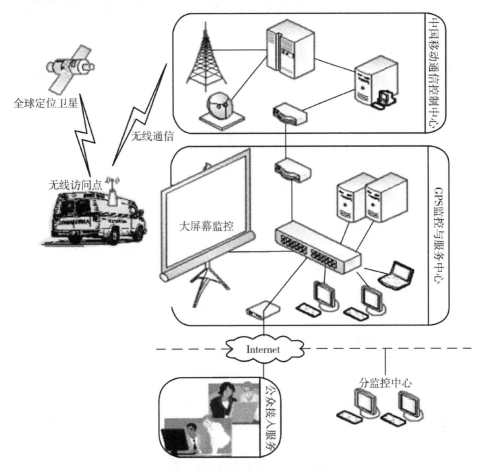

图 1.2　车辆监控与调度系统的原理

车辆监控与调度系统有以下两大功能。

1. 决策支持功能

车辆监控与调度系统通过建立物流业务的数学模型，帮助分析、比较和选择物流业务运营、战略和策略上的方案。例如，智能配送功能，即进行最优化配送，使配送成本最低，在用户要求的时间内将货物送达。该功能包括路线的选择、配送的发送顺序、配送车辆的类型、客户限制的发送时间等。

2. 货物跟踪功能

车辆监控与调度系统采用 GPS、GIS、手机等跟踪货物的状态和位置，并且将状态和位置数据存放在数据库中，用户可通过呼叫中心(Call Center)或 Web 站点获得跟踪信息。

该系统通过对履行过程进行监控,实现全程可视化,使托运人能掌握货物位置和状态的实时信息,以保证流程的集成性。其采用百度二维地图、三维立体地图直观展现跟踪信息,并提供 24h 无间断的车辆状态在线服务,如图 1.3 所示。

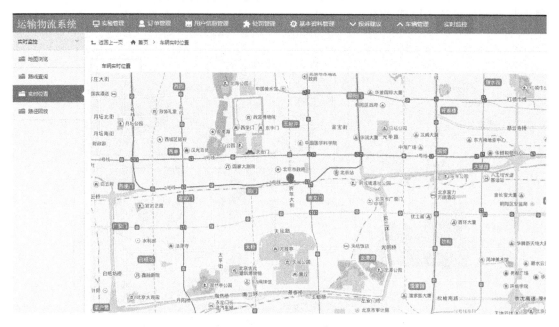

图 1.3　物流配送车辆监控展示

实施车辆监控与调度系统具有以下优势。

(1) 可直观进行车辆调度。由于车辆位置可在地图上直观显示,因此调度人员可就近调度车辆。

(2) 降低空载率。车辆空载行驶是造成物流成本居高不下的主要原因,通过实施这种系统,可将车辆空载状态和当前位置实时发送回调度中心,调度人员根据当地货源情况安排车辆就近配载,避免了返程空载。

(3) 提高车辆行驶安全。由于 GPS 可计算速度,因此一旦车辆超速行驶,就会产生报警信息到监控中心,司机就会有不良驾驶记录,促使司机按照规章行驶。

(4) 提高准点率和运输效率。该系统可在电子地图上绘制固定线路,规定司机按照设定的路线行驶,保证按时抵达目的地。

(5) 提高货主满意度。该系统可设计为 B/S 结构,为物流企业的客户,即货主开放监控权限,货主对货物的运输进度一目了然,满意度自然提高。

本章小结

随着科技的发展，时代的进步，当今社会各个国家对外开放的程度比以往更加广泛，人们的需求更加多样化、个性化。需求的变化使大批量、大规模、少品种的生产模式逐渐向多品种、小批量的生产模式转变，大而全、小而全的企业经营模式正逐渐被人们抛弃，通过市场交换的人、财、物、信息的量越来越大。

配送是在整个物流过程中的一种既包含集货、储存、拣货、配货、装货等一系列狭义的物流活动，也包括输送、送达、验货等以送货上门为目的的商业活动。电子商务是网络经济和现代物流一体化的产物。配送方式又是现代物流的一个核心内容，配送对于经济发展的意义，不仅局限在电子商务的一个重要组成部分，更重要的是它是企业发展的一个战略手段。

为了适应电子商务的迅速发展，提高物流配送的时效性和安全性，信息化的物流配送模式已成为趋势，通过 GIS、GPS 和 BDS 在配送过程中进行货物跟踪将很大程度地提高物流配送的效率和质量。

关键术语

物流（Logistics）

配送（Distribution）

电子商务（Electronic Business）

地理信息系统（Geographic Information System）

全球定位系统（Global Positioning System）

北斗导航系统（BeiDou Navigation Satellite System）

习　题

一、判断题

1. 配送需求是指一定时期内客户由于经营需要，而产生的对物在时间和费用方面的总要求。（　　）
2. 配送需求包括量和质两个方面，即从配送规模和配送服务质量中综合反映出配送的总体需求。（　　）
3. 配送规模是配送活动中订单处理、库存、运输、装卸搬运、流通加工等配送作业量的总和。（　　）

二、选择题

1. 组织合理化配送作业不包括（　　）。
   A. 订货发货合理化　　　　　　　　B. 商品检验合理化
   C. 备货作业合理化　　　　　　　　D. 送货时间合理化

2. 配送具有( )的特征。
   A. 商流和物流的合一　　　　　　B. 物流与商流的分离
   C. 纯粹是送货　　　　　　　　　D. 纯粹储存
3. ( )不属于配送订单处理程序。
   A. 接受订单　　　　　　　　　　B. 订单补货
   C. 订单数据处理　　　　　　　　D. 订单状态管理
4. 配送作业计划的核心是( )。
   A. 最大配送效益　　　　　　　　B. 最高配送收入
   C. 最大配送货量　　　　　　　　D. 最低配送成本
5. ( )属于不合理配送。
   A. 与供应商建立长期供需关系　　B. 大批量商品经配送中转送货
   C. 储存量保证随机需求　　　　　D. 集中配装一辆车送几家客户

三、思考题

1. 简述配送的特点。
2. 简述配送与送货的区别。
3. 配送包括哪些功能要素？

基础知识篇

第 2 章 配送路径优化问题

【学习目标】
(1) 了解配送路径优化问题的定义。
(2) 了解 TSP 模型和 VRP 模型的区别。
(3) 掌握车辆优化调度问题的模型分析与建立。
(4) 了解精确算法。
(5) 熟悉启发式算法。

【学习重点】
(1) 车辆优化调度问题的模型分析与建立。
(2) 启发式算法。

【学习难点】
(1) 精确算法。
(2) 启发式算法。

随着社会市场经济的发展，物流对经济活动的影响越来越明显，其对国民经济的发展起着举足轻重的作用。车辆路径问题一直是物流配送活动中的基本的问题之一，由于其应用的广泛性和明显的经济效益，因此一直受到广泛关注。研究车辆路径问题，对于促进物流配送、智能交通、运输调度等领域的发展具有重要的理论意义和实际意义，将会获得巨大的社会效益和经济效益。本章首先对配送路径优化问题的概念和分类进行了系统、详细的介绍，然后对车辆路径优化问题的模型分析和建立过程进行了深入地讲解，最后介绍了两类求解车辆优化调度问题的算法，分别是精确算法和启发式算法。

【拓展知识】

2.1 配送路径优化概述

在物流配送的研究过程中，以有效的控制配送过程中发生的库存成本、运输成本和运输时间为内容的运输调度问题成为了研究的核心和目标。

配送路径优化问题一般可描述为对一系列装货点和(或)卸货点，组织适当的行车线路，使车辆有序地通过它们，在满足一定约束条件的情况下，如货物需求量、发送量、交发货时间、车辆容量限制、行驶里程限制、时间限制等，达到一定的目标，如路程最短、费用最少、时间尽量少、使用车辆数尽量少等。

配送车辆优化调度问题可按照其构成要素划分为不同的种类。

（1）按任务特征分类，配送车辆优化调度问题有纯装问题和纯卸问题，以及装卸混合问题。

（2）按车辆载货状况分类，配送车辆优化调度问题有满载问题和非满载问题，以及满载和非满载混合问题。

（3）按车场(或货场、配送中心等)数目分类，配送车辆优化调度问题有单车场问题和多车场问题。

（4）按车辆类型数分类，配送车辆优化调度问题有单车型问题和多车型问题。

（5）按车辆对车场的所属关系分类，配送车辆优化调度问题有车辆开放问题和车辆封闭问题。车辆开放问题是指车辆可以不返回其发出车场。车辆封闭问题是指车辆必须返回其发出车场。

（6）按优化目标数来分类，配送车辆优化调度问题有单目标问题和多目标问题。

实际中的配送车辆优化调度问题可能是以上分类中的一种或几种的综合，根据情况的不同，问题的模型构造及算法有很多差别。

常见的物流配送路径优化问题主要有以下几种情况。

1. 点点间运输

点点间运输，即最短路径问题即每一辆车均从一个配送中心将货物运到一个需求点，不考虑回路运输问题，这类问题属于传统的运输问题。该问题的解决方法是借助地图或

GIS，使用图论的方法进行求解，常见的求解方法有Dijkstra算法、Floyd算法及A﹡算法等，在本书的第5章会对这些方法进行详细的阐述。

2. 多点间运输

多点间运输，即运输规划问题主要解决从多个配送中心向多个需求点供货的问题，目前求解方法主要有单纯形法和表上作业法。

3. 单回路运输

在单回路运输，即旅行商问题(Traveling Salesman Problem，TSP)模型中，一辆车，没有装载能力限制，没有司机约束规则，线路优化的核心问题是如何安排车辆行程，以使车辆总行程距离最短。

基本的TSP模型描述如下：给出一个起点配送中心和一组n个需求点的集合，寻找一条在起点配送中心开始和结束的路线，这条路线经过每一个需求点，并且最短路，即

(1) 每一个车辆在配送中心起程和终止；
(2) 每一条路线包含所有一次要服务的客户点；
(3) 一辆车完成一条路线所有客户点的配送；
(4) 每一个客户点必须在预先设置的时间窗口内得到服务；
(5) 以成本最小为确定车辆路线行程的评价指标；
(6) 设计线路时要考虑安排车辆每次途经的站点之间要紧凑，以使路线的行程降低。

TSP模型的显著特点是单一性(即只有一个回路)和遍历性(即不可遗漏)。

解决TSP模型的方法有图解法、最近插入法、最邻近点法、节约里程法、遗传算法、混合粒子群算法、模拟退火算法、蚁群算法等，本书后续章节会对上述方法进行详细讲解。

4. 多回路运输

在实际运输中，经常会遇到车辆受承载能力、容积的限制，一辆车不能满足所配送区域用户的需求，此外客户服务时间窗口、服务优先等级、送货与取货的混合等，均使运输问题变得复杂。解决运输复杂问题常用方法就是车辆路径规划问题(Vehicle Routing Problem，VRP)模型。

典型的VRP可描述如下：
(1) 多个需求点同时需要运输服务，且一辆车不能同时满足这些需求点的要求；
(2) 每个需求点只能被一辆车访问一次；
(3) 所有车辆从配送中心出发，并最终回到配送中心；
(4) 所有的车辆必须满足能力约束；
(5) 车辆在路线上可以取/送货。

【拓展知识】

大多数的VRP可以归结为车辆优化调度问题，即根据不同要求的目标函数(如运距最短、配送时间最短、费用最少等)，将配送运输过程归结为表述问题的数学模型，设计求解问题的算法，再用计算机求得合理可行的优化方案。车辆优化调度问题主要内容是车辆分配和配送线路的生成。

车辆优化调度问题一般可根据空间特性和时间特性分为 VRP 和车辆调度问题（Vehicle Scheduling Problem，VSP）。目前多数研究该领域的学者将车辆优化调度问题统称为 VRP，而具体的问题会加约束限制来命名，如将有时间要求的车辆调度问题称为 VRPTW（Vehicle Routing Problem with Time Windows），还有 CVRP（Capacity Vehicle Routing Problem）、MDVRP（Multi-Depot Vehicle Routing Problem）、DVRP（Dynamic Vehicle Routing Problem）等。

2.2 常见 TSP 模型的求解方法

2.2.1 图解法

1. 图解法的基本原理

在企业的每一次配送中，其配送客户的地理位置、配送数量、客户接受货物的时间窗口都是确定的，图解法就是将这些已有的信息在地图或 GIS 上标注，根据决策问题类型，采用一定的优化方法，将企业配送中心与客户连接在一起，进行配送路线优化设计的一种方法。由于这种方法以地图或 GIS 为基本工具，因此称为图解法。

2. 图解法的判断准则

在图解法实施过程中，必须对初步优化的线路进行合理性分析，对不合理的线路要进行改进。设计的配送路线是否合理的判断准则主要有 3 条：

（1）配送小区不要重叠（图 2.1）。如果配送小区重叠，车辆总的运行距离总是超过非重叠情况的，增加了企业配送成本。

（2）一条配送路线内不要存在交叉的路段（图 2.2）。

（3）设计的路线要呈"水滴状"（图 2.3）。

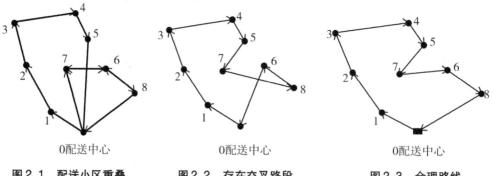

图 2.1 配送小区重叠　　图 2.2 存在交叉路段　　图 2.3 合理路线

2.2.2 启发式算法

启发式算法是指通过对过去经验的归纳推理及实验分析来解决问题的方法,即借助某种直观推断或试探的方法。

1. 最邻近法

算法步骤:
(1) 任取一点作为线路的起点;
(2) 寻找与上一次加进线路中的点距离最近的点,把此点加到线路中去;
(3) 重复步骤2,直到所有的点都已考虑,这就得到了一条线路。

【例2-1】现有一食品公司,位置在 V_1 处,每天用一辆车给固定区域内的5家超市送货,要求货车只能去每个超市一次,送完货后返回公司,各点之间的距离如表2-1所示,其中,距离具有对称性,设计一条派送货物的行驶距离最短的路径。

表2-1 各点间距离

位置	V_1	V_2	V_3	V_4	V_5	V_6
V_1		9	8	6	7	12
V_2	9		6	15	18	16
V_3	8	6		14	8	7
V_4	6	15	14		4	10
V_5	7	18	8	4		6
V_6	12	16	7	10	6	

解:设取 V_1 为线路起点,根据每行中距离最近原则得到后续点,依次为 $V_1 \to V_4 \to V_5 \to V_6 \to V_3 \to V_2 \to V_1$,如表2-2所示。

表2-2 求解步骤

位置	V_1	V_2	V_3	V_4	V_5	V_6
V_1		9	8	6	7	12
V_2	9		6	15	18	16
V_3	8	6		14	8	7
V_4	6	15	14		4	10
V_5	7	18	8	4		6
V_6	12	16	7	10	6	

2. 最近插入法

最近插入法是 Mole 和 Jameson 于1976年提出。其关键是依序选择最合适的未分配的节点在路线中进行最佳位置的插入,以构建配送路线,直至不存在可行插入节点时新增一条初始路线。

算法步骤:

(1) 从一个节点出发,找到一个最近的节点,形成一个往返式子回路;

(2) 在剩下的节点中,寻找一个离子回路中某一节点最近的节点;

(3) 再在子回路中找到一个弧,使弧的两端节点到刚寻找到的最近节点的距离之和减去弧长的值最小,实际上就是把新找到的节点加入子回路以后使得增加的路程最短,就把这个节点增加到子回路中,删去这条弧;

(4) 重复以上过程,直到所有的节点都加入到子回路中。

【例2-2】A、B、C、D、E 5个点之间的距离如图2.4所示,请运用最近插入法求解最优路径。

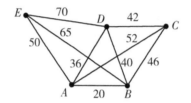

图2.4 各点间分布

解:从 A 点出发,找到一个最近的节点 B,形成一个往返式子回路;在剩下的节点中,寻找一个离子回路中 A、B 最近的节点,得到 D,加入子回路中,如图2.5所示。

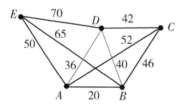

图2.5 D 加入子回路

对于 C 点,再在子回路中找到一个弧,使弧的两端节点到 C 点的距离之和减去弧长的值最小,即

$$d(C, A) + d(C, B) - d(A, B) = 52 + 46 - 20 = 78$$
$$\min d(C, D) + d(C, B) - d(D, B) = 42 + 46 - 40 = 48$$
$$d(C, D) + d(C, A) - d(A, D) = 42 + 52 - 36 = 58$$

去除线路 BD,加入线路 BC 和 CD。其余点重复以上过程,直到所有的节点都加入到子回路中。

3. 节约里程法

算法思想:

设有 n 个城市(点),取其中的一点,如点1作为配送中心,先将每个点与起点相连,构成线路 $1-j-1(j=2, 3, \cdots, n)$,即 $n-1$ 条仅含一个访问点的线路,总费用为

$Z = 2\sum_{j=2}^{n} c_{1j}$。其中，假设 $c_{1j} = c_{j1}$；然后计算将 i 和 $j(i, j \neq 1)$ 连接在一条线路上所引起的路程节约值 $S(i, j)$。

$S(i, j) = 2c_{1i} + 2c_{1j} - (c_{1i} + c_{ij} + c_{j1}) = c_{1i} + c_{1j} - c_{ij}$，$S(i, j)$ 越大，说明把 i 和 j 连接在一起使总费用减少越多，根据 $S(i, j)$ 的大小来构造线路，就有可能得到总费用较小的解。

算法步骤：

(1) 选取起点，将起点与其他各点连接，得到 $n-1$ 条线路 $1-j-1(j=2, 3, \cdots, n)$；

(2) 对不违背限制条件的所有可连接点对 (i, j) 计算节约值 $S(i, j) = c_{1i} + c_{1j} - c_{ij}$；

(3) 将算出的 $S(i, j) > 0$，按从大到小的顺序排列；

(4) 按照 S_{ij} 的上述顺序，逐个进行检查，若存在两条这样的线路，一条包含弧或边 $(i, 1)$，另一条包含弧或边 $(1, j)$，且合并后能保持解可行，则引入弧或边 (i, j) 将两条线路合并，并删去 $(i, 1)$ 和 $(1, j)$。重复该步骤，直到没有可合并的线路为止。

(5) 返回步骤 4，直至考察完所有可插入弧 (i, j) 为止。

【例 2-3】 某超市配送中心拟定向其八家门店配送促销品，配送中心决定使用一辆配送车完成配送任务，配送中心到各配送点及配送点间的里程如表 2-3 所示。

表 2-3 里程表

c_{ij}	0	1	2	3	4	5	6	7	8
0		25	55	74	71	55	38	33	42
1	25		30	54	65	57	63	35	67
2	55	30		24	58	50	58	28	78
3	74	54	24		42	58	78	52	102
4	71	65	58	42		16	36	30	61
5	55	57	50	58	16		20	22	45
6	38	63	58	78	36	20		30	25
7	33	35	28	52	30	22	30		50
8	42	67	78	102	61	45	25	50	

解：通过列表得到的节约里程 $S_{ij} = v_{0i} + v_{0j} - v_{ij}$，并排序。求解的节约里程如表 2-4 所示。

表 2-4 求解的节约里程

S_{ij}	1	2	3	4	5	6	7	8
1								
2	50							
3	45	105						
4	31	68	103					

续表

S_{ij}	1	2	3	4	5	6	7	8
5	23	60	71	110				
6	0	35	34	73	73			
7	23	60	55	74	66	41		
8	0	19	14	52	52	55	25	

排序：S_{45}，S_{23}，S_{34}，S_{47}，S_{56}，S_{46}，S_{35}，S_{24}，S_{57}，S_{25}，S_{27}，S_{37}，S_{68}，S_{48}，S_{58}，S_{12}，S_{13}，S_{67}，S_{26}，S_{36}，S_{14}，S_{15}，S_{17}，S_{28}，S_{38}，S_{18}，S_{16}。

根据排序得出如图 2.6 所示的配送路线。

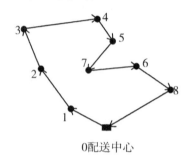

图 2.6　优化后的路线

总里程 = 25 + 30 + 24 + 42 + 16 + 22 + 30 + 25 + 42 = 256。

除了上述解法以外，还有遗传算法、蚁群算法等可以求解 TSP 模型，将在本书第 6 章详述。

[拓展视频]

2.3　车辆优化调度问题的模型分析与建立

2.3.1　车辆优化调度问题的一般描述

不考虑时间窗的车辆优化调度问题，在实际应用中非常广泛。在日常生活和实际生产当中，许多类似的问题都可归结为集货或送货车辆路径优化问题。例如，有一个中心货场向一些顾客送货，每个顾客对货物有一定的需求，运送货物的车辆在货物装满货后出发，把货物送到各顾客处，完成任务后返回货场，如何确定满足用户需求的费用最小的车辆行驶路线，即送货车辆优化调度。又如，若干厂家生产一些产品，需要运到中心仓库，车辆从仓库出发，到各厂家去装货，装满后返回仓库，在满足厂家发货要求的情况下，按什么路线行驶可使总费用最小，即集货车辆优化调度。

这两个问题实质上是相同的，只有装货任务或只有卸货任务。在实际物流运输过程中,如批量大的货物(可以满载的)可以直接运往需求点(或配送中心),批量小的(不能满载的)可以在网点进行配载,来提高车辆的利用率,即考虑用一辆车完成多项任务,形成如图2.7所示的配送线路。

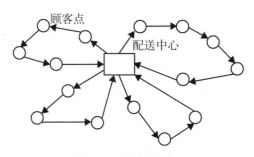

图2.7　配送线路图

【期刊推荐】

2.3.2　数学模型的分析与建立

按照不同的分类原则可将 VRP 细分为多种子问题,不同的子问题可以建立不同的数学模型,以便采用相应的数学算法进行优化。国内外专家已经对该问题进行了大量的理论研究和试验分析,如单车型车辆路径问题、多车型车辆路径问题、单源点车辆路径问题、多源点车辆路径问题、非满载车辆路径问题、满载车辆路径问题、确定型车辆路径问题、随机型车辆路径问题等。

运用 VRP 模型,对实际问题进行研究时,需要考虑以下几个方面的问题。

(1) 配送中心:配送中心的级数、每级配送中心的数量、地点和规模等。

(2) 车辆:车辆的型号和数量、每种车的容积和运作费用、出发时间和返回时间、司机休息时间、最大里程和时间限制等。

(3) 顾客:顾客需求、装载或卸载、所处的地理位置、优先等级等。

(4) 道路信息:车辆密度、道路交通费用、距离或时间属性等。

(5) 货物信息:货物的种类多少、兼容性、货物的保鲜等。

(6) 运输规章:工人每天的工作时间、车辆的周期维护等。

典型的 VRP 模型可以表述如下:

(1) 基本条件。现有 M 辆相同的车辆停在一个共同的源点(或物流中心)v_0,它需要给 n 个顾客提供货物,并且源点和客户的坐标已知。

(2) 模型目标。确定所需要的车辆数目 m,并指派这些车辆到一个回路中,同时包括回路内的路径安排和调度,使得运输总距离 S(或总费用 C)最小。

(3) 约束条件。

① $m \leqslant M$;

② 每个订单都要完成;

③ 每辆车完成任务之后都要回到源点 v_0;

④ 不能超过车辆的容量限制;

⑤ 特殊问题还需要考虑时间窗的限制;

⑥ 运输规章的限制。

为了方便的构造数学模型,引入图论中的表述。给定一个有向图 $G = (V, A)$,V 是配送点与任务点集,$V = \{0, 1, \cdots, n\}$,A 为有向边集,$A = \{(i, j) \mid i, j \in V, i \neq j\}$,任务点 i 到 j 的运距为 d_{ij}。下面针对以下几种典型的车辆优化调度问题的模型进行分析与建立。

1. 单源点单车型非满载车辆优化调度问题模型

单源点单车型非满载车辆优化调度问题的描述:有一车场,拥有容量为 q 的车辆,现有 n 项货物运输任务,以 $1, \cdots, n$ 表示,已知任务点 i 的位置坐标和货运量为 $g_i (i = 1, \cdots, n)$,且 $0 < g_i \leq q$,求满足货运要求的总费用最小或总运距最短的车辆行驶路线。车场可以泛指车辆发出地,也可以是车库、货场、仓库或配送中心等。

要求每个任务点的货运量必须满足要求,且只能由一辆车装(卸)货,每条配送路径上各任务点的货运量之和不超过车载重量。

为了使路线安排具有一定的弹性,可预先估计一个完成任务所需要的车辆 m。

$$m = \left[\frac{\sum_{i=1}^{n} g_i}{\lambda q}\right] + 1 \qquad (2-1)$$

其中,[ ] 表示不大于括号内数字的最大整数,$0 < \lambda < 1$,是对装车(或卸车)的复杂程度及约束多少的估计,一般来讲,装(卸)车越复杂,约束越多,λ 越小,表示一辆车容纳的货物越少。

定义变量:

$$y_{ki} = \begin{cases} 1, & 点 i 的任务由车辆 k 完成 \\ 0, & 其他 \end{cases}$$

$$x_{ijk} = \begin{cases} 1, & 车辆 k 从点 i 行驶到点 j \\ 0, & 其他 \end{cases}$$

容量约束的车辆优化调度模型如下:

$$\min z = \sum_i \sum_j \sum_k c_{ij} x_{ijk} \text{ 或 } \min z = \sum_i \sum_j \sum_k d_{ij} x_{ijk} \qquad (2-2)$$

$$\text{s.t.} \sum_i g_i y_{ki} \leq q, \forall k$$

$$\sum_k y_{ki} = 1, \quad i = 1, \cdots, n$$

$$\sum_i x_{ijk} = y_{kj}, \quad j = 1, \cdots, n; \forall k$$

$$\sum_j x_{ijk} = y_{ki}, \quad i = 1, \cdots, n; \forall k \qquad (2-3)$$

$$\sum_{i \in S} \sum_{j \in S} x_{ijk} \leq |S| - 1, \quad \forall S \subseteq \{1, \cdots, n\}; \forall k$$

$$x_{ijk} = 0 \text{ 或 } 1, \quad i, j = 0, 1, \cdots n; \forall k$$

$$y_{ki} = 0 \text{ 或 } 1, \quad i = 0, 1, \cdots n; \forall k$$

其中，式(2-2)为目标函数，分别为最小化总费用和最小化行驶距离；式(2-3)中的式子含义分别为保证每条路径上各任务点的运货量之和不超过车的载重量，保证每个任务点的需求都被满足且仅由一辆车服务，保证访问每个任务点的车辆会离开该任务点，消除子循环。

模型最小化总费用的目标函数中，c_{ij}表示从点i到点j的费用，根据具体实际情况确定，可同时考虑车辆数和运行费用。

当i为车场时，包括固定费用和运行费用：

$$c_{0j} = c_0 + c_1 t_{0j}, j = 1, \cdots, n \tag{2-4}$$

当i为任务点时，只有运行费用：

$$c_{0j} = c_1 t_{ij}, i \neq 0; j = 1, \cdots, n \tag{2-5}$$

式(2-4)、式(2-5)中，c_1为相对于运行时间的费用系数；t_{ij}为任务点之间的运行时间；c_0为车辆的固定费用。减少c_0的值会使车辆数增多，线路长度缩短。若令$c_1 = 0$，$c_0 > 0$，则模型目标是使用的车辆数最小。

2. 单源点单车型满载和非满载混合车辆优化调度问题模型

单源点单车型满载和非满载混合问题 CVRP 的描述：有一车场拥有容量为q的车辆，现有n项货物运输任务，以$1, \cdots, n$表示，已知任务点i的位置坐标和货运量为$g_i(i = 1, \cdots, n)$，且$\exists g_i \geq q$，求满足货运要求的总费用最小或总运距最短的车辆行驶路线。

对于$g_i \geq q$的任务点i，完成货物运输任务的满载车数为$\left[\dfrac{g_i}{q}\right]$，设$\left[\dfrac{g_i}{q}\right]$为数值不大于$\left[\dfrac{g_i}{q}\right]$的最大整数，则单源点单车型满载和非满载混合问题 CVRP 就可以分为两个部分：一部分是计算$g_i \geq q$的任务点i所需的整车数，进行车辆运输配送，不需要优化策略；另一部分是剩下的不足车辆满载的货物可以与其他货物一同进行非满载配送，可利用之前讲述的非满载车辆优化调度模型进行配送。

3. 有时间窗的非满载车辆优化调度问题模型

在现今的市场竞争环境下，随着企业准时制（Just-In-Time，JIT）战略的实施，零库存成为许多企业追求的目标，因此市场对物流的各方面的要求很高。这主要体现在其敏捷性、柔性方面，实际表现在提高客户的满意度，减少客户投诉。实现以上目标的最佳途径就是要在准确的时间或合适的时间将产品送到客户手中。由此可见研究有时限配送车辆调度问题具有十分重要的现实意义。企业最终要达到的目标是利润最大，成本最小。所以有时间窗的车辆优化调度问题（VSP 或称 VRPTW）就是一个多目标规划问题。

有时间窗的非满载车辆优化调度问题可以的描述：有一车场，拥有容量为q的车辆，现有n项货物运输任务，以$1, \cdots, n$表示，已知任务点i的位置坐标和货运量$g_i(i = 1, \cdots, n)$，且$0 < g_i \leq q$，以及完成点i任务需要的时间表示为f_i，且任务i必须在时间窗口$[ET_i, LT_i]$开始执行，其中ET_i为任务i允许的最早开始时间，LT_i为任务i允许的最迟开始时间。如果车辆到达点i的时间早于ET_i，则车辆需要在i处等待；如果车辆到达时间晚于LT_i，则任务i将被延迟进行。车场的时间窗范围较大，基本可以不做约束。

根据时间约束的严格与否，有时间窗的车辆优化调度问题可分为以下两类。

(1) 硬时间窗 VRP 是指每项任务必须在要求的时间范围内完成，时间不在这个时间范围，则得到的解为不可行解。

(2) 软时间窗 VRP 是指如果某项任务不能在要求的时间范围内完成，则给予一定的惩罚。

在前面 CVRP 的基础上，考虑时间窗约束，建立有时间窗的车辆优化调度模型。定义变量如下：

$$y_{ki} = \begin{cases} 1, & 点\ i\ 的任务由车辆\ k\ 完成 \\ 0, & 否则 \end{cases}$$

$$x_{ijk} = \begin{cases} 1, & 车辆\ k\ 从点\ i\ 行驶到点\ j \\ 0, & 否则 \end{cases}$$

1) 一般的有时间窗的车辆优化调度问题模型

车辆到达任务点 j 的服务开始时间如下：

$$t_j = \sum_{i=0}^{n} \sum_{k=1}^{m} x_{ijk} [t_i + t_{ij} + f_i + \max(ET_i - t_i, 0)] \quad (2-6)$$

式中，t_{ij} 表示车辆从点 i 到点 j 的行驶时间；c_{ij} 表示从点 i 到点 j 的费用，根据具体实际情况确定。

以 P_1 表示在 ET_i 之前到达任务点 i 等待的单位时间成本，P_2 表示在 LT_i 之后到达任务点 i 的单位时间所得的罚金成本；若车辆在 ET_i 之前到达点 i，则增加机会成本 $P_1 \cdot (ET_i - t_i)$，若车辆在 LT_i 之后到达点 i，则增加罚金成本 $P_2 \cdot (t_i - LT_i)$。

要求每个任务点的货运量必须满足要求，且只能由一辆车装(卸)货，每条配送路径上各任务点的货运量之和不超过车的载重量，则有时间窗的车辆优化调度模型如下：

$$\min z = \sum_i \sum_j \sum_k c_{ij} x_{ijk} + P_1 \sum_{i=1}^{n} \max(ET_i - t_i, 0) + P_2 \sum_{i=1}^{n} \max(t_i - LT_i, 0) \quad (2-7)$$

$$\text{s.t.} \quad \sum_i g_i y_{ki} \leq q, \quad \forall k$$

$$\sum_k y_{ki} = 1, \quad i = 1, \cdots, n$$

$$\sum_i x_{ijk} = y_{kj}, \quad j = 1, \cdots, n; \forall k$$

$$\sum_j x_{ijk} = y_{ki}, \quad i = 1, \cdots, n; \forall k \quad (2-8)$$

$$\sum_{i \in S} \sum_{j \in S} x_{ijk} \leq |S| - 1, \quad \forall S \subseteq \{1, \cdots, n\}; \forall k$$

$$x_{ijk} = 0\ 或\ 1, \quad i, j = 0, 1, \cdots, n; \forall k$$

$$y_{ki} = 0\ 或\ 1, \quad i = 0, 1, \cdots, n; \forall k$$

当 $P_1 = P_2 \rightarrow \infty$ 时，以上模型为硬时间窗 VRP。

2) 基于顾客满意度的有时间窗的车辆优化调度问题模型

传统的基于顾客满意度的车辆优化调度模型对于运输服务的时间约束用时间窗表示。顾客满意度最大值为 1，否则顾客满意度为 0，并且设定惩罚函数进行调节，如图 2.8 和图 2.9 所示。

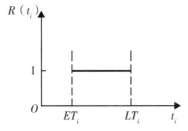
图2.8 顾客满意度模型图(一)

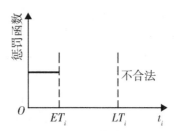
图2.9 惩罚函数模型图(一)

然而,顾客满意度和惩罚函数在时间窗范围内不应保持一个恒定值,鉴于此,将每个时间窗分为3种情况和一个特殊点进行考虑,引入一个约定时间(或是一个期望服务的时间),如图2.10和图2.11所示。

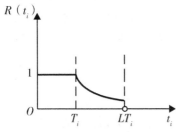
图2.10 顾客满意度模型图(二)

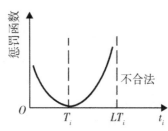
图2.11 惩罚函数模型图(二)

(1) 如果到达时间不超过约定时间,车辆会等待,但是顾客满意度为最大值1。同时设定一个惩罚函数 $M_1(t_i)$,惩罚值随到达时间延时而增加;同时,顾客满意度逐渐减少,直到顾客满意度的极值为0。

(2) 如果到达时间在约定时间和顾客最大的容忍时间之间,顾客一定会等待,设定顾客满意度函数为 $R(t_i)$,顾客满意度随到达时间延时而减少,同时惩罚函数 $M_2(t_i)$ 是随着单位时间增加的。

(3) 不允许到达时间超过顾客最大的容忍时间的情况发生(可以考虑加入惩罚因子 P,$P \to \infty$)。

(4) 如果到达时间即是约定时间,顾客满意度为1,则不需要惩罚。

给定一个时间窗:$(0, T_i) \cup \{T_i\} \cup (T_i, LT_i]$。基于顾客满意度的车辆优化调度模型如下:

$$\min z = \sum_i \sum_j \sum_k c_{ij} x_{ijk} + \sum_{i=1}^n \max\{T_i - t_i, 0\} \cdot M_1(t_i) + \sum_{i=1}^n \max\{(t_i - T_i) \cdot (LT_i - t_i), 0\} \cdot R(t_i) \cdot M_2(t_i) + P \sum_{i=1}^m \max\{(t_i - LT_i), 0\} \quad (2-9)$$

式(2-9)的约束条件如式(2-8)所示。

4. 随机车辆优化调度模型

多数的 VRP 模型都是对现实物流系统的简化,实际的物流配送中,尤其是电子商务下的物流配送模式中,很难在制定服务路线时掌握所有客户信息,因此随机车辆优化调度问题(SVRP)的研究逐渐被关注。目前,求解 SVRP 的方法大部分可以归纳为以先验序列为基础的方法。该方法分为两个阶段:一是,在信息不完全的情况下确定先验序列;二是，在获得确定性信息的情况下进行决策。其随机模型的选择基于两点：第一阶段的成本和第二阶段的期望成本。这里采用二元可能性理论来描述顾客的数量和需求，均是随机的车辆路径问题的数学模型。其基本思想是，在保证第二阶段的期望成本和可能的服务失败而带来的附加成本最小的前提下，来规划第一阶段的车辆行走路线。

顾客的数量和需求是随机的车辆路径问题（VRPSCD）可描述为顾客和需求都是随机的，每个顾客 i 有一个出现的概率 P_i，和随机需求 g_i，服从已知的概率分布。假设最大需求量不超过车容量 Q。

VRPSCD 问题属于预规划问题，建立两阶段随机规划模型框架求解。在第一阶段中，产生不超过 m 条运送路线，它们满足：每条路线始于配送源点，并终止于源点；每个顾客只被一辆车访问一次。由于每个顾客的实际需求在预先路径制定时并不已知，因此当服务时，若顾客不需要服务则跳过；若出现需求量超过车载量的情况，此时称路径失败。第二阶段时，重新进行规划，车辆返回配送源点卸载，再重新服务该路径中未被服务的顾客，直到超过车载量。这样在第二阶段车辆的重新规划会增加额外的成本，而车辆跳过顾客会潜在的节省成本。

设 $r\{r_1, r_2, \cdots, r_m\}$ 为第一阶段形成的 m 条路径，其中 $r_k = \{v_i, i = 1, 2, \cdots, kl+1\}$（$kl \leq n$），且 $v_l = v_{kl}+1 = 0$（为配送源点）。

定义变量：c_{v_i,v_j} 表示从点 v_i 到点 v_j 的费用，$E_i^k(q)$ 为在路径 k 的第 i 个顾客点发生路径失败造成的附加期望成本，此时的车容量剩余值是 q；$p_{i,g}$ 表示顾客 i 的需求量是 g 的概率。可建立重规划的随机模型为

$$\min z = \sum_{k=1}^{m} \Big[\sum_{i=1}^{k_l} \sum_{j=i+1}^{k_l+1} c_{v_i,v_j} \bar{p}_{v_i,v_j} + E_2^k(Q) \Big] \quad (2-10)$$

s.t. $\bar{p}_{v_i,v_j} = p_{v_i} \cdot p_{v_j} \prod_{h=i+1}^{j-1}(1 - p_{v_h})$

$E_{v_{kl}}^k(q) = 2p_{v_{kl}} \cdot c_{v_{kl},v_l} \cdot \sum_{g \mid (g_{v_{kl}} > q)} p_{v_{kl},g}$

$E_{v_i}^k(q) = (1 - p_{v_i})E_{v_{i+1}}^k(q) + p_{v_i}H1_{v_i}^k(q) + p_{v_i}, g \mid (g_{v_i} = q)H2_{v_i}^k(q)$ （2-11）

$H1_{v_i}^k(q) = \sum_{g \mid (g_{v_i} > q)} p_{v_i,g}(E_{v_{i+1}}^k(Q - g_{v_i}) + 2c_{v_l,v_i}) \sum_{g \mid (g_{v_i} < q)} p_{v_i,g}E_{v_{i+1}}^k(q - g_{vi})$

$H2_{v_i}^k(q) = p_{v_i}E_{v_{i+1}}^k(Q) + \sum_{j=i+1}^{k_l} \bar{p}_{v_i,v_j}(c_{v_l,v_i} + c_{v_l,v_j} - c_{v_i,v_j})$

$0 < q \leq Q, \ 0 < v_i < k_l$

2.4　求解车辆优化调度问题的算法

车辆优化调度问题是组合优化领域中的典型的 NP 难问题，其求解方法非常复杂，但究其实质，基本上可以分为精确算法和启发式算法两类，如图 2.12 所示，精确算法主要包括分支定界法、割平面法、网络流算法和动态规划法，启发式算法分为构造启发式算法、改进启发式算法和亚启发式算法。下面对几种典型的算法进行简单讲解。

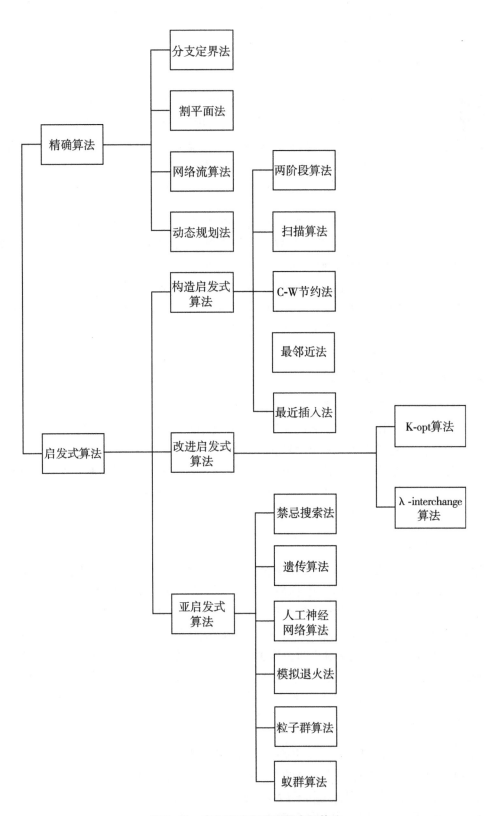

图 2.12　车辆优化调度问题求解算法

2.4.1 精确算法

【拓展案例】

精确算法指可以求出问题最优解的算法。精确算法可分为 3 种类型：有向树搜索算法、动态规划算法和整数线性规划算法。目前主要有分支定界法、k 度中心树算法、集分割和列生成算法、动态规划法等。下面对配送车辆优化调度问题的一些常用精确算法进行简单讲解。

1. 分支定界算法

分支定界算法是一种在问题的解空间树上搜索问题的解的方法，其求解 VRP 的基本思路是，以相应的不含整数约束的 VRP 最优解为出发点，若此解是整数解，那么这个解就是原 VRP 的最优解，否则以非整数解的相邻整数作为附加条件，形成 2 个分支，即 2 个子问题，进行求解。若对上面 2 个子问题求出的最优解是整数解，则停止该子问题的分支，否则继续分支求解。这种方法只能适用于求解小型 VRP。该方法是 Laporte 等人提出来的，而后 Kolenatal 曾利用此方法求解含时间窗约束的车辆巡回问题，发现当节点数扩大至 12 时，计算机有内存不足的现象产生。

2. k 度中心树算法

k 度中心树算法要先将问题转化为"k 度中心树"后，再进行求解。该方法是 Christofidest 等人提出的，用于对固定 m 的 TSP 进行 k 度中心树松弛。所以该方法需要知道所需车辆数的下界，其模型是用边的角度建立的，出发点用一条边来表示，其他点用两条边表示。通过拉格朗日松弛法，将其中一个约束条件消去，并进一步将原来的最小化问题转化为 3 个易于求解的子最小化问题，再进行求解。目前，M. L. Fisher 对它做了进一步改进，可求解有 134 个客户的 VRP。

3. 集分割和列生成算法

VRP 的集分割方法由 Balinski 等人首先提出，他们直接考虑可行解集合，并在此基础上进行优化，尽管所建立的 VRP 模型最为简单，但该算法和动态规划算法一样存在状态数过于庞大的问题。另外，要确定每个可行解的最小成本也是一件困难的事情。Rao 等人引入了列生成方法进行求解，在该方法中，原问题被转化为简化问题，考虑的范围是所有可能的可行解的子集，在此基础上重复求解，通过引入优化对偶变量向量，对该简化问题进行松弛，通过计算列的最小边际成本，确定最优解。其算法本质上是最短路径算法，同时结合了分支定界算法。Desrocher 曾用它求解有 100 个客户的带时间窗口的 VRP。

4. 动态规划算法

动态规划算法求解 VRP 的基本思路是，将 VRP 视为一个 n 阶段的决策问题，进而将其转化为依次求解 n 个具有递推关系的单阶段的决策问题，从而简化计算过程，用这种方法可求得 VRP 的最优解，但仅适用于较小规模的寻优问题。

在对 VRP 研究的早期，主要从单源点派车，考虑如何通过最短路线或在最短时间内对一定数量需求点运输的调度问题,这时精确算法比较适用。然而,随着运输系统的复杂化和调度要求的多目标化,要想获得整个系统的精确最优解越来越困难,常常需要花费大量的时间和费用,有的甚至根本就不可能。因此,精确优化方法及其简化算法在实际应用中范围有限,现在常用于运输调度的局部优化中。

2.4.2 启发式算法

精确算法的计算量随着车辆优化调度问题规模的增大而呈指数增长,所以它不适合求解大规模的车辆优化调度问题,并且 VRP 是具有 NP 难的组合优化问题,很难找到精确解,寻找近似解是必要和现实的。

启发式算法是指通过对过去经验的归纳推理及实验分析来解决问题的方法,即借助某种直观推断或试探的方法。利用启发式算法解决问题常常得到满意解,其通过迭代过程实现,需要一套求解的搜索规则和评价标准。启发式算法能同时满足详细描绘问题和求解的需要,比精确算法更为实用,缺点是难以确定好的启发式解已被求得的时刻。

利用启发式算法解决问题时得到满意解就可以了,不用去追求最优性和探求最优解,其原因是,很多问题不存在严格最优解,如目标之间矛盾的多目标问题,这时目标的满意性常比最优性更能准确地描述人们的选择行为;对于有些问题,得到它的最优解所花的代价太大;从实际决策的需求出发,有时要求解具有过高的精度是没有意义的。启发式算法能够较快地得到满意解,这对解决 NP 难问题来说有着不可估量的作用。

启发式算法求解 VRP 的基本思路是,首先确定目标函数,即建立运输总成本函数,目的是使总成本取得最小值;然后求解,先求初始解,在以后的求解过程中,顺次得到接近最小成本的解。目前已提出的启发式算法很多,应用于 VRP 求解过程的算法主要有以下几类。

1. 构造启发式算法

构造启发式算法即根据一些准则,每一次将一个不在线路上的点增加进线路,直到所有的点都被安排进线路为止。该算法的每一步,都把当前的线路构形(可能是不可行解)跟另外的构形(也可能是不可行解)进行比较并加以改进,或者根据某个判别函数产生最大限度的节约构形,或以最小代价把一个不在当前构形上的需求对象插入进来,最后得到一个较好的构形。这种方法一般速度较快,也很灵活,但有时找到的解离最优解相差很远。

1) 节约里程法

节约里程法也能够用来求解 VRP 模型,如下面的例题。

【例 2-4】某配送中心 P 向 10 个客户 $A\sim J$ 配送货物,其道路网络图如图 2.13 所示。图 2.13 中连线上的数字表示两节点间的距离(单位为 km),各客户端旁括号内的数字表示该客户的需求量(单位为 t)。配送中心有载重量为 2t 和 4t 的两种车辆可供使用,但车辆一次巡回的行驶距离不能超过 30km。试制定最优的配送线路。

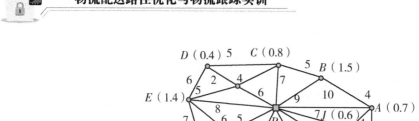

图2.13 道路网络图

解：下面用C-W节约法求解。

第一步：根据给出的相邻节点间的距离，求出配送中心至各客户点、各客户点间的最短距离，如表2-5所示。

表2-5 各点之间的最短距离

C_{ij}	A	B	C	D	E	F	G	H	I	J
P	10	9	7	8	8	8	3	4	10	7
A		4	9	14	18	18	13	14	11	4
B			5	10	14	17	12	13	15	8
C				5	9	15	10	11	17	13
D					6	13	11	12	18	15
E						7	10	12	18	15
F	C_{ij}						6	8	17	15
G								2	11	10
H									9	11
I										8

第二步：根据最短距离表，计算节约值 S_{ij}，结果如表2-6所示。计算结果有正有负，节约值 S_{ij} 为负数时，无实际意义，故取值为零。

表2-6 各点之间的节约值 S_{ij}

S_{ij}	A	B	C	D	E	F	G	H	I	J
A		15	8	4	0	0	0	0	9	13
B			11	7	3	0	0	0	4	8
C				10	6	0	0	0	0	1
D					10	3	0	0	0	0
E						9	1	0	0	0

续表

S_{ij}	A	B	C	D	E	F	G	H	I	J
F							5	4	1	0
G								5	2	0
H									5	0
I										9

第三步：将所有的节约值 S_{ij} 按从大到小的顺序排列，如表 2-7 所示。

表 2-7 S_{ij} 排序表

连接点	节约值	连接点	节约值
A~B	15	F~G	5
A~J	13	G~H	5
B~C	11	H~I	5
C~D	10	A~D	4
D~E	10	B~I	4
A~I	9	F~H	4
E~F	9	B~E	3
I~J	9	D~F	3
A~C	8	G~I	2
B~J	8	C~J	1
B~D	7	E~G	1
C~E	6	F~I	1

第四步：按照节约值 S_{ij} 的大小顺序，以及车辆载重量和行驶距离的限制，逐步构造配送线路。

（1）初始线路。对每一个客户分别单独派车送货，如图 2.14 所示，形成了 10 条初始配送线路。

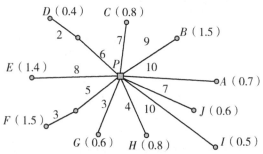

图 2.14 初始线路

(2)线路合并。按照节约值S_{ij}的大小顺序,连接$A \sim B$、$A \sim J$,如图 2.15 所示。

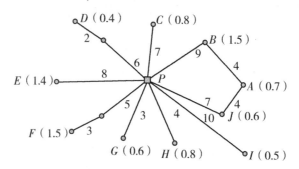

图 2.15　线路合并

(3)连接$B \sim C$,形成配送线路Ⅰ,如图 2.16 所示。此时该线路的总需求量为 3.6t,线路长度为 27km。按照S_{ij}的大小顺序,现在应考虑是否将$C \sim D$连接到配送线路Ⅰ。若将$C \sim D$连接到该线路,线路长度将超过 30km,不可行。

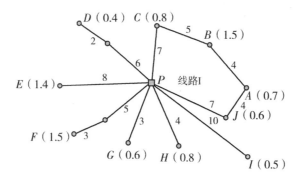

图 2.16　配送线路Ⅰ

(4)连接$D \sim E$,开始构造配送线路Ⅱ。重复该步骤,直到没有可合并的线路为止。

(5)得到的最终解如图 2.17 所示。此时,共构造出 3 条配送线路,总的行驶里程为 80km。

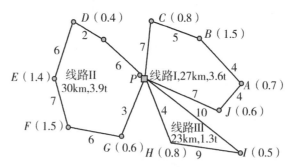

图 2.17　3 条配送线路

2)扫描算法

扫描算法最早是由 Gillett 和 Miller 提出的,是用于求解车辆数目不受限制的 VRP 的一种启发式算法。扫描算法本质上是将距离近的客户归并到一个子路径中。

算法步骤：

(1) 建立极坐标系。首先以起始点(配送中心)作为极坐标的原点，并将图中的任意一客户点和极点(配送中心)的连线定义为角度零，建立极坐标系，然后对所有的客户所在的位置进行极坐标系的变换，把所有客户点全部转换为极坐标系下的点。

(2) 分组。从最小角度的两个客户开始，建立一个组，按逆时针或顺时针方向，将客户逐个加入到组中，直到客户需求总量超过了车辆负载限制时，结束该条线路。

(3) 重复步骤2的过程。建立一个新的组，继续按照逆时针或顺时针方向，将客户继续逐个加入到组中，生成新的线路，直到所有的客户点都被分到某个组为止。

(4) 线路优化。各个分组内的客户群就是一个个单独的TSP(其中，各组的起点都是极点)，求解TSP，得到优化线路。

【例2-5】某配送中心 P 向客户点配送货物。图2.18中各客户端旁括号内的数字表示该客户的需求量(单位为t)。配送中心有载重量为2t的车辆可供使用。试制定其最优的配送线路。

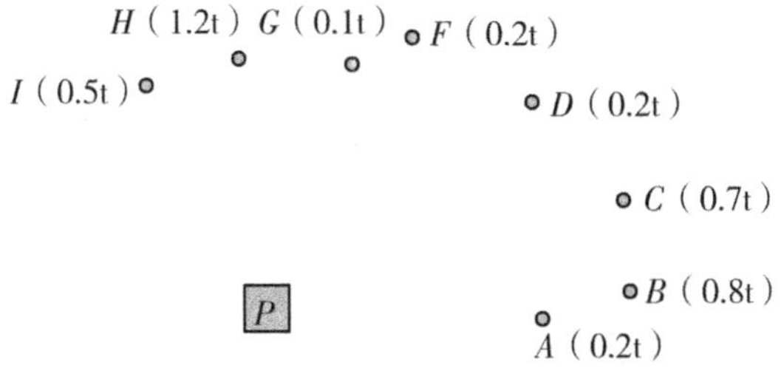

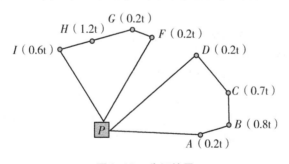

图2.18　各客户点及其需求量

显然，根据扫描算法，可以把客户点分为不同的两组，分别为(A,B,C,D)，(F,G,H,I)。分组完成后(图2.19)，即可对组内的客户点进行路径优化。

图2.19　分组结果

3) 两阶段算法

(1) 先排程后分组。这种方法首先构造一条或几条很长的线路(通常不可行)，它包括了所有需求对象，然后把这些很长的线路划分成一些短而可行的线路。具体进行时，一般是先解一个经过所有点的旅行商问题，形成一条线路，然后根据一定的约束(如车辆容量等)对它进行划分。

（2）先分组后排程。这种方法先把节点和（或）弧的需求进行分组或群，然后对每一组设计一条经济的线路。例如，扫描算法，其目的在于形成需求点的径向区域，从车场发出的射线"扫过"这个区域，使不超过车辆容量的需求点组成一个区域，一个区域就是一个组，当形成一系列这样的组后，再对每一组中的各点安排线路。

2. 改进启发式算法

基于启发式的并行算法、启发式搜索算法和智能算法都属于改进启发式算法，即都是从一个初始解开始，通过对当前的解进行反复的局部扰乱，以求得较好的解。

1）启发式搜索算法

启发式搜索算法包括爬山算法、禁忌搜索算法和模拟退火算法等。

（1）爬山算法。爬山算法也称局部搜索算法，是一种基于邻域搜索技术的、沿着有可能改进解的质量的方向进行单方向搜索（爬山）的搜索算法。该方法的局部搜索能力很强，是一种常用的寻找局部最优解的方法。用爬山算法求解组合优化问题的步骤如下（以目标函数最小为例）。

第一步：选定一个初始解 x_0，记录当前最优解 $x_{best} = x_0$，令 $P = N(x_{best})$（表示 x_{best} 的邻域）。

第二步：当 $P = \emptyset$ 时，或满足其他停止运算准则时，转第四步；否则，从 $N(x_{best})$ 中按某一规则选一个解 x_{now}，转第三步。

第三步：若 x_{now} 的目标值 $f(x_{now})$ 小于 x_{best} 的目标值 $f(x_{best})$，则令 $x_{best} = x_{now}$，$P = N(x_{best})$，转第二步；否则 $P = P - x_{now}$，转第二步。

第四步：输出计算结果，停止。

在爬山算法中，第一步的初始解可以采用随机方法产生，也可用一些经验方法得到，还可采用其他方法得到初始解。在第二步中，其他停止运算准则是指除 $P = \emptyset$ 以外的其他准则，这些准则一般取决于人们对算法的计算时间、计算结果的要求。第二步中在 $N(x_{best})$ 中选取 x_{now} 的规则可以采用随机选取的规则。

可见，爬山算法从解空间中的一个点出发，通过不断迭代，最终可达到一个局部最优点。算法停止时得到解的质量依赖于算法初始解的选取、邻域选点的规则和算法终止条件等。

（2）禁忌搜索算法。禁忌搜索算法解决组合优化问题的另一种优化方法。该算法是局部搜索算法的推广，其算法采用禁忌技术，即用一个禁忌表中的信息不再或有选择地搜索这些点，以此来跳出局部最优点。该算法可以克服爬山算法全局搜索能力不强的弱点。

在禁忌搜索算法中，首先按照随机方法产生一个初始解作为当前解，然后在当前解的邻域中搜索若干个解，取其中的最好解作为新的当前解。为了避免陷入局部最优解，这种优化方法允许一定的下山操作，下山操作是指使解的质量变差。另外，为避免对已搜索过的局部最优解的重复，禁忌搜索算法使用禁忌表记录已搜索的局部最优解的信息，这可在一定程度上避开局部极值点，从而开辟新的搜索区域。当用禁忌搜索算法求解组合优化问题时，其实现步骤如下。

第一步：选定一个初始解 X_{now}，令禁忌表 $H = \varnothing$。

第二步：若满足终止规则，转第四步；否则，在 X_{now} 的邻域 $N(X_{\text{now}})$ 中选出满足禁忌要求的候选集 $CAN\_N(X_{\text{now}})$，转第三步。

第三步：在 $CAN\_N(X_{\text{now}})$ 中选一个评价值最好的解 X_{best}，令 $X_{\text{now}} = X_{\text{best}}$，更新禁忌表 H，转第二步。

第四步：输出计算结果，停止。

禁忌搜索算法的第二步中，X_{now} 的邻域 $N(X_{\text{now}})$ 中满足禁忌要求的解包括两类：一类是那些没有被禁忌的解，另一类是可以被解除禁忌的解。

（3）模拟退火算法。模拟退火算法也是局部搜索算法的扩展，它与局部搜索算法的不同之处在于它以一定的概率选择邻域中目标函数值差的状态。

退火是一种物理过程，一种金属物体在加热到一定温度后，它的所有分子在其状态空间中自由运动。随着温度的下降，这些分子逐渐停留在不同的状态。在温度最低时，分子重新以一定的结构排列。统计力学的研究表明，在同一温度，分子停留在能量最小的状态的概率比停留在能量大的状态的概率要大。当温度相当高时，每个状态的概率基本相同，都接近平均值。当温度趋于 0 时，分子停留在最低能量状态的概率趋于 1。

模拟退火算法是一种基于上述退火原理建立的随机搜索算法。组合优化问题与金属物体的退火过程可进行如下类比：组合优化问题的解类似于金属物体的状态，组合优化问题的最优解类似于金属物体能量最低的状态，组合优化问题的费用函数类似于金属物体的能量。其实现步骤如下。

第一步：初始化初始温度 T（充分大），初始解状态 S（是算法迭代的起点），每个 T 值的迭代次数 L。

第二步：对 $k = 1, \cdots, L$ 做第三步。

第三步：产生新解 S'，计算增量 $\Delta t' = C(S') - C(S)$，其中 $C(S)$ 为评价函数；若 $\Delta t' < 0$，则接受 S' 作为新的当前解，否则以概率 $\exp(-\Delta t'/T)$ 接受 S' 作为新的当前解；如果满足终止条件则输出当前解作为最优解，结束程序。终止条件通常取为连续若干新解都没有被接受时终止算法。

第四步：T 逐渐减少，且 $T \to 0$，然后转第二步。

2）智能算法

遗传算法、人工神经网络算法和蚁群算法等属于智能算法。

（1）蚁群算法。蚁群算法是多个体系统，其中人工蚂蚁之间的低级作用导致了更大的蚂蚁族的复杂行为。这种算法启迪于真正的蚂蚁行为：蚂蚁会在地面上留下一种化学物质（信息素），这种物质会影响单只蚂蚁的行为，一条路上遗留的信息素越多，蚂蚁选择这条路径的可能性就越大。蚁群算法是随机型搜索算法，自从在旅行商等问题中得到富有成效的应用之后，引起了越来越多的关注和重视。

（2）人工神经网络算法。人工神经网络算法是利用工程技术手段模拟人脑神经结构和功能的一种技术系统，以信息的分布式存储和并行处理为基础。它具有自组织、自学习的功能，在许多方面更接近人对信息的处理方法，具有模拟人的形象思维的能力。

（3）遗传算法。遗传算法思想源于生物遗传学和适者生存的自然规律，其模拟由个体组成群体的集体学习过程，其中每个个体表示给定问题空间中的一点，随机地产生一个初始群体，通过选择、变异、重组操作，使群体演化到搜索空间越来越好的区域。遗传算法是求解大规模函数优化问题的有力工具，在复杂结构的优化设计问题中得到了广泛应用，并且在 VRP 中的应用已经有一定成果。

本章小结

在物流配送的研究过程中，以有效的控制配送过程中发生的库存成本、运输成本和运输时间为内容的运输调度问题成为研究的核心和目标。大多数物流配送运输调度问题可以归结为车辆优化调度问题，车辆优化调度问题的主要内容是车辆分配和配送线路的生成。车辆优化调度问题一般可描述为对一系列装货点和（或）卸货点，组织适当的行车线路，使车辆有序地通过它们，在满足一定的约束条件下，达到一定的目标。

车辆优化调度问题是组合优化领域中的典型的 NP 难问题，其求解方法非常复杂，但究其实质，基本上可以分为精确算法和启发式算法两类，精确算法主要包括分支定界法、割平面法、网络流算法和动态规划法，启发式算法又分为构造启发式算法、改进启发式算法和亚启发式算法。

本章首先对物流配送车辆优化调度问题进行了概述，然后对几个典型的车辆优化调度问题：单源点单车型非满载车辆优化调度问题、单源点单车型满载和非满载混合车辆优化调度问题、有时间窗的非满载车辆优化调度问题和随机车辆优化调度问题的模型进行了分析与建立，最后主要介绍了求解车辆优化调度问题的启发式算法。

关键术语

车辆路径规划问题（Vehicle Routing Problem）　　精确算法（Accurale Algorithm）
车辆调度问题（Vehicle Scheduling Problem）　　启发式算法（Heuristic Algorithm）

习　题

一、判断题

1. 一般来说，配送圈大的话，配送中心的配置数量就会多，配送成本相对高；反之，配送中心的数量减少，顾客距离缩短，配送成本越低，而运输成本要相对较低。（　　）

2. 物流经营者应根据客户特征，如配送产品特性、地理分布等，合理定位配送区域，同时对不同的配送区域可采取差别性的配送服务政策。（　　）

二、选择题

1. 配送路线优化是( )。
   A. 在一段路线上，送货客户最密
   B. 配送客户、配送货量、配送时间的最佳配合
   C. 在确定时间内，送货客户最密
   D. A 和 C

2. ( )是共同配送的特点。
   A. 送货一方实现少量物流配送
   B. 收货一方可以统一进行总验货
   C. 适合中小型企业
   D. 一车多户，经济送货路线

3. ( )不属于节约里程法的基本认定。
   A. 配送的是同一种货物
   B. 同一辆车只允许为指定的客户运输
   C. 各客户的坐标及需求量已知
   D. 配送中心有足够的运输能力

4. 配送中心 A 距配送点 D 和 E 距离分别为 12km、20km，DE 的距离为 25km，则 A 一次向 D 和 E 配送比 A 分别向 D 和 E 配送可以节约( )km 里程。
   A. 7
   B. 12
   C. 20
   D. 25

三、思考题

1. 影响配送路线的客观因素有哪些？
2. 精确算法有哪些？特点分别是什么？
3. 启发式算法有哪些？特点分别是什么？

四、案例分析题

某大型连锁超市在北京有八家门店，此外还在北京设有一家生鲜配送中心和一家干货配送中心。

1. 假定超市为了店庆需要给八家门店配送一种促销品，由于促销品数量批量较少，配送车辆有限，配送中心调度决定用一辆车从位于南五环西毓庄的配送中心向各门店进行配送任务，设置了如下配送路线（图 2.20）。分析下列配送路线的不合理处，可以用什么方法改进，改进后的配送路线图如何？

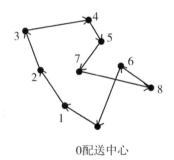

图 2.20 配送路线

2. 简要介绍 TSP 模型和 VRP 模型的区别，分析上述情况适用于什么模型？
3. 上述情况是否能用扫描算法解决？为什么？
4. 假定配送中心及各门店的路径信息如表 2-8 所示，试用节约里程法重新进行配送路径的规划，新的里程是多少？

表2-8 配送中心及各门店的路径信息

C_{ij}	0	1	2	3	4	5	6	7	8
0		25	55	74	71	55	38	33	42
1	25		30	54	65	57	63	35	67
2	55	30		24	58	50	58	28	78
3	74	54	24		42	58	78	52	102
4	71	65	58	42		16	36	30	61
5	55	57	50	58	16		20	22	45
6	38	63	58	78	36	20		30	25
7	33	35	28	52	30	22	30		50
8	42	67	78	102	61	45	25	50	

第 3 章 物流跟踪技术

【学习目标】
(1) 熟悉地理信息系统(GIS)。
(2) 熟悉全球定位系统(GPS)。
(3) 了解条码技术。
(4) 了解 RFID 技术。

【学习重点】
(1) 地理信息系统(GIS)。
(2) 全球定位系统(GPS)。

【学习难点】
(1) 地理信息系统(GIS)。
(2) 全球定位系统(GPS)。

物流跟踪技术作为物流增值服务的一种实现方式和物流过程可视化的重要手段，其应用和研究已经逐步成熟。伴随着物流跟踪技术的发展，物流的运作也更加智能化、全球化。通过地理信息系统、全球定位系统、条码技术、射频识别技术等物流跟踪技术使得物流管理的自动化、高效化、及时性得以实现。现代物流只有在跟踪技术的支持下，才能实现物流网络的四通八达，规模效益日益显现，社会物流成本不断下降。未来，物流跟踪技术的应用将进一步在供应链的采购、运输、仓储等环节上得到应用。本章将着重介绍地理信息系统、全球定位系统、条码技术、射频识别技术等几种典型的物流跟踪技术。

【拓展知识】

3.1　GIS

3.1.1　GIS 的含义

地理信息系统简称为 GIS，国际上有两种不同的全称，英国出版的季刊的全称是 Geographical Information System，德国出版的季刊的全称是 Geo Information System。在加拿大和澳大利亚，则将地理信息系统称为 Land Information System。在我国，通常称为 Resources and Environmental Information Systems。全称虽有差异，但简称都是 GIS。

那么，究竟什么是 GIS 呢？根据不同的部门和不同的应用目的，GIS 的定义也不尽相同。这些定义，有的侧重于 GIS 的技术内涵，有的则强调 GIS 的应用功能。为了能更具体地认识和真正了解 GIS 的概念，编者推荐美国联邦数字地图协调委员会对 GIS 的定义，即"GIS 是由计算机硬件、软件和不同的方法组成的系统，该系统用来支持空间数据的采集、管理、处理、分析、建模和显示，以便解决复杂的规划和管理问题。"根据这个定义，可得出 GIS 的一些相关概念。

（1）GIS 的物理外壳是计算机化的技术系统。该系统又由若干个相互关联的子系统构成，如数据采集子系统、数据管理子系统、数据处理和分析子系统、可视化表达与输出子系统等。这些子系统的构成直接影响着 GIS 的硬件平台、系统功能和效率、数据处理的方式和产品输出的类型。其框架和结构如图 3.1 所示。

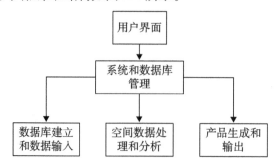

图 3.1　GIS 框架和结构

(2) GIS 的对象是地理实体。地理实体数据的根本特点是每一个数据都按统一的地理坐标进行编码,实现对其定位、定性、定量和拓扑关系的描述。GIS 以地理实体数据作为处理和操作的主要对象,这是它区别于其他类型信息系统的根本标志,也是其技术难点之所在。

(3) GIS 的技术优势在于它的混合数据结构和有效的数据集成、独特的地理空间分析能力、快速的空间定位搜索和复杂的查询功能、强大的图形创造和可视化表达手段,以及地理过程的演化模拟和空间决策支持功能等。其中,通过地理空间分析可以产生常规方法难以获得的重要信息,实现在系统支持下的地理过程动态模拟和决策支持,这既是 GIS 的研究核心,也是 GIS 的重要贡献。根据其研究范围,GIS 可分为全球性信息系统和区域性信息系统;根据其研究内容,GIS 可分为专题信息系统和综合信息系统;根据其使用的数据模型,GIS 可分为矢量信息系统、栅格信息系统和混合型信息系统等。

案例

约翰·斯诺治理霍乱

1854 年,英国首都伦敦爆发了一次霍乱,从 8 月至 9 月初,每天死于霍乱者都在 50 人以上。关于霍乱爆发的原因,有两种猜测,一种说法是公墓里的病菌散布到空气中致使大家得病,另一种说法以约翰·斯诺(John Snow)医生为代表,他们认为水井中的水源导致疾病的蔓延。约翰·斯诺利用绘有这个地区所有道路、房屋、饮用水机井等内容的比例尺为 1∶6 500 的详细地图,用点准确地记录了每个死于霍乱者的住家位置,得到了死者住家位置分布图。于是,一分析地图,立刻明白了霍乱病源所在。死于霍乱者的家都集中于饮用"布洛多斯托利托"井水的地区周围。根据斯诺博士的请求,政府于 1854 年 9 月 8 日摘下了这个水井泵的柄,禁止使用该水泵吸水。这天以后,新的霍乱病患者几乎就没有出现了。这是 100 多年以前,地图分析在流行病防疫方面起作用的宝贵事例。在今天我们依然可以用这种方法进行流行病学的研究。

(资料来源:http://bbs.3s001.com/thread-127293-1-1.html。)

3.1.2 GIS 的功能

【拓展视频】

GIS 的功能主要包括以下几部分。

1. 数据采集与编辑功能

数据采集与编辑功能包括图形数据采集与编辑和属性数据编辑与分析,如图 3.2 所示。

2. 地理数据库的信息和管理功能

地理信息数据库管理系统是数据存储和管理的高新技术,包括数据库定义、数据库的建立与维护、数据库操作、通信功能等功能。

3. 制图功能

根据 GIS 的数据结构及绘图仪的类型,客户可获得矢量地图或栅格地图。GIS 不仅可以为客户输出全要素地图,而且可以根据客户需要分层输出各种专题地图,如行政区划

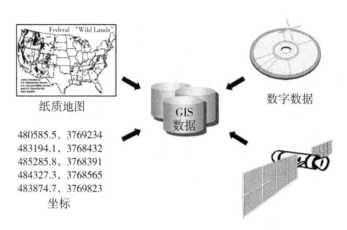

图 3.2　数据采集与编辑功能

图、道路交通图、等高线地图等。另外，GIS还可以通过空间分析得到一些特殊的地学分析用图，如坡度图、坡向图、剖面图等。矢量格式和栅格格式如图3.3所示。

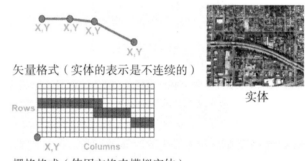

图 3.3　矢量格式和栅格格式

4. 空间查询与空间分析功能

空间查询与空间分析功能包括拓扑空间查询、缓冲区分析、叠置分析、空间集合分析、地学分析、数字高程模型的建立和地形分析等，如图3.4和图3.5所示。

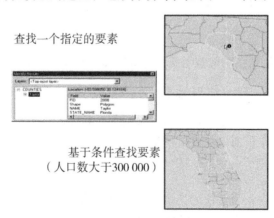

图 3.4　空间查询功能

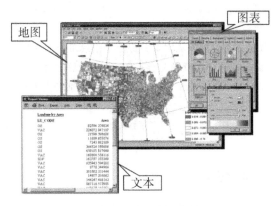

图 3.5　空间分析功能

5. 二次开发和编程功能

客户可以在自己的编程环境中调用 GIS 的命令和函数，或者 GIS 将某些功能做成专门的控件供客户开发使用，完成各种类型的应用和输出，如图 3.6 所示。

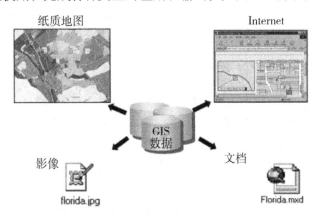

图 3.6　文档的输出功能

耐克如何了解市场

耐克的成功很大程度上归功于耐克创新人员的智慧及耐克对前瞻性技术的运用，耐克的这种精神在商业智能(Business Intelligence, BI)上也有所体现。耐克作为全球著名的体育用品品牌之一，它对企业的管理及市场的把握有着自己的思考，耐克希望通过 GIS 的商业分析功能帮助解决日趋复杂的商业问题。耐克将 GIS 技术与 BI 结合，利用地图可视化显示区域内的零售情况，把客户和商店的位置信息，以及包括区域人口集聚群、客户地址概况在内的市场信息都显示在地图上。统计数据形成报表，并直观地体现给管理者，这使 GIS 在店面选址和财产管理上发挥着非常重要的作用。

耐克应用 GIS 的方法，对于任何地点都是可以复制的，因为它使用的是标准化的数据和工具。地理

BI 的应用大大减少了查找信息和创建报告的时间和精力，实时收集数据也使企业内数据流变得通畅和敏捷，数据分析能提供新的视野和角度，并且提高了商业数据的质量和应用范围。

GIS 数据和技术为耐克提供了有效的解决方案，由于软件使用的便捷性，实现了信息全面共享。GIS 的应用让用户和分析师得以抛开以前一页页的文件和报表，从空间地理的角度来划分和整理商业数据，"哪里不会点哪里"的用户体验正中企业管理者的下怀。可能对于耐克来说，现阶段还不需要分析大量的空间地理数据，GIS 在 BI 中承担的角色主要是展示和整合数据，但这却是个良好的开端。

（资料来源：http：//www.city8.com/dituquantu/2061610.html.）

【拓展视频】

3.1.3 GIS 的应用

在信息的诸多类型中，与空间相关的信息是十分重要的一类，如何利用计算机处理这类信息是 GIS 产生和发展的原动力。GIS 技术在国防、城市规划、交通运输、环境监测和保护等领域的成功应用，极大地刺激了 GIS 技术的发展。由于 GIS 本身是把计算机技术、地理信息和数据库技术紧密结合起来的新型热点技术，其特征非常适合仓库建设与规划，从而使仓库建设规划走向规范化和科学化，使仓库建设的经费得到最合理地运用，也使仓库布局分配更加合理。仓库 GIS 作为仓库管理信息系统（Management Information System，MIS）中的一个子系统，它用地理坐标、图标的方式更直观地反映仓库的基本情况，如仓库建筑情况、仓库附属公路和铁路情况、仓库物资储备情况等，是仓库 MIS 的一个重要的分支和补充。

作为仓库规划的 GIS，它主要解决两个方面的问题：一是，解决仓库建设的规划审批；二是，必须为规划师和上级有关部门提供辅助决策功能。从仓库整个的宏观规划来说，它可以解决仓库的宏观布局问题。仓库规划的 GIS 总体结构中各模块的功能如下：

（1）客户接口，为客户提供了调用系统其他功能的人机界面，要求界面美观实用，适合客户的操作习惯。

（2）数据库管理子系统，提供各种数据库的数据入库及建库管理。它由基础地形图库管理①、规划数据库②、现状数据库③、属性数据库④等模块组成。

（3）数据接口子系统，主要完成和其他应用系统，如仓库物资管理信息系统、仓库人事管理信息系统等的数据交换，实现数据共享。

（4）辅助设计子系统，提供各种线型、型号的设计功能及各种计算模块，为规划设计服务。

（5）知识库，主要存放仓库的人员分布情况、水文地质条件、仓库周围的社会经济情况和规划师的经验知识等，以供规划决策使用。

（6）总体规划，辅助决策子系统根据用地现状、社会经济条件、人口分布情况、水文

---

① 通过分幅输入、接边和校准，形成一张完整的仓库地形图。
② 该数据库主要用来存放容积率、绿化率、限高等要素，以供规划参考，同时，它也存放规划行业的法规文件以供检索。
③ 该数据库主要用来存放现存的所有建筑地理位置及用地现状，可作为规划用地的参考。
④ 该数据库主要存放工作表格、规划设计说明信息、统计数据及各种帮助信息。

地质条件及经验知识进行定性推理，得到仓库空间布局和用地安排等的总体规划方案，以供上级部门和专家决策使用。

（7）控制性规划子系统，在仓库总体规划指导下，根据规划数据库中的数据和知识库中的知识进行定性推理，得出各地块的用地面积、建筑容积率、总建筑面积、建筑间隔、库内交通和艺术风格等系统控制性设想方案，供专家决策使用。

（8）控制性详细规划子系统，是对仓库建设用地进行细分，并对细分后的各区、片、块建设用地的使用性质和使用强度进行控制，为修建性详细规划提供编制规则与依据，使规划设计、管理、开发有机结合。

GIS 物流分析软件中集成的物流分析模型，包括车辆路线模型、设施定位模型、网络物流模型、分配集合模型等，这些模型既可单独使用，解决某些实际问题，也可作为基础，进一步开发适合不同需要的应用程序。这些模型代表性地说明了 GIS 在物流分析中的应用水平。

1. 车辆路线模型

车辆路线模型用于解决在一个起点、多个终点的物品运输问题中，降低操作费用并保证服务质量，包括决定使用多少车辆，每个车辆经过什么路线的问题。

物流分析中，在一对多收发货点之间存在多种可供选择的运输路线的情况下，应该以物品运输的安全性、及时性和低费用为目标，综合考虑，权衡利弊，再选择合理的运输方式，并确定费用最低的运输路线。例如，一个公司有一个仓库，而零售店有 30 个，这 30 个零售店分布在不同的位置上，每天用卡车把物品从仓库运到零售店，每辆卡车的载重量或货物尺寸是固定的，同时每个商店所需的物品重量或体积也是固定的，因此，需要多少车辆及所有车辆所经过的路线就是一个最简单的车辆路线模型。

实际问题中，车辆路线问题还应考虑很多影响因素，问题也变得十分复杂。例如，仓库的数量不止一个，而仓库和商店之间不是一一对应的；部分或所有商店对物品送达时间有一定的限制，如某商店上午 8 点开始营业，因此要求物品在上午 5 点~7 点之间运到；仓库的发货时间有一定的限制，如当地交通规则要求货车上午 7 点之前不能上路，而驾驶员要求每天下午 6 点之前完成一天的工作；在每个车站，需要一定的服务时间，最常见的情况是不管货车所运物品多少，在车站上都需要固定的时间让货车进站接受检查，当然也有检查时间随着所运物品多少而变化的情况等。物流 GIS 中的车辆路线模型可以综合考虑这些因素并加以解决。

2. 设施定位模型

设施定位模型用来确定仓库、医院、零售商店、加工中心等设施的最佳位置，其目的同样是提高服务质量，降低操作费用，使利润最大化等。设施定位模型可以用于确定一个或多个设施的位置。

在物流系统中，仓库和运输线共同组成了物流网络，仓库处在网络的"节点"上，运输线就是连接各个"节点"的"线路"，从这个意义上看，"节点"决定着"线路"。具体来说，在一个具有若干资源点及若干需求点的经济区域内，物品资源要通过某一个仓库的汇集中转和分发才能供应各个需求点，因此根据供求的实际需要并结合经济效益等原则，在既定区域内设立多少仓库，每个仓库的地理位置在什么地方，每个仓库应有多大规模，这些仓库间的物流关系如何等问题，就显得十分重要。而这些问题运用设施定位模型可以很容易地解决。

设施定位模型也可以加入经济或其他限定条件，运用模型的目的可以是使各服务设施之间的距离最大或使其服务的人数总和最大，也可以是在考虑其他已经存在设施的影响的情况，确定设施的最佳位置等。对于这些形式不一的问题，物流 GIS 都可以通过运用现有的模型，或修改一定的参数加以解决。

3. 网络物流模型

网络物流模型用于寻求最有效的分配货物路径，也就是物流网点布局。物流 GIS 包括网络物流的程序，这些程序可以有效地解决分配货物路径或提供服务路径问题。例如，需要把物品从 15 个仓库运到 100 个零售商店，每个商店有固定的需求量，因此需要确定哪个仓库供应哪个零售商店，从而使运输代价最小；在考虑线路上车流密度的前提下，怎样把空的货车从所在位置调到物品所在位置，对于这些问题，物流 GIS 都能有效解决。

4. 分配集合模型

分配集合模型可以根据各个要素的相似点把同一层的所有或部分要素分成几组，用于解决确定服务范围、销售市场范围等问题。很多物流问题都涉及分配集合模型，如某公司要设立 12 个分销点，要求此分销点覆盖整个地区，且每个分销点的客户数目大致相等；又如在某既定经济区域内，考虑各个仓储网点的规模及地理位置等因素，合理划分配送中心的服务范围，确定其供应半径，实现宏观供需平衡。

物流 GIS 可以提供两个程序解决这些问题：区域分散模型和集中模型。在想把某一区域做地理分区时，应使用区域分散模型；而想把某一层上的许多小的要素依据它们彼此之间的距离或旅行时间进行组合时，应使用集中模型。

案例

Werner 的"秘密武器"

Werner 公司每天有成千上万的货车穿行在美国的各条公路上，它们都在运输食物、饮料、工业用品及各种货物。因此，公司需要知道货车的位置也需要了解实时的路况来及时对车队的行车路径做出调整和部署。以前，Werner 公司的职员使用传统的方式与货车司机进行联络，货车的实时运行位置并不能可视化，这给管理者的调度和管理造成了困难。通过 GIS 在地图上展现每辆货车的运行位置、货物清单和目的地，以及加油站点等信息，这对于管理数量庞大的货车具有很大价值。

基于此 Werner 公司引入 GIS 平台的解决方案与传统的 BI 相结合，完成物流过程的可视化、直观化，极大地改善了工作流程，节约人力物力，保证司机安全，确保整个企业的智能化运作。

当 Werner 公司最初使用 GIS 技术的时候，只是为了更好地管理运输车队。而现在，这家企业已经在公司运营的各个方面都运用 GIS 技术，包括后勤服务、分支机构的选址等，最大化地发挥 GIS 的价值，全方位利用地理信息优化企业运营过程，提高市场竞争力。GIS 技术成为 Werner 公司的"秘密武器"。

（资料来源：http://www.city8.com/dituquantu/2061610.html.）

【拓展视频】

3.1.4 GIS 应用软件

1. 国外主要 GIS 软件

（1）ArcGIS：美国 Esri 公司在全面整合了 GIS 与数据库、软件工程、人工智能、网络技术及其他多方面的计算机主流技术之后，成功地推出了代表 GIS 最高技术水平的全系列 GIS 产品。ArcGIS 作为一个可伸缩的平台，无论在桌面、服务器、野外还是通过 Web，都可以为个人或群体用户提供 GIS 的功能。ArcGIS 界面如图 3.7 所示。ArcGIS 系列软件如下：

① ArcGIS Desktop：一个专业 GIS 应用的完整套件。
② ArcGIS Engine：为定制开发 GIS 应用的嵌入式开发组件。
③ ArcSDE、ArcIMS 和 ArcGIS Server：服务端 GIS。
④ ArcGIS Mobile：Esri 公司移动 GIS 解决方案之一。
⑤ ArcGIS Online：一个面向全球用户的公有云 GIS 平台，为用户提供按需的、安全的、可配置的 GIS 服务。

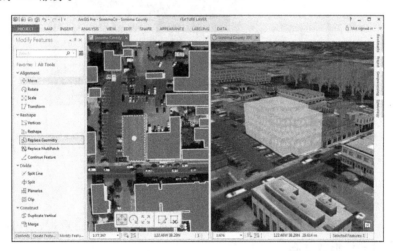

图 3.7 ArcGIS 界面

（2）MapInfo：美国 MapInfo 公司的桌面 GIS 软件，是一种数据可视化、信息地图化的桌面解决方案。它依据地图及其应用的概念，采用办公自动化的操作，集成多种数据库数据，融合计算机地图方法，使用地理数据库技术，加入了 GIS 分析功能，形成了极具实用价值的、可以为各行各业所用的大众化小型软件系统。MapInfo Professional 界面如图 3.8 所示。

（3）Skyline：美国 Skyline 公司研发的一套优秀的三维数字地球平台软件。其凭借国际领先的三维数字化显示技术，可以利用海量的遥感航测影像数据、数字高清数据及其他二维或三维数据搭建出一个对真实世界进行模拟的三维场景。目前在国内，它是制作大型真实三维数字场景的首选软件。Skyline 界面如图 3.9 所示。

图3.8 MapInfo Professional 界面

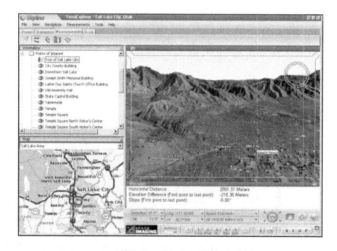

图3.9 Skyline 界面

Skyline Terra Suite 软件主要包含以下 3 类产品：

① TerraBuilder，融合海量的遥感航测影像数据、高程和矢量数据，以此来创建有精确三维模型景区的地形数据库。

② TerraExplorer，是一个桌面工具应用程序，使得用户可以浏览、分析空间数据，并对其进行编辑，添加二维或三维的物体、路径、场所，以及地理信息文件。TerraExplorer 与 TerraBuilder 所创建的地形库相连接，并且可以在网络上直接加入 GIS 层。

③ TerraGate，是一个发布地形数据库的服务器，允许用户通过网络来访问地形数据库。

2. 国内主要 GIS 软件

（1）SuperMap：由北京超图软件股份有限公司开发的新一代 GIS 软件系统，是一套全组件开放式 GIS 软件平台。其可以直接用于应用系统开发，也可以作为专业应用平台开发的基础性软件。SuperMap 界面如图 3.10 所示。SuperMap 产品如下：

① 服务式 GIS 平台：SuperMap iServer Java、SuperMap IS.NET。
② 组件式 GIS 平台：SuperMap Objects Java/.NET。
③ 客户端 GIS：SuperMap Deskpro、SuperMap Objects。
④ 桌面 GIS 开发平台：SuperMap Express.NET。
⑤ 桌面 GIS 软件：SuperMap Deskpro、SuperMap Express。
⑥ 嵌入式 GIS 平台：eSuperMap。
⑦ 大型空间数据库引擎技术：SuperMap SDX+6R。
⑧ Web 客户端：SuperMap iClient for Realspace 6R、SuperMap iClient for RIA。

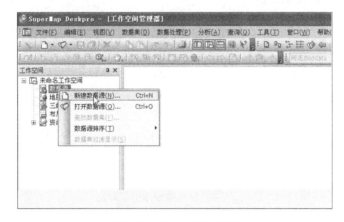

图 3.10　SuperMap 界面

（2）MAPGIS：MAPGIS 是中地数码集团的产品名称，是中国具有完全自主知识版权的 GIS，是全球唯一的搭建式 GIS 数据中心集成开发平台，实现了遥感处理与 GIS 完全融合，是支持空中、地上、地表、地下全空间真三维一体化的 GIS 开发平台。MAPGIS 界面如图 3.11 所示。

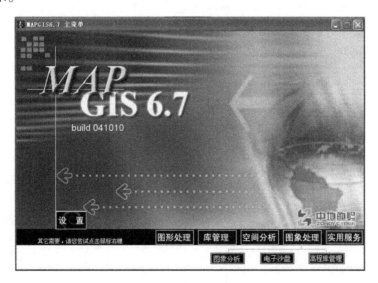

图 3.11　MAPGIS 界面

3. GIS 软件比较

(1) 项目解决方案对比如表 3-1 所示。

表 3-1　项目解决方案对比

项目解决方案	ArcGIS	MapInfo	Skyline	MAPGIS	SuperMap
空间数据库技术	ArcSDE/GeoDatabase	MapInfo Spatialware	TerraGate/SFS	MAPGIS-SDE	SuperMap SDX
组件开发平台	MapObjects/ArcObjects	MapX	TerraDeveloper	MAPGIS-SDK	SuperMap Objects
桌面数据管理软件	ArcMap	MapInfo	TerraPro	MAPGIS(桌面版)	SuperMap Deskpro
数据采集软件	ArcMap	MapInfo	TerraBuilder	MAPSUV 数字测图系统	SuperMap Survey
搭建式开发平台	无	无	无	MAPGIS-BPF	无
数据中心	无	无	无	MAPGIS-DCT	无

(2) 空间数据库引擎对比如表 3-2 所示。

表 3-2　空间数据库引擎对比

项目	ArcGIS	MapInfo	Skyline	MAPGIS	SuperMap
技术名称	ArcSDE/GeoDatabase	Spatialware	TerraGate/SFS	MAPGIS SDE	SuperMap SDX
支持的数据库系统	Oracle/DB2/Informix/SQL Server	SQL Server/Oracle/Sybase/DB2/Informix	Oracle/SQL Server	Oracle/SQL Server	Oracle/DB2/SQL Server/Sybase/Kingbase/DM3
是否支持拓扑关系	Arc SDE 不支持，Geodatabase 支持	不支持	支持	支持	支持
是否支持数据压缩	不支持	不支持	支持	支持	支持
跨平台	Windows/UNIX/Linux	Windows	Windows/Linux	Windows	Windows
性能	快速的数据访问存储能力，动态高效的空间索引，稳健高效的空间运算能力	较快的数据访问存储能力，较好的空间索引，空间运算能力一般	较快的数据访问存储能力，较好的空间索引，较好的空间运算能力	较快的数据访问存储能力，较好的空间索引，空间运算能力一般	较快的数据访问和存储能力，良好的空间索引，但不支持影像动态空间索引，空间运算能力较差

(3) 三维 GIS 产品对比如表 3-3 所示。

表3-3 三维GIS产品对比

产品	ArcGIS	MapInfo	Skyline	MAPGIS	SuperMap
二维、三维数据及影像数据的导入、建模	一般	不支持	方便灵活	较好	较好
可视化显示工具(平移、缩放、旋转)	较好	较好	好	好	好
与其他多种数据格式转换	好	好	好	较好	较好
交互式空间图形编辑(点、线、面、多边形及曲面的添加、编辑、删除、填充等)	好	差	好	好	一般
空间图形的属性管理和编辑	好	好	好	较好	较好

（4）主要数据存储格式对比如下。

① ArcGIS：Coverage、Shapefile、Geodatabase 等。
② MapInfo：tab、mif 等。
③ Skyline：.x、.xpc、.xpl、.flt 、.fpc 、.dae 等。
④ SuperMap：.sdb 、.udb 等。
⑤ MAPGIS：.wt、.wl、.wp、.wn、.wb 等。

3.2 GPS

3.2.1 GPS 概述

【拓展视频】

1）GPS 的概念

全球定位系统（Global Positioning System，GPS）是一种可以授时和测距的空间交会定点的导航系统，可向全球用户提供连续、实时、高精度的三维位置、三维速度和时间信息。

2）GPS 的产生与发展

GPS 的产生过程如下：

（1）1957 年 10 月第一颗人造地球卫星上天，天基电子导航应运而生。
（2）美国 1964 年建成了子午卫星导航定位系统。
（3）美国从 1973 年开始筹建 GPS，1994 年全部建成投入使用。

最初，GPS 的研制主要用于军事目的。例如，为陆海空三军提供实时、全天候和全球性的导航服务，并用于情报收集、核爆监测、应急通信和爆破定位等方面。随着 GPS 步入试验和实用阶段，其定位技术的高度自动化及所达到的高精度和巨大的潜力，引起了各国政府的普遍关注，同时引起了广大测量工作者的极大兴趣。特别是近几年来，GPS 定位技术在应用基础的研究、新应用领域的开拓、软硬件的开发等方面都取得了迅速发展。

3）GPS 的基本原理

GPS 的基本原理是测量出已知位置的卫星到用户接收机之间的距离，再综合多颗卫星的数据就可知道接收机的具体位置。要达到这一目的,卫星的位置可以根据星载时钟所记录的时间在卫星星历中查出。用户到卫星的距离通过记录卫星信号传播到用户所经历的时间,再将其乘以光速得到,由于大气层中电离层的干扰,这一距离并不是用户与卫星之间的真实距离,而是伪距。当 GPS 正常工作时会不断地用 1 和 0 二进制码元组成的伪随机码(简称伪码)发射导航电文。

GPS 使用的伪码一共有两种,分别是民用的 C/A 码和军用的 P(Y)码。C/A 码频率为 1.023MHz,重复周期为 1ms,码间距为 1μs,相当于 300m;P 码频率为 10.23MHz,重复周期为 266.4d,码间距为 0.1μs,相当于 30m;而 Y 码是在 P 码的基础上形成的,保密性能更佳。导航电文包括卫星星历、工作状况、时钟改正、电离层时延修正、大气折射修正等信息。它是从卫星信号中解调出来的,以 50b/s 调制在载频上发射的。导航电文每个主帧中包含 5 个子帧,每个子帧长 6s。前三帧各 10 个字码;每 30s 重复一次,每小时更新一次。后两帧共 15 000bit。导航电文中的内容主要有遥测码、转换码,以及第 1、2、3 数据块,其中最重要的为星历数据。当用户接收到导航电文时,提取出卫星时间并将其与自己的时钟做对比便可得知卫星与用户的距离,再利用导航电文中的卫星星历数据推算出卫星发射电文时所处的位置,便可得知用户在 WGS-84 大地坐标系中的位置、速度等信息。可见 GPS 导航系统卫星部分的作用就是不断地发射导航电文。然而,由于客户接收机使用的时钟与卫星星载时钟不可能总是同步,因此除了客户的三维坐标 x、y、z 外,还要引进一个 Δt,即卫星与接收机之间的时间差作为未知数,然后用 4 个方程将这 4 个未知数解出来。所以如果想知道接收机所处的位置,至少要能接收到 4 个卫星的信号。

GPS 定位腕表有望替代传统监狱

在西班牙、比利时和美国的一些地方,人们尝试用一只 GPS 定位腕表来代替传统的监狱。目前,这种 GPS 脚铐主要被使用在获准假释的家庭暴力罪犯身上。根据西班牙监狱系统的规定,获准假释的家庭暴力罪犯通常不得进入距离受害者 500m 的范围内。罪犯身上佩戴的 GPS 脚铐能发射一种特殊频率的电磁波,受害者也会佩戴一个电磁感应装置,一旦二者距离超过预设的警戒距离,电磁感应器会立即向警方报警。

不难预见,GPS 的应用将是一个非常广阔的天地,未来 GPS 一定会极大地改变我们的生活,让我们的生活、出行、交通变得更智能和科学。

(资料来源:http://www.bsjkj.com/detail.aspx?cid=184.)

3.2.2 GPS 的组成

GPS 由空间部分、地面控制部分和用户设备部分 3 部分组成,如图 3.12 所示。

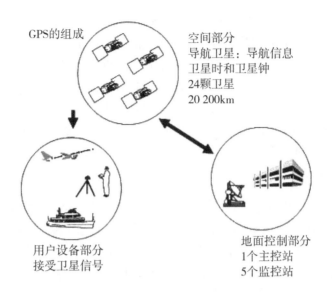

图 3.12 GPS 的组成

【拓展视频】

1. 空间部分

空间部分是指 GPS 工作卫星及其星座，如图 3.13 所示。由 21 颗工作卫星和 3 颗在轨备用卫星组成 GPS 卫星星座，记作(21+3)GPS 星座。卫星高度在距地表 2.02 万 km 的上空，其均匀分布在 6 个轨道面上(每个轨道面 4 颗)，轨道倾角为 55°，各个轨道平面之间相距 60°，即轨道的升交点赤经各相差 60°。每个轨道平面内各颗卫星之间的升交角距相差 90°，一轨道平面上的卫星比西边相邻轨道平面上的相应卫星超前 30°。

图 3.13 GPS 工作卫星及其星座

GPS 卫星产生两组电码——P 码、C/A 码。其中 P 码频率较高，不易受干扰，定位精度高，因此受美国军方管制，一般民间无法解读，主要为美国军方服务。C/A 码在人为采取措施而刻意降低精度后，主要开放给民间使用。

在 2 万 km 高空的 GPS 卫星，当地球对恒星来说自转一周时它们绕地球运行两周即绕地球一周的时间为 12 恒星时。这样对于地面观测者来说每天将提前 4min 见到同一颗 GPS 卫星。位于地平线以上的卫星颗数随着时间和地点的不同而不同，最少可见到 4 颗，最多可见到 11 颗卫星。在用 GPS 信号导航定位时为了结算测站的三维坐标必须观测 4 颗 GPS 卫星，称为定位星座。这 4 颗卫星在观测过程中的几何位置分布对定位精度有一定的影响。对于某地某时其不能测得精确的点位坐标这种时间段称为间隙段。这种时间间隙段是很短暂的，并不影响全球绝大多数地方的全天候、高精度、连续实时的导航定位测量。GPS 工作卫星的编号和试验卫星基本相同。

2. 地面控制部分

对于导航定位来说，GPS 卫星是一动态已知点。卫星的位置是依据卫星发射的星历算得的，星历用于描述卫星运动及其轨道的参数。每颗 GPS 卫星所播发的星历是由地面监控系统提供的。卫星上的各种设备是否正常工作及卫星是否一直沿着预定轨道运行都要由地面设备进行监测和控制。地面监控系统另一重要作用是保持各颗卫星处于同一时间标准——GPS 时间系统。这就需要地面站监测各颗卫星的时间求出钟差，再由地面注入站发给卫星，卫星通过导航电文发给客户设备。GPS 工作卫星的地面监控系统包括 1 个主控站、3 个注入站和 5 个监测站。

1 个主控站：Colorado springs（科罗拉多斯普林斯）主控站从各监测站收集跟踪数据，计算出卫星的轨道和时钟参数，再将结果送到 3 个地面控制站。

3 个注入站：Ascencion（阿森松群岛）、Diego Garcia（迪哥加西亚）、Kwajalein（卡瓦加兰）地面控制站在每颗卫星运行至上空时，把这些导航数据及主控站指令注入到卫星。

5 个监测站：以上主控站、注入站及监测站配有能够连续测量到所有可见卫星的接收机。其主要任务是取得卫星观测数据并将这些数据传送至主控站。

3. 用户设备部分——GPS 信号接收机

GPS 信号接收机的任务是能够捕获到按一定卫星高度截止角所选择的待测卫星的信号并跟踪这些卫星的运行对所接收到的 GPS 信号进行变换、放大和处理，以便测量出 GPS 信号从卫星到接收机天线的传播时间，再解译出 GPS 卫星所发送的导航电文，实时地计算出监测站的三维位置、三维速度和时间。其外形如图 3.14 所示。GPS 卫星接收机根据型号可分为测地型、全站型、定时型、手持型、集成型，根据用途可分为车载式、船载式、机载式、星载式、弹载式。

图 3.14　GPS 信号接收机外形

3.2.3 GPS 的基本特点

GPS 的基本特点包括高精度、全天候、高效率、多功能、操作简便和应用广泛等。

（1）定位精度高。应用实践已经证明，在 300~1 500m 工程精密定位中，1h 以上观测的结果其平面位置误差小于 1mm，与 ME-5000 电磁波测距仪测定的边长比较，其边长校差最大为 0.5mm，校差中误差为 0.3mm。

（2）观测时间短。随着 GPS 的不断完善，软件的不断更新，目前 20km 以内相对静态定位，仅需 15~20min；在快速静态相对定位测量中，当每个流动站与基准站相距在 15km 以内时，流动站观测时间只需 1~2min，可随时定位，每站观测只需几秒钟。

（3）监测站间无须通视。GPS 测量不要求监测站之间互相通视，只需监测站上空开阔即可，因此可节省大量的造标费用。由于无须点间通视，点位位置根据需要，可稀可密，使选点工作甚为灵活，也可省去经典大地网中的传算点、过渡点的测量工作。

（4）可提供三维坐标。经典大地测量将平面与高程采用不同方法分别施测。GPS 可同时精确测定监测站点的三维坐标。目前 GPS 水准可达到四等水准测量的精度。

（5）操作简便。随着 GPS 接收机不断改进，自动化程度越来越高，有的已达"傻瓜化"的程度。接收机的体积越来越小，重量越来越轻，极大地减轻了测量工作者的工作紧张程度和劳动强度，使野外工作变得轻松愉快。

（6）全天候作业。目前 GPS 观测可在全天 24h 内的任何时间进行，不受阴天黑夜、起雾刮风、下雨下雪等天气的影响。

（7）功能多、应用广。GPS 不仅可用于测量、导航，还可用于测速、测时。测速的精度可达 0.1m/s，测时的精度可达几十纳秒。其应用领域在不断扩大。设计当初，GPS 的主要目的是用于导航、收集情报等军事方面。但是，后来的应用表明，GPS 不仅能够达到上述目的，而且用 GPS 卫星发来的导航定位信号能够进行厘米级甚至毫米级精度的静态相对定位，米级至亚米级精度的动态定位，亚米级至厘米级精度的速度测量和纳秒级精度的时间测量。因此，GPS 有极其广阔的应用前景。

案例

【拓展视频】

能呼救的智能 GPS 运动鞋

国外出现了这样一种可以让用户随时知道自己（或者你的鞋子）位置的 GPS 运动鞋，更奇妙的是它竟然具有紧急通信功能，因此成了老年人的良伴。具有呼救功能的 GPS 运动鞋的名称为 Compass Digital 1000，是世界上第一款同时具备定位与呼救功能的鞋子。除了 GPS 定位功能之外，它可以侦测用户的心率、体温及行走速度。另外鞋子里面还集成了蓝牙耳机及麦克风，紧急的时候可以朝着鞋子呼救，虽然看起来会有点搞笑，但绝对有用。这双运动鞋利用了 Quantum 卫星科技提供的技术，GPS 模块安放在鞋子隐蔽的地方。在右脚的鞋子上可以发现一个呼叫按键，还有天线随时接收卫星信号。

（资料来源：http://wenku.baidu.com/link?url=eB_xVPpECufRgw2rrXptR_H8m8uT_PLa1818sX7oPXmbjDW36W-fYKtTHREv5NcAwShy2AaanvDiDx3unXE0dqpBrDriJ1SlkegA8ig50N_.）

【拓展视频】

3.2.4 GPS 的应用

1. GPS 在道路工程中的应用

GPS 目前主要用于建立各种道路工程控制网及测定航测外控点等。随着高等级公路的迅速发展对勘测技术提出了更高的要求,由于线路长,已知点少,因此用常规测量手段不仅布网困难,而且难以满足高精度的要求。目前,国内已逐步采用 GPS 技术建立线路首级高精度控制网,用常规方法布设导线加密。实践证明,在几十千米范围内的点位误差只有 2cm 左右,达到了常规方法难以实现的精度,同时也大大缩短了工期。GPS 技术同样可以应用于特大桥梁的控制测量中。由于无须通视,可构成较强的网形,提高点位精度,同时对检测常规测量的支点也非常有效。GPS 技术在隧道测量中也具有广泛的应用前景,GPS 测量无须通视,减少了常规方法的中间环节,因此速度快,精度高,具有明显的经济和社会效益。

2. GPS 在汽车导航和交通管理中的应用

三维导航是 GPS 的首要功能,飞机、轮船、地面车辆及步行者都可以利用 GPS 导航器进行导航。汽车导航系统是在 GPS 的基础上发展起来的一门新型技术。汽车导航系统由 GPS 导航、自律导航、微处理机、车速传感器、陀螺传感器、CD-ROM 驱动器、LCD 显示器组成。GPS 导航系统与电子地图、无线电通信网络、计算机车辆管理信息系统相结合,可以实现车辆跟踪和交通管理等许多功能。

3. GPS 在长途客运车辆管理中的应用

以国内首套专业的 GPS 长途客运车辆管理系统——雅迅长途客运 GPS 智能管理系统为例。它就是结合了卫星定位技术、GPRS/CDMA 通信业务、GIS 技术、图像采集技术、计算机网络和数据库等技术,在客运公司建立一个总控,其他设为分控,公安部门和运管部门等各部门建立专控的中心系统,系统由控制中心系统、无线通信平台(GPRS/CDMA)、GPS、车载设备 4 部分组成一个全天候、全范围的驾驶员管理和车辆跟踪的综合平台;系统可对注册车辆实现动态跟踪、监控、拍照、行车记录、管理、数据分析等功能,监控车辆可以在电子地图上显示出来,并保存车辆运行轨迹数据;操作终端可任意选择服务器内部局域网或国际互联网对中心进行访问,并可通过 IE 浏览器提供网上综合客车管理数据分析控制系统(B/S 结构);且系统容量可随时根据中心服务器和操作终端硬件配置进行扩展,最大为 50 万辆,入网车辆不仅可以是长途客运车辆,也可以是旅游车等社会车辆。同时,系统还可以采用分组管理,不同类型的车辆归入不同分组,便于管理人员的操作。

3.3 条码技术

3.3.1 条码概述

1. 条码的定义

条码是由一组规则排列的条、空及对应的字符组成的标记,条指对光线反射率较低的部分,空指对光线反射率较高的部分,这些条和空组成的数据表达一定的信息,并能够用特定的设备识读,转换成与计算机兼容的二进制和十进制信息。通常对于每一种物品,它的编码是唯一的,对于普通的一维条码来说,还要通过数据库建立条码与商品信息的对应关系,当条码的数据传到计算机上时,由计算机上的应用程序对数据进行操作和处理。因此,普通的一维条码在使用过程中仅作为识别信息,它的意义是通过在计算机系统的数据库中提取相应的信息而实现的。

2. 条码的特点

条码作为一种图形识别技术与其他技术相比有以下特点。

1) 简单

条码符号制作容易,扫描操作简单易行。

2) 信息采集速度快

普通计算机键盘输入速度是 200 字符/min,而利用条码扫描的输入信息的速度是键盘输入的 20 倍。

3) 采集信息量大

利用条码扫描,依次可以采集几十位字符的信息,而且可以通过选择不同码制的条码增加字符密度,使采集的信息量成倍增加。

4) 可靠性强

键盘输入数据,误码率为三百分之一,利用光学字符识别技术,误码率约为万分之一。而采用条码扫描输入方式,误码率仅为百万分之一,首读率可达98%以上[①]。

5) 使用灵活

条码符号作为一种识别手段可以单独使用,也可以和有关设备组成识别系统实现自动化识别,还可以和其他控制设备联系起来实现整个系统的自动化管理。同时,在没有自动识别设备时,也可以实现手工键盘输入。

6) 自由度大

识别装置与条码标签相对位置的自由度要比光学字符识别大得多。

---

① 数据来源于《条形码调研报告》。

7) 设备结构简单、成本低

条码符号识别设备的结构简单，容易操作，无须专门训练。与其他自动化技术相比，推广应用条码技术所需费用较低。

3. 条码的分类

（1）按材料分，条码可以分为纸质条码、塑料条码、纤维条码、金属条码等。

（2）按有无字符符号间隔分，条码可以分为连续性条码和非连续性条码。

（3）按字符个数是否固定分，条码可以分为定长条码和非定长条码。

（4）按扫描起点分，条码可以分为双向条码和单向条码。

（5）按维数分，条码可以分为一维条码和二维条码。

4. 条码识别系统的构成与工作原理

条码识别系统一般都要经过以下几个环节：第一，要求建立一个光学系统，该光学系统能够产生一个光点，该光点能够在自动或手动控制下在条码信息上沿某一轨迹做直线运动，同时，要求该光点直径与待扫描条码中最窄条符的宽度基本相同。第二，要求一个接收系统能够采集到光点运动时打在条码条符上反射回来的反射光，通过对接收到反射光的强弱及延续时间的测定，就可以分辨出扫描到的是着色条符还是白色条符，以及条符的宽窄。第三，要求一个电子电路将接收到的光信号不失真地转换成电脉冲。第四，要求建立某种算法，并利用这一算法对已经获取的电脉冲信号进行译解，从而得到所需信息。

 案例

条码技术在邮政车厢作业中的应用

邮政部门采用全方位的条码自动识别技术，在火车车厢门口装配全方位扫描装置，以解决邮袋总包信息识别和自动输入问题。邮局收寄邮件，经粗分、细分（不含直封）后，装入邮袋，在每袋袋牌上使用含有128码及PDF417条码的标签，标签由条码打印机按邮政行业要求的格式在各营业窗口（直封邮袋）或分拣封发部门进行现场打印。出口总包经过自动分拣后，按铁路沿线到达地点的顺序生成路单。总包上火车时，经过装有全方位条码扫描装置的火车车厢门口，对总包上的条码信息进行快速自动识别，生成总包交接清单。邮袋装车完成后，总包信息经过扫描设备传到计算机系统，利用车厢配置的微型打印机打印，生成路单。工作人员根据路单，按顺序分堆，以利于沿途下车。到站后，地面工作人员利用带红外传输的识别设备，与车上的识别设备进行对接传输，把数据传送到地面站，再利用扫描器逐袋扫描，进行自动勾、挑、核、对，实现作业流程的条码管理自动化。通过利用条码识别技术实现了火车邮件处理信息的自动化，可以实现车上与地面站的双向数据的自动传递，代替原有的手工操作，不仅可以大大提高生产效率，而且出错率也会大大下降，配合邮政网络的服务点，将会带来显著的经济和社会效益，邮政的竞争力也会大大加强。

（资料来源：http://zhishi.maigoo.com/91996.html.）

3.3.2 条码符号的组成及相关参数与概念

1. 条码符号的组成

一个完整的条码的组成次序依次为静区(前)、起始符、数据符(中间分割符,主要用于 EAN)、(校验符)、终止符、静区(后),如图 3.15 所示。

【拓展知识】

图 3.15 完整条码示例

(1) 静区。静区指条码左右两端外侧与空的反射率相同的限定区域,它能使阅读器进入准备阅读的状态,当两个条码相距较近时,静区则有助于对它们加以区分,静区的宽度通常应不小于 6mm(或 10 倍模块宽度)。

(2) 起始符/终止符。起始符/终止符指位于条码开始和结束的若干条与空,标志条码的开始和结束,同时提供了码制识别信息和阅读方向的信息。

(3) 数据符。数据符是位于条码中间的条、空结构,它包含条码所表达的特定信息。

(4) 校验字符。在条码码制中定义了校验字符。有些码制的校验字符是必须的,有些码制的校验字符是可选的。校验字符是通过对数字符进行一种运算而确定的。

(5) 模块。构成条码的基本单位是模块,模块是指条码中最窄的条或空,模块的宽度通常以 mm 或 mil(1mil = 0.025 4mm)为单位。构成条码的一个条或空称为一个单元,一个单元包含的模块数是由编码方式决定的,有些码制中,如 EAN,所有单元由一个或多个模块组成;而另一些码制中,如 39 码,所有单元只有两种宽度,即宽单元和窄单元,其中的窄单元即为一个模块。

2. 条码的相关参数与概念

(1) 密度。条码的密度指单位长度的条码所表示的字符个数。对于一种码制而言,密度主要由模块的尺寸决定,模块尺寸越小,密度越大,所以密度值通常以模块尺寸的值来表示(如 5mil)。通常密度在 7.5mil 以下的条码称为高密度条码,密度在 15mil 以上的条码称为低密度条码,条码密度越高,对条码识读设备性能(如分辨率)的要求也越高。高密度条码通常用于标识小的物体,如精密电子元件,低密度条码一般应用于远距离阅读的场合,如仓库管理。

(2) 宽窄比。对于只有两种宽度单元的码制,宽单元与窄单元的比值称为宽窄比(常用的有 2∶1 和 3∶1)。宽窄比较大时,阅读设备更容易分辨宽单元和窄单元,因此比较容易阅读。

(3) 对比度。对比度是条码符号的光学指标,对比度值越大,条码的光学特性越好。

$$PCS = (RL - RD)/RL \times 100\%$$

式中，PCS 为对比度；RL 为空的反射率；RD 为条的反射率。

（4）条高。条高指构成条码字符的条的二维尺寸中的纵向尺寸。

（5）条宽。条宽指构成条码字符的条的二维尺寸中的横向尺寸。

（6）空宽。空宽指构成条码字符的空的二维尺寸中的横向尺寸。

（7）条宽比。条宽比指条码中最宽条与最窄条的宽度比。

（8）条码长度。条码长度指从条码起始符前缘到终止符后缘的长度。

（9）长高比。长高比指条码长度与条高的比。

（10）条码密度。条码密度指单位长度的条码所表示的字符个数。

（11）双向条码。双向条码指条码的两端都可以作为扫描起点的条码。

（12）中间分隔符。在条码符号中，位于两个相邻的条码符号之间且不代表任何信息的空，称为中间分隔符。

（13）连续性条码。在条码字符中，两个相邻的条码字符之间没有中间分隔符的条码，称为连续性条码。

（14）非连续性条码。在条码字符中，两个相邻的条码字符之间存在中间分隔符的条码，称为非连续性条码。

（15）条码字符集。条码字符集是指条码码制中所给定的数据字符的范围。在各种条码码制中，字符集主要有两种：一种是数字式字符集，它包含数字 0~9 及一些特殊字符；另一种是字母、数字式字符集，它包含数字 0~9、字母 A~Z 及一些特殊字符。

（16）污点。污点指空及静区中出现的与条的反射率相近的点。

（17）疵点。疵点指条中出现的与空的反射率相近的点。

案例

利用条码技术进行资产跟踪

美国钢管公司在各地拥有不同种类的管道需要维护。为了跟踪每根管子，他们将管子的编号、位置、制造厂商、长度、等级、尺寸、厚度及其他信息编成一个 PDF417 条码，制成标签后贴在管子上。当管子移走或安装时，操作员扫描条码标签，数据库信息得到及时更新。

（资料来源：http://zhishi.maigoo.com/91996.html.）

【拓展视频】

3.3.3 常见条码

1. EAN

EAN 的全名为欧洲商品条码（European Article Number），源于 1977 年，由欧洲 12 个工业国家共同发展出来的一种条码。目前已成为一种国际性的条码系统。EAN 系统的管理是由国际商品条码总会负责各会员国的国家代表号码的分配与授权，再由各会员国的商品条码专责机构,对其国内的制造商、批发商、零售商等授予厂商代表号码。

EAN 具有以下特性。

(1) 只能储存数字。

(2) 可双向扫描处理,即条码可由左至右或由右至左扫描。

(3) 必须有检查码,以防读取资料的错误情形发生,检查码位于 EAN 的最右边。

(4) 具有左护线、中线及右护线,以分隔条码上的不同部分,撷取适当的安全空间来处理。

(5) 条码长度一定,较欠缺弹性。但经由适当的管道,可使其通用于世界各国。

根据结构的不同,EAN 可区分为 EAN-13 码和 EAN-8 码。

1) EAN-13 码

EAN-13 码为 EAN 的标准编码形式。标准码共 13 位,是由 3 位国家代码、4 位厂商代码、5 位产品代码,以及 1 位检查码组成。

EAN-13 码具有以下结构与编码方式。

(1) 国家代码由国际商品条码总会授权,我国的国家代码为 690~695,凡由我国核发的号码,均须冠上 690~695 为字头,以区别于其他国家。

(2) 厂商代码由中国商品条码策进会核发给申请厂商,占 4 个码,代表申请厂商的号码。

(3) 产品代码占 5 个码,代表单项产品的号码,由厂商自由编定。

(4) 检查码占 1 个码,目的是防止条码扫描器误读的自我检查。

2) EAN-8 码

EAN-8 码为 EAN 的简易编码形式,共有 8 位数,当包装面积小于 120 cm^2 以下无法使用标准码时,可以申请使用缩短码。其结构如下:

(1) 国家代码与标准码同。

(2) 厂商单项产品号码。每一项需使用缩短码的产品均需逐一申请个别号码。

(3) 检查码的计算方式与标准码相同。

EAN-8 码具有以下特点:

(1) EAN-8 码共 8 位数,包括国别码 2 位、产品代码 5 位及检查码 1 位。

(2) EAN-8 码从空白区开始共 81 个模组,每个模组长 0.33mm,条码符号长度为 26.73mm。

(3) EAN-8 码左右资料码编码规则与 EAN-13 码相同。

2. UPC

UPC 是最早大规模应用的条码,其是一种长度固定、连续性的条码,目前主要在美国和加拿大使用,由于其应用范围广泛,故又被称为万用条码。UPC 仅可用来表示数字,故其字码集为数字 0~9。UPC 共有 A、B、C、D、E 5 种版本。下面将进一步介绍最常用的 UPC 标准码(UPC-A 码)和 UPC 缩短码(UPC-E 码)的结构与编码方式。图 3.16 所示是一个 UPC-A 码示例。每个 UPC-A 码包括以下几个部分,如图 3.17 所示。

图 3.16　UPC－A 码示例

图 3.17　UPC－A 码的结构

1）UPC－A 码

UPC－A 码具有以下特点：

（1）每个字码皆由 7 个模组组合成 2 线条 2 空白，其逻辑值可用 7 个二进制数字表示，如逻辑值 0001101 代表数字 1，逻辑值 0 为空白，1 为线条，故数字 1 的 UPC－A 码为粗空白(000)－粗线条(11)－细空白(0)－细线条(1)。

（2）从空白区开始共 113 个模组，每个模组长 0.33mm，条码符号长度为 37.29mm。

（3）中间码两侧的资料码编码规则是不同的，左侧为奇，右侧为偶。奇表示线条的个数为奇数；偶表示线条的个数为偶数。

（4）起始码、终止码、中间码的线条高度长于数字码。

2）UPC－E 码

UPC－E 码是 UPC－A 码的简化形式，其编码方式是将 UPC－A 码整体压缩成短码以方便使用，因此其编码形式须经由 UPC－A 码来转换。UPC－E 码由 6 位资料码与左右护线组成，无中间线。6 位资料码的排列为 3 奇 3 偶，其排列方法取决于检查码的值。UPC－E 码只用于国别码为 0 的商品，其结构如图 3.18 所示。

图 3.18　UPC－E 码的结构

(1) 左护线,为辅助码,不具任何意义,仅供列印时作为识别之用,逻辑形态为010101,其中 0 代表细白,1 代表细黑。

(2) 右护线,同 UPC – A 码,逻辑形态为 101。

(3) 检查码,为 UPC – A 码原型的检查码,其作用为一导入值,并不属于资料码的一部分。

(4) 资料码,除去第一码固定为 0 外,UPC – E 码实际参与编码的部分只有 6 位资料码,其编码方式视检查码的值来决定。

3. 39 码

39 码是一种可表示数字、字母等信息的条码,主要用于工业、图书及票证的自动化管理,目前使用极为广泛。

39 码是 1974 年发展出来的条形码系统,是一种可供使用者双向扫描的分布式条形码,也就是说相邻两数据码之间,必须包含一个不具任何意义的空白(或细白,其逻辑值为0),且其具有支持文字数字的能力,故应用较一般一维条码广泛,目前主要应用于工业产品、商业数据及医院用的保健资料。它的最大优点是码数没有强制的限定,可用大写英文字母码,且检查码可忽略不计。

标准的 39 码是由起始安全空间、起始码、数据码、检查码、终止安全空间及终止码所构成,以 "Z135 +" 为例,其所编成的 39 码如图 3.19 所示。

图 3.19 39 码的结构

综合来说,39 码具有以下特性:

(1) 条码的长度没有限制,可随着需求做弹性调整。在规划长度的大小时,应考虑条码阅读机所允许的范围,避免扫描时无法读取完整的数据。

(2) 起始码和终止码必须固定为"＊"字符。

(3) 允许条码扫描器进行双向扫描处理。

(4) 由于 39 码具有自我检查能力,因此检查码可有可无,不一定要设定。

(5) 条码占用的空间较大。

4. ITF 25 码

ITF 25 码(交插 25 码)是一种条和空都表示信息的条码,ITF 25 码有两种单元宽度,每一个条码字符由 5 个单元组成,其中 2 个宽单元,3 个窄单元。在一个 ITF 25 码符号中,组成条码符号的字符个数为偶数,当字符是奇数个时,应在左侧补 0 变为偶数。条码字符从左到右,奇数位置字符用条表示,偶数位字符用空表示。ITF 25 码的字符集包括数字 0~9,如图 3.20 所示。

图 3.20　ITF 25 条码

5. PDF417 码

PDF417 码是由美籍华人王寅敬博士发明的。PDF 取英文 Portable Data File 3 个单词的首字母的缩写，意为便携数据文件。因为组成条形码的每一符号字符都由 4 个条和 4 个空构成，如果将组成条形码的最窄条或空称为一个模块，则上述的 4 个条和 4 个空的总模块数一定为 17，所以称 417 码或 PDF417 码。

PDF417 具有以下特点。

（1）信息容量大。PDF417 码除了可以表示字母、数字、ASCII 码字符外，还能表示二进制数。为了使编码更加紧凑，提高信息密度，PDF417 码在编码时有 3 种格式：

① 扩展的字母数字压缩格式，可容纳 1850 个字符。

② 二进制/ASCII 码格式，可容纳 1108 字节。

③ 数字压缩格式，可容纳 2710 个数字。

（2）具有错误纠正能力。一维条码通常具有校验功能以防止错读，一旦条码发生污损将被拒读。而二维条码不仅能防止错误，而且能纠正错误，即使条码部分损坏，也能将正确的信息还原出来。

（3）印制要求不高。普通打印设备均可打印，传真件也可阅读。

（4）可用多种阅读设备阅读。PDF417 码可用带光栅的激光阅读器、线性及面扫描的图像式阅读器阅读。

（5）尺寸可调，以适应不同的打印空间。

（6）码制公开已形成国际标准，我国也已制定了 PDF417 码的国家标准。

PDF417 码的纠错功能：二维条码的纠错功能是通过将部分信息重复表示（冗余）来实现的。例如，在 PDF417 码中，某一行除了包含本行的信息外，还有一些反映其他位置上的字符（错误纠正码）的信息。这样，即使当条码的某部分遭到损坏，也可以通过存在于其他位置的错误纠正码将其信息还原出来。

PDF417 码的纠错能力依错误纠正码字数的不同分为 0~8 共 9 级，级别越高，纠正码字数越多，纠正能力越强，条码也越大。当纠正等级为 8 时，即使条码污损 50% 也能被正确读出。

PDF417 码在交通管理中的作用

PDF417 码在交通管理中具有以下作用。

（1）由于年检标签上的 PDF417 码符号中包含了汽车的重要参数，汽车年检时，不需要重复输入数据，提高了车辆年检速度。

（2）PDF417 二维条码是一种纸面电子数据交换（Electronic Data Interchange，EDI），它对网络没有要求，通过一张标签纸就可以方便地实现数据的存储、传输及自动识别的功能，并且投资很低，可以很好地减轻网络负担，弥补网络建设的不足。

（3）提高了交通违章的处理速度，保障了交通的安全与畅通。

（4）由于 PDF417 码具有很强的防伪能力，因此不易被伪造，可以有效打击和制止盗窃车辆的违法行为。

（资料来源：http：//zhishi.maigoo.com/91996.html.）

3.3.4　条码技术的应用

【拓展视频】

条码在物流系统中的应用，主要体现在以下几方面。

1. 生产线自动控制系统

现代生产日益计算机化和信息化，自动化水平不断提高，生产线自动控制系统要正常运转，条码技术的应用不可或缺。因为现代产品性能日益先进，结构日益复杂，零部件数量和种类众多，传统的人工操作既不经济也不可能满足需求。如果使用条码技术对每一个零部件进行在线控制，就能避免差错，提高效率，确保生产顺利进行。在生产线自动控制系统中使用条码技术成本低廉，只需先对进入生产线的物品赋码，在生产过程中通过安装于生产线的条码识读设备获取物流信息，从而随时跟踪生产线上每一个产品的情况，形成自动化程度高的电子车间。

2. POS 系统

目前条码技术应用广泛的领域是商业自动化管理，即建立商业销售终端（Point of Sale，POS）系统，利用现金收款机作为终端机与主计算机相连，借助于识读设备为计算机输入商品上的条码符号，计算机从数据库中自动查询对应的商品信息，显示出商品名称、价格、数量、总金额，反馈给现金收款机开出收据，迅速准确地完成结算过程，从而节省顾客购买结算时间。更为重要的是，它使商品零售方式发生了巨大的变革，由传统的封闭柜台式销售变为开架自选销售，大大方便了顾客采购商品；同时计算机还可根据购销情况对货架上各类商品的数量、库存进行处理，及时提出进、销、存、退的信息，供商家及时掌握购销行情和市场动态，提高竞争力，增加经济效益。对于商品制造商来说，利用条码技术可以及时了解产品销售情况，及时调整生产计划，生产适销对路的商品。

3. 仓储管理系统

仓储管理无论在工业、商业，还是在物流配送业中都是重要的环节。现代仓储管理所要面对的产品数量、种类和进出仓频率都大为增加，原有的人工管理不仅成本昂贵，而且难以为继，尤其是对一些有保质期控制的产品的库存管理，库存期不能超过保质期，必须在保质期内予以销售或进行加工生产，否则就有可能因其变质而遭受损失。人工管理往往难以真正做到按进仓批次在保质期内先进先出。利用条码技术，这一难题就迎刃而解了，只需在原材料、半成品、成品入仓前先进行赋码，进出仓时读取物品上的条码信息，从而建立仓储管理数据库，并提供保质期预警查询，使管理者可以随时掌握各类产品进出仓和库存情况，及时准确地为决策部门提供有力的参考。

4. 自动分拣系统

现代社会物品种类繁多，物流量庞大，分拣任务繁重，人工操作越来越不能适应分拣任务的增加，利用条码技术实行自动化管理就成为时代的要求。运用条码技术对邮件、包裹、批发和配送的物品等进行编码，通过条码自动识别技术建立自动分拣系统，就可大大提高工作效率，降低成本。在配送方式和仓库出货时，采用分货拣选方式，需要快速处理大量的货物，利用条码技术便可自动进行分货拣选，并实现有关的管理。其过程如下：中心接到若干个配送订货要求后，将若干订货汇总，每一品种汇总成批后，按批发出所在条码的拣货标签，拣货人员到库中将标签贴于每件商品上，自动分拣。分货机始端的扫描器对处于运动状态分货机上的货物进行扫描，一方面确认所拣出的货物是否正确，另一方面识读条码上用户标记，指令商品在确定的分支分流，到达各用户的配送货位，完成分货拣选作业。

5. 售后服务系统

一般来说，大件商品或一些耐用消费品，其售后服务往往决定着其市场销售情况和市场占有率。因此对此类商品的生产者来说，搞好客户管理和售后服务尤为重要。利用条码进行客户管理和售后服务管理不仅简便易行，而且成本低廉，厂商只需在产品出厂前进行赋码，各代理商、分销商在销售时读取产品上的条码，向厂商及时反馈产品流通的信息和客户信息，建立客户管理和售后服务管理系统，随时掌握产品的销售状况和市场信息，为厂商及时进行技术革新和花色品种更新，生产适销对路的商品提供可靠的市场依据。可见，以条码这种标准标志"语言"为基础的自动识别技术，大大提高了数据采集和识别的准确性和速度，并可实现过程中的计算意义，实现了物流的高效率运作。

综上所述，条码技术是最基本的物流管理手段，极大地提高了基础数据采集和传递的速度，提高了物流效率，为物流管理的科学化和现代化做出了巨大贡献。

【拓展案例】

3.4 RFID 技术

3.4.1 RFID 技术概述

1. RFID 技术的含义

射频识别（Radio Frequency Identification，RFID）技术，是自动识别技术的一种，通过无线射频方式进行非接触双向数据通信，对目标加以识别并获取相关数据。它的主要核心部件是电子标签,通过相距几厘米到几米距离内读写器发射的无线电波,可以读取电子标签内储存的信息,识别电子标签代表的物品、人和器具的身份。由于 RFID 标签的存储容量可以是 2 的 96 次方以上,彻底抛弃了条码的种种限制,使世界上的每一种商品都可以拥有独一无二的电子标签。另外,贴上这种电子标签之后的商品,从它在工厂的流水线上开始,到被摆上商场的货架,再到消费者购买后结账,甚至到标签最后被回收的整个过程都能够被追踪管理。

2. RFID 技术的特点

RFID 技术具有很多突出的优点: RFID 技术不需要人工干预、直接接触、光学可视即可完成信息输入和处理,可工作于各种恶劣环境,可识别高速运动物体并可同时识别多个标签,操作快捷方便,实现了无源和免接触操作,应用便利,无机械磨损,寿命长,机具无直接对最终用户开放的物理接口,能更好地保证机具的安全性;数据安全方面除标签的密码保护外,数据部分可用一些算法实现安全管理。读写器与标签之间可相互认证,实现安全通信和存储;总体成本一直处于下降之中,越来越接近接触式 IC 卡的成本,甚至更低,为其大量应用奠定了基础。如果 RFID 技术能与电子供应链紧密联系,那么它很有可能在几年之内取代条码扫描技术。

3. RFID 技术的工作原理

RFID 技术的工作原理并不复杂:标签进入磁场后,接收解读器发出的射频信号,凭借感应电流所获得的能量发送出存储在芯片中的产品信息(无源标签或被动标签),或主动发送某一频率的信号(有源标签或主动标签);解读器读取信息并解码后,送至中央信息系统进行有关数据处理。

 案例

沃尔玛采用 RFID 标签管理衣服

沃尔玛推出了一个电子 ID 标签计划,用来跟踪牛仔裤和内衣。服装上可移动的 RFID 智能标签将使员工快速获取库存信息——有多少件衣服,哪个尺寸的服装缺货了,也可知道哪些尺寸还有存货。

沃尔玛要求供应商将这些电子标签附加到可移动的纸质标签或包装上,而不是嵌在衣服里,以尽量减少标签追踪带给人们的恐惧感,防止隐私泄露。

(资料来源: http://tieba.baidu.com/p/4177736643.)

3.4.2 RFID 系统的组成

如图 3.21 所示,典型的 RFID 系统由标签、阅读器及数据交换和管理系统组成。对于无源系统,阅读器通过耦合元件发送出一定频率的射频信号,当标签进入该区域时通过耦合元件从中获得能量以驱动后级芯片与阅读器进行通信。阅读器读取标签的自身编码等信息并解码后送至数据交换和管理系统处理。对于有源系统，标签进入阅读器工作区域后，由自身内嵌的电池为后级芯片供电以完成与阅读器间的相应通信过程。

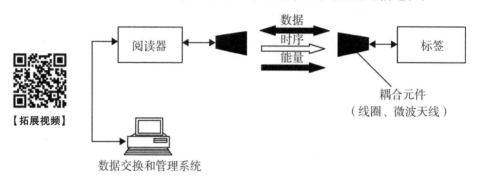

【拓展视频】

图 3.21　RFID 系统的组成

1. 标签的组成

作为 RFID 系统中真正的数据载体，由耦合元件和后级芯片构成的标签又可以分为具有简单存储功能的数据载体和可编程微处理器的数据载体。前者用状态机在芯片上实现寻址和安全逻辑，后者则用微处理器代替了标签中不够灵活的状态机。因此在功能模块划分的意义上二者是相同的，即作为电子数据载体的标签主要由用于能量供应及与阅读器通信的高频接口、实现寻址和安全逻辑的状态机或微处理器、存放信息的存储器构成。

1）高频界面

高频界面在从阅读器到标签的模拟传输通路与标签的数字电路间形成了模/数（A/D）转换接口，如图 3.22 所示。

图 3.22　高频界面

从阅读器发出的调制高频信号，经解调器解调后输出串行数据流以供地址和安全逻辑电路进一步加工。另外，时钟脉冲电路从高频场的载波频率中产生用于后级电路工作的系统时钟。为了将数据载体的信息返回阅读器，高频界面需包含由传送的数字信息控制的后向散射调制器或倍频器等调制模块。

对于无源系统来说，标签在与阅读器通信过程中，由阅读器的高频场为其提供所需的能量。为此，高频界面从前端耦合元件获取电流，经整流稳压后作为电源供芯片工作。

2）地址和安全

逻辑地址和安全逻辑是数据载体的"心脏"，控制着芯片上的所有过程。图 3.23 所示是地址和安全逻辑电路的基本功能模块划分图。在标签进入阅读器高频场并获得足够的工作能量后，通过初始化逻辑电路使得数据载体处于规定的状态，通过 I/O 寄存器标签与阅读器进行数据交换。加密模块是可选的，其主要完成鉴别、数据加密和密钥管理的功能。数据存储器则经过芯片内部总线与地址和安全逻辑电路相连。

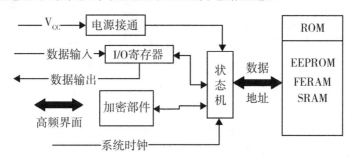

图 3.23　地址和安全逻辑电路的基本功能模块划分图

标签通过状态机对所有的通信过程进行控制。状态机是一种具有存储变量状态能力、执行逻辑操作的自动装置，其"程序化的过程"是通过芯片设计实现的。芯片一旦制作成型，状态机的执行过程便随之确定。因此，此种地址和安全逻辑设计多用在大量且固定的应用场合。

3）存储器结构

对于电子数据载体而言，存储器是存放标识信息的媒质。由于射频识别技术的不断进步和应用范围的不断增加，出于不同的应用需求存储器的结构也是品目众多。以下是在 RFID 系统中应用较为典型的存储器结构的简单介绍。

（1）只读标签。只读标签构成 RFID 系统数据载体的低档和低成本部分。当只读标签进入阅读器的工作范围时，标签输出其自身的标识信息。一般来说，这个标识信息就是一个简单的序列号。该序列号在芯片生产过程中已由厂家唯一置入。用户既不能改变其序列号，也不能再对芯片写入任何数据。

（2）可写入标签。可写入标签的存储量从 1 字节到数千字节不等。但阅读器对标签的写入和读出操作大多是按字组进行的。一般字组由事先规定好数目的字节组成。字组结构使得阅读器对芯片中存储器的寻址更加简单。为了修改一个单独字节的数据，必须首先从标签中读出整个字组，然后将包含修改字节的同一字组重新写回标签。

除此之外，还有具有密码功能的标签、分段存储器等各种不同的标签。

2. 阅读器的组成

虽然所有 RFID 系统的阅读器均可以简化为两个基本的功能块：由发送器及接收器组成的高频接口（图 3.24）和控制单元，但由于众多的非接触传输方法的存在使得阅读器内部的结构存在较大区别。因此这里仅就阅读器中两个基本模块的功能实现方面对阅读器的组成进行简单的介绍。

1）高频接口

阅读器的高频接口主要完成如下任务：产生高频的发射功率，以启动标签并为其提供能量；对发射信号进行调制，用于将数据传送给标签；接收并调制来自标签的高频信号。在高频接口中有两个分隔开的信号通道，分别用于标签两个方向上的数据流。传送到标签

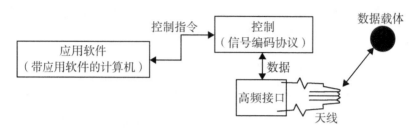

图 3.24　高频接口

的数据流通过发送器分支,来自标签的数据通过接收器分支。不同的非接触传输方法,使得这两个信号通道的具体实现有所不同。

2) 控制单元

阅读器的控制单元担负如下任务:与应用软件进行通信,并执行应用软件发来的命令、控制与标签的通信过程、信号的编码与解码。对于复杂系统,控制单元还可能具有以下功能。

(1) 执行防冲突算法。
(2) 对标签与阅读器之间要传送的数据进行加密和解密。
(3) 进行标签与阅读器之间的身份验证等。
(4) 应用软件与阅读器间的数据交换是通过 RS232 或 RS485 串口进行的,而阅读器中的高频接口与控制单元间的接口将高频接口的状态以二进制的形式表示出来。

案例

RFID 技术智能电子车牌

智能电子车牌是将普通车牌与 RFID 技术相结合形成的一种新型电子车牌。一个智能电子车牌由普通车牌和电子车牌组成。电子车牌实际上是一个无线识别的电子标签。电子车牌中存储了经过加密处理的车辆数据。该数据只能由经过授权的无线识别器读取。同时在各交通干道架设监测基站(监测站由摄像机、射频读卡器和数据处理系统 3 部分构成),监测基站通过通用分组无线服务技术(General Packet Radio Service,GPRS)与中心服务器相连,通过无线局域网(Wireless Local Area Networks,WLAN)与掌上电脑(Personal Digital Assistant,PDA)相连。执法人员携带 PDA,站在监测基站前方,车辆经过监测基站时,摄像机会拍摄车辆的物理车牌,经监测基站图像识别系统处理后,得到物理车牌的车牌号码;与此同时,射频读卡器读取电子车牌中加密的车辆信息,经监测基站解密后,得到电子车牌的车牌号码。

由于经过硬件设计、软件设计、数据加密后的电子车牌是不可能仿制的,且每辆车只能配备一个,如果是假套牌车辆,则物理车牌的车牌号码必然没有与之相对应的电子车牌的车牌号码,监测基站立即将物理车牌的车牌通过 WLAN 发送到前方交警的 PDA 上,提示交警进行拦截。类似的原理,智能车牌系统也可同时完成对黑名单车辆、非法营运车辆的识别。

(资料来源:http://tieba.baidu.com/p/4177736643.)

3.4.3 RFID 技术的应用领域

【拓展视频】

射频识别技术被广泛应用于工业自动化、商业自动化、交通运输控制管理、防伪等众多领域，其主要应用在以下领域。

1. 高速公路自动收费及智能交通系统

高速公路自动收费系统是 RFID 技术成功的应用之一。目前中国的高速公路发展非常快，地区经济发展的先决条件就是有便利的交通条件，而高速公路收费却存在一些问题，一是交通堵塞，在收费站口，许多车辆要停车排队交费，成为交通瓶颈问题；二是少数不法的收费员贪污路费，使国家损失了财政收入。RFID 技术应用在高速公路自动收费上能够充分体现 RFID 技术的优势。在车辆高速通过收费站的同时自动完成缴费，解决了上述两大问题。

2. 生产的自动化及过程控制

RFID 技术因其具有抗恶劣环境能力强、非接触识别等特点，在生产过程控制中有很多应用。通过在大型工厂的自动化流水作业线上使用 RFID 技术，实现了物料跟踪和生产过程自动控制、监视，提高了生产率，改进了生产方式，节约了成本。在生产线的自动化及过程控制方面，德国 BMW 公司为保证汽车在流水线各位置准确地完成装配任务，将 RFID 系统应用在汽车装配线上。Motorola 公司采用了 RFID 技术的自动识别工序控制系统，满足了半导体生产对于环境的特殊要求，同时提高了生产效率。

3. 车辆的自动识别及防盗

通过建立采用 RFID 技术的自动车号识别系统，能够随时了解车辆的运行情况，一是实现了车辆的自动跟踪管理，二是大大减小了发生事故的可能性，三是通过 RFID 技术对车辆的主人进行有效验证，防止车辆偷盗发生，四是可以在车辆丢失以后有效寻找丢失的车辆。采用 RFID 技术还可以对道路交通流量进行实时监控、统计、调度，实现车辆闯红灯记录报警，被盗（可疑）车辆报警、跟踪，特殊车辆跟踪，肇事逃逸车辆排查等功能。

4. 电子票证

使用 RFID 标签来代替各种"卡"，实现非现金结算，解决了现金交易不方便、不安全，以及以往的各种磁卡、IC 卡容易损坏等问题。RFID 标签用起来方便、快捷，还可以同时识别几张标签，并行收费。RFID 系统，特别是非接触 IC 卡（电子标签）应用潜力较大的领域之一就是公共交通领域。使用电子标签作为电子车票，具有使用方便，可以缩短交易时间，降低运营成本等优势。

恐怖主义日渐成为危害世界安全的首要因素，加强边境控制和身份鉴定成为打击恐怖主义的有效途径。电子护照即是在这种需求下产生的。不同于以往的护照，电子护照把

RFID 技术加入其中，电子芯片中存储人的生物数据、数码照片，一定情况下还可能存储生物特征信息。

5. 货物跟踪管理及监控

RFID 技术为货物的跟踪管理及监控提供了方便、快捷、准确、自动化的技术手段。以 RFID 技术为核心的集装箱自动识别，成为全球范围内最大的货物跟踪管理应用。将记录有集装箱位置、物品类别、数量等数据的标签安装在集装箱上，借助 RFID 技术，就可以确定集装箱在货场内的确切位置，在移动时可以将更新的数据写入射频卡（电子标签）。系统还可以识别未被允许的集装箱移动，有利于管理和安全。在货物的跟踪、管理及监控方面，澳大利亚和英国的希思罗机场将 RFID 技术应用于旅客行李管理中，大大提高了分拣效率，降低了出错率。

6. 仓储、配送等物流环节

将 RFID 系统用于智能仓库货物管理，可以有效地解决仓库内与货物流动相关的信息的管理，监控货物信息，实时了解产品情况，自动识别货物，确定货物的位置。

7. 邮件、邮包的自动分拣系统

RFID 技术已经被成功应用到邮政领域的邮包自动分拣系统中，它具有非接触、非视线数据传输的特点，所以包裹传送中可以不考虑包裹的方向性问题。另外，当多个目标同时进入识别区域时，可以同时识别，大大提高了货物分拣能力和处理速度。由于电子标签可以记录包裹的所有特征数据，因此更有利于提高邮包分拣的准确性。

8. 动物跟踪和管理

RFID 技术可以用于动物跟踪与管理。将用小玻璃瓶封装的 RFID 标签植于动物皮下，可以标志牲畜，监测动物健康状况等重要信息，为牧（禽）场的管理现代化提供了可靠的技术手段。在大型养殖厂，可以通过采用 RFID 技术建立饲养档案、预防接种档案等，达到高效、自动化管理畜禽的目的，同时为食品安全提供了保障。RFID 技术还可用于信鸽比赛、赛马识别等，以准确测定到达时间。在动物的跟踪及管理方面，许多发达国家采用 RFID 技术，通过对牲畜个体识别，保证畜禽大规模疾病暴发期间对感染者的有效跟踪及对未感染者进行隔离控制。

9. 门禁保安系统

未来的门禁保安系统都可以应用 RFID 标签，一卡可以多用，如工作证、出入证、停车证、饭店住宿证甚至旅游护照等，都可以有效地识别人员身份，进行安全管理及高效收费，简化了出入手续，提高了工作效率。

3.5 案例分析

GPS-GIS 在烟草行业中应用的分析

随着烟草行业改革的深入,特别是"电话访销、电子结算、集中配送"网建运行模式运行以来,行业取得了长足的发展。但是在现有的车辆管理和卷烟配送管理模式下,盗窃、调包及监守自盗行为,以及由于无法对车辆的运行进行有效的监控,导致大量安全事故的发生,已经成为烟草行业发展急需解决的问题之一。下面将从现行烟草行业配送模式需求分析入手,对 GPS-GIS 在烟草行业中的应用做简要分析。

1. 当前烟草行业配送需求分析

在当前打码到条、配送到户的新型配送模式下,行业配送存在以下几个方面的需求:

1) 安全需求

在配送过程中,由于无法对配送司机进行有效的监督,会存在疲劳驾驶、超速行驶、违章行驶等问题,这些都是安全事故的隐患;每年的安全事故都会给企业带来巨大影响。

2) 经济效益需求

货物在运输途中,缺乏有力的监控管理,致使配送人员有机可乘,调包或监守自盗,给企业带来巨大的损失。

3) 监控管理

车辆在运输的过程中,企业无法得知其到达位置和运输状态,不能对其进行实时监控,并对发生的问题及时响应,同时也缺乏对司机和货物的有力监督。

4) 求助报警

配送车辆在途中,会遇到交通事故、抢劫及困难,有时会因为种种原因,企业无法及时获得信息,延误了援助和抢救的机会。

5) 配送线路优化

配送线路优化即通过实际因素的综合分析,对送货线路进行优化,形成最佳配送路线,达到最高满载率,保证企业送货成本及送货效率指标最佳。

6) 数据分析

随着企业的信息化,各类业务数据也日渐丰富,充分利用这些数据,将抽象数据变得直观生动,更好地为企业的发展服务,为领导决策提供依据,势在必行。

2. GPS-GIS 简介

GPS-GIS 由 3 部分组成,即 GPS、GIS 和通信链路(GPRS)组成;从硬件组成上讲,GPS-GIS 由监控中心、通信网络和车载台 3 部分组成。

监控中心是整个系统的核心,同时也是通信枢纽,负责与移动智能终端的信息交互,完成各种信息的分类、记录和转发，同时对整个网络状况进行监控管理。监控中心采用 GPRS、短信息服务（Short Message Service，SMS），结合 GIS 和移动智能终端，实现车辆的监控与智能调度，达到移动资源的优化配置、调度和管理，提高调度效率的目的。

通信链路包括总中心到 SMS 中心及互联网数据中心（Internet Data Center，IDC）机房的数字数据网（Digital Data Network，DDN）专线、车载终端的短消息无线通信链路和各分中心与总中心虚拟专用网络（Virtual Private Network，VPN）连接的 Internet 链路。车载终端就是安装在车辆中的具备 GPS 接收功能的设备。

3. 工作原理

当配送车辆行驶在配送路线上时，配送车辆上的车载终端通过卫星接收天线收到卫星信号，自动定位后，通过内置手机模块将位置信息发送到位于物流配送中心的总控中心，总控中心接到信息后，提取出位置信息，实时地将车辆的经度、纬度、速度、状态等信息显示在物流配送中心调度决策指挥中心的电子地图上。物流配送中心监控中心可以通过通信网络，向车载终端发送控制指令，并以文本和语言的方式显示发布各种信息。

配送车辆上的车载终端根据系统设置，会自动发送报警信号，司机在紧急情况下也可以启动报警开关，连续发送报警信号和位置信息到调度中心 GIS 终端，当监控中心接到报警信息后，对车辆进行跟踪监听，同时对其他所有安装车载终端的车辆广播消息，通告出事车辆的情况，并及时转警，有效地保障驾驶员的人身安全。

本章小结

GIS 是一种特定的十分重要的空间信息系统。它是在计算机硬件、软件系统支持下，对整个或部分地球表层（包括大气层）空间中的有关地理分布数据进行采集、储存、管理、运算、分析、显示和描述的技术系统。

GPS 是一种全天候的，空间基准的导航系统，可满足位于全球任何地方或近地空间的用户连续、精确地确定三维位置和三维运动及时间的需要。它是一个中距离圆形轨道卫星导航系统。

条码技术是实现 POS 系统、EDI、电子商务、供应链管理的技术基础，是物流管理现代化的重要技术手段。条码技术包括条码的编码技术、条码标志符号的设计、快速识别技术和计算机管理技术，它是实现计算机管理和电子数据交换不可少的前端采集技术。

RFID 技术，又称无线射频识别，是一种通信技术，可通过无线电信号识别特定目标并读写相关数据，而无须在识别系统与特定目标之间建立机械或光学接触。

关键术语

地理信息系统(Geographical Information System)
全球定位系统(Global Positioning System)
条码技术(Barcode)
静区(Silent Zone)
起始符(Start Symbol)
终止符(Terminator)
数据符(Data Symbol)
校验符(Check Character)
模块(Modular)
射频识别技术(Radio Frequency Identification)
标签(Label)
阅读器(Reader)

习 题

一、判断题

1. GIS 是 Geographic Information System 的简称,即全球卫星定位系统。 ( )
2. RFID 是物联网的"灵魂"。 ( )
3. GPS 由 GPS 卫星空间部分、地面控制部分两个部分组成。 ( )
4. 影响信息强度的主要因素是条空结构和窄元素的宽度。 ( )

二、选择题

1. (   )是由一组排列的条、空及其对应字符组成的标记,用于表示一定的信息。
   A. 射频识别技术   B. 条码
   C. 信息代码   D. 信息编码
2. GIS 区别于其他信息系统的一个显著标志是(   )。
   A. 空间分析   B. 计量分析
   C. 属性分析   D. 统计分析
3. 不是 GPS 用户部分功能的是(   )。
   A. 捕获 GPS 信号   B. 解译导航电文,测量信号传播时间
   C. 计算测站坐标和速度 D. 提供全球定位系统时间基准
4. (   )对接收的信号进行解调和译码后送到后台软件系统处理。
   A. 射频卡   B. 读写器
   C. 天线   D. 中间件

三、思考题

1. 简述 RFID 系统的基本组成。
2. 什么是 GIS 空间分析?
3. 在选择码制时,通常需要考虑哪些问题?
4. GPS 定位的原理是什么?

实训篇

第4章 MATLAB 编程基础

【学习目标】

熟悉 MATLAB 的基础知识。

【学习重点】

(1) 变量和数据。
(2) 矩阵和数组。
(3) 二维曲线的绘制。
(4) 流程控制语句。

【学习难点】

(1) 多项式。
(2) 元胞数组和结构数组。
(3) 二维曲线的绘制。

MATLAB 是美国 MathWorks 公司出品的商业数学软件，提供用于算法开发、数据可视化、数据分析及数值计算的高级技术计算语言和交互式环境。它将数值分析、矩阵计算、科学数据可视化及非线性动态系统的建模和仿真等诸多强大功能集成在一个易于使用的视窗环境中，为科学研究、工程设计及必须进行有效数值计算的众多科学领域提供了一种全面的解决方案，并在很大程度上摆脱了传统非交互式程序设计语言（如 C、Fortran）的编辑模式，代表了当今国际科学计算软件的先进水平。本章对 MATLAB 的基础知识进行了详细的介绍。

4.1 变量和数据

【拓展视频】

4.1.1 数据类型

数据类型包括数值型、字符串型、元胞型、结构型等。数值型分为双精度型、单精度型和整数类。整数类分为无符号类整数（uint8、uint16、uint32、uint64）和符号类整数（int8、int16、int32、int64）。

4.1.2 数据

1. 数据的表达方式

数据的表达要求如下：
（1）可以用带小数点的形式直接表示。
（2）用科学计数法表示。
（3）数值的表示范围是 $10^{-309} \sim 10^{+309}$。

以下都是合法的数据表示：-2、5.67、$2.56e-56$（表示 2.56×10^{-56}）、$4.68e204$（表示 4.68×10^{204}）。

2. 矩阵和数组的概念

在 MATLAB 的运算中，经常要使用标量、向量、矩阵和数组，这几个名称的定义如下：
（1）标量，是指 1×1 的矩阵，即为只含一个数的矩阵。
（2）向量，是指 $1 \times n$ 或 $n \times 1$ 的矩阵，即只有一行或一列的矩阵。
（3）矩阵，是一个矩形的数组，即二维数组，其中向量和标量都是矩阵的特例，0×0 矩阵为空矩阵（[ ]）。
（4）数组，是指 n 维的数组，为矩阵的延伸，其中矩阵和向量都是数组的特例。

3. 复数

复数由实部和虚部组成，MATLAB用特殊变量"i"和"j"表示虚数的单位。复数运算不需要特殊处理，可以直接进行。复数可以有以下几种表示。

（1）$z = a + bi$ 或 $z = a + bj$。

（2）$z = a + bi$ 或 $z = a + bj$（当 b 为标量时）。

（3）$z = r\exp(i \cdot theta)$。

一个复数的实部、虚部、幅值和相角的计算如下。

（1）$a = \text{real}(z)$（计算实部）。

（2）$b = \text{imag}(z)$（计算虚部）。

（3）$r = \text{abs}(z)$（计算幅值）。

（4）$theta = \text{angle}(z)$（计算相角）。

说明：

（1）复数 z 的实部 $a = r\cos(\theta)$。

（2）复数 z 的虚部 $b = r\sin(\theta)$。

（3）复数 z 的幅值 $r = \sqrt{a^2 + b^2}$。

（4）复数 z 的相角 $theta = \arctan(b/a)$，以弧度为单位。

例如：

```
a=1-2*i
a =
    1.0000 -2.0000i
real(a)
ans =
    1
imag(a)
ans =
    -2
abs(a)
ans =
    2.2361
angle(a)*180/pi              %以角度为单位计算相角
ans =
    -63.4349
```

4.1.3 变量

1. 变量的命名规则

（1）变量名区分字母的大小写。例如，"a"和"A"是不同的变量。

（2）变量名不能超过63个字符，第63个字符后的字符将被忽略，需注意的是，MATLAB 6.5以前的版本变量名不能超过31个字符。

(3) 变量名必须以字母开头,变量名的组成可以是任意字母、数字或下划线,但不能含有空格和标点符号(如、。、%等)。例如,"6ABC""AB%C"都是不合法的变量名。

(4) 关键字(如 if、while 等)不能作为变量名。

2. 特殊变量

MATLAB 有一些自己的特殊变量,当 MATLAB 启动时驻留在内存中,如表 4-1 所示。

表 4-1 特殊变量表

特殊变量	取值
ans	运算结果的默认变量名
pi	圆周率 π
eps	计算机的最小数
flops	浮点运算数
inf	无穷大,如 1/0
NaN 或 nan	非数,如 0/0、∞/∞、0×∞
i 或 j	i = j =
nargin	函数的输入变量数目
nargout	函数的输出变量数目
realmin	最小的可用正实数
realmax	最大的可用正实数

在 MATLAB 中系统将计算的结果自动赋给名为"ans"的变量。例如:

```
2*pi
ans =
    6.2832
```

4.2 矩阵和数组

MATLAB 最基本也最重要的功能就是进行实数或复数矩阵的运算。

4.2.1 矩阵输入

【拓展视频】

矩阵输入的要求如下:
(1) 矩阵元素应用方括号([ ])括住。
(2) 每行内的元素间用逗号或空格隔开。

【拓展视频】

(3) 行与行之间用分号或按 Enter 键隔开。
(4) 元素可以是数值或表达式。

1. 通过显式元素列表输入矩阵

通过显示元素列表输入矩阵的示例如下：

```
c = [1 2;3 4;5 3*2]          %[ ]表示构成矩阵,分号分隔行,空格分隔元素
c =
     1     2
     3     4
     5     6
```

用 Enter 键代替分号分隔行的格式如下：

```
c = [1 2
3 4
5 6]
c =
     1     2
     3     4
     5     6
```

2. 通过语句生成矩阵

(1) 使用 from:step:to 方式生成向量，格式如下：

```
from:to
from:step:to
```

说明：

① from、step 和 to 分别表示开始值、步长和结束值。

② 当 step 省略时默认为 step = 1。

③ 当 step 省略或 step > 0 而 from > to 时，为空矩阵；当 step < 0 而 from < to 时，也为空矩阵。

【例 4-1】使用 "from:step:to" 方式生成以下矩阵。

```
x1 = 2:5
x1 =
     2     3     4     5
x2 = 2:0.5:4
x2 =
     2.0000    2.5000    3.0000    3.5000    4.0000
x3 = 5:-1:2
x3 =
     5     4     3     2
x4 = 2:-1:3                    %空矩阵
x4 =
```

```
    Empty matrix:1 - by - 0
x5 = 2: -1:0.5
x5 =
    2    1
x6 = [1:2:5;1:3:7]              %两行向量构成矩阵
x6 =
    1    3    5
    1    4    7
```

（2）使用 linspace 和 logspace 函数生成向量。

语法：

```
linspace(a,b,n)
```

说明：

① a、b、n 3 个参数分别表示开始值、结束值和元素个数。

② 生成从 a 到 b 之间线性分布的 n 个元素的行向量，n 如果省略则默认值为 100。

logspace 函数用来生成对数等分向量，它和 linspace 函数一样直接给出元素的个数而得出各个元素的值。

语法：

```
logspace (a,b,n)
```

说明：

a、b、n 3 个参数分别表示开始值、结束值和数据个数，n 如果省略则默认值为 50。生成从 10^a 到 10^b 之间按对数等分的 n 个元素的行向量。

【例 4-2】用 linspace 和 logspace 函数生成行向量。

```
x1 = linspace(0,2*pi,5)         %从 0 到 2*pi 等分成 5 个点
x1 =
    0    1.5708    3.1416    4.7124    6.2832
x2 = logspace(0,2,3)            %从 1 到 100 对数等分成 3 个点
x2 =
    1   10   100
```

3. 由矩阵生成函数产生特殊矩阵

MATLAB 提供了很多能够产生特殊矩阵的函数，各函数的功能如表 4-2 所示。

表 4-2 矩阵生成函数的功能

函数名	功能	例子	
		输入	结果
zeros(m,n)	产生 $m \times n$ 的全 0 矩阵	zeros(2,3)	ans = 0　0　0 0　0　0

续表

函数名	功能	例子	
		输入	结果
ones(m,n)	产生 m×n 的全 1 矩阵	ones(2,3)	ans = 1　1　1 1　1　1
rand(m,n)	产生均匀分布的随机矩阵，元素取值范围 0.0~1.0	rand(2,3)	ans = 0.9501　0.6068　0.8913 0.2311　0.4860　0.7621
randn(m,n)	产生正态分布的随机矩阵	randn(2,3)	ans = -0.4326　0.1253　-1.1465 -1.6656　0.2877　1.1909
magic(N)	产生 N 阶魔方矩阵（矩阵的行、列和对角线上元素的和相等）	magic(3)	ans = 8　1　6 3　5　7 4　9　2
eye(m,n)	产生 m×n 的单位矩阵	eye(3)	ans = 1　0　0 0　1　0 0　0　1

注意：

（1）当 zeros 函数、ones 函数、rand 函数、randn 函数和 eye 函数只有一个参数 n 时，为 $n×n$ 的方阵。

（2）当 eye(m,n) 函数的 m 和 n 参数不相等时，单位矩阵会出现全 0 行或列。

【例 4-3】查看 eye 函数的功能。

```
X1 = eye(2,3)
X1 =
    1    0    0
    0    1    0
X2 = eye(3,2)
X2 =
    1    0
    0    1
    0    0
```

4. 通过 MAT 数据文件加载矩阵

用户可以通过 load 命令或选择"File"中的"Import Data"命令加载 MAT 数据文件来创建矩阵。

5. 在 M 文件中创建矩阵

M 文件实际上是一种包含 MATLAB 代码的文本文件。用户可以通过在 MATLAB 命令窗口中运行 M 文件创建矩阵。

4.2.2 矩阵元素和操作

矩阵和多维数组都是由多个元素组成的,每个元素通过下标来标志。

1. 矩阵的下标

1) 全下标方式

矩阵中的元素可以用全下标方式标志,即由行下标和列下标表示,一个 $m \times n$ 的 a 矩阵的第 i 行第 j 列的元素表示为 $a(i,j)$。

注意:

(1) 如果在提取矩阵元素值时,矩阵元素的下标行或列 (i,j) 大于矩阵的大小 (m,n),则 MATLAB 会提示出错。

(2) 在给矩阵元素赋值时,如果行或列 (i,j) 超出矩阵的大小 (m,n),则 MATLAB 自动扩充矩阵,扩充部分以 0 填充。

例如:

```
a = [1 2;3 4;5 6]
a =
    1    2
    3    4
    5    6
a(3,3)                          %提取 a(3,3)的值
??? Index exceeds matrix dimensions.
a(3,3) = 9                      %给 a(3,3)赋值
a =
    1    2    0
    3    4    0
    5    6    9
```

2) 单下标方式

单下标方式:先把矩阵的所有列按先左后右的次序连接成"一维长列",然后对元素位置进行编号。以 $m \times n$ 的矩阵 a 为例,元素 $a(i,j)$ 对应的"单下标"为 $s = (i-1) \times m + j$。

2. 子矩阵块的产生

子矩阵是从对应矩阵中取出一部分元素构成的,可以用全下标方式和单下标方式取子矩阵。

1）全下标方式

若矩阵 a 为 $a = \begin{bmatrix} 1 & 2 & 0 \\ 3 & 4 & 0 \\ 5 & 6 & 9 \end{bmatrix}$，则取行数为 1、3，列数为 2、3 的元素构成子矩阵，如下：

```
a([1 3],[2 3])
ans =
     2     0
     6     9
```

取行数为 1~3，列数为 2~3 的元素构成子矩阵，注意，"1：3"表示 1、2、3 行下标，格式如下：

```
a(1:3,2:3)
ans =
     2     0
     4     0
     6     9
```

取所有行数即为 1~3，列数为 3 的元素构成子矩阵，":"表示所有行或列格式如下：

```
a(:,3)
ans =
     0
     0
     9
```

取行数为 1~3，列数为 3 的元素构成子矩阵，用"end"表示某一维数中的最大值，即 3，格式如下：

```
a(1:3,end)
ans =
     0
     0
     9
```

2）单下标方式

取单下标为 1、3、2、6 的元素构成子矩阵，格式如下：

```
a([1 3;2 6])
ans =
     1     5
     3     6
```

3）逻辑矩阵

子矩阵也可以利用逻辑矩阵来标志。逻辑矩阵是大小和对应矩阵相同，且元素值为 0

或 1 的矩阵。用户可以用 $a(L_1, L_2)$ 来表示子矩阵，其中 L_1、L_2 为逻辑向量，当 L_1、L_2 的元素为 0 时，不取该位置元素，反之取该位置的元素。

【例 4-4】利用逻辑矩阵提取矩阵，其中矩阵 a 与之前相同。

```
L1 = logical([1 0 1])        %给出逻辑向量 L1
L1 =
    1    0    1
L2 = logical([1 1 0])        %给出逻辑向量 L2
L2 =
    1    1    0
a(L1,L2)                     %取出 1、3 行且 1、2 列的元素
ans =
    1    2
    5    6
```

【例 4-5】逻辑矩阵可以由矩阵进行逻辑运算得出。

```
b = a > 1                    %得出逻辑向量 b
b =
    0    1    0
    1    1    0
    1    1    1
a(b)                         %按单下标顺序排成长列
ans =
    3
    5
    2
    4
    6
    9
```

3. 矩阵的赋值

（1）全下标方式：$a(i,j) = b$，若给 a 矩阵的部分元素赋值，则 b 矩阵的行列数必须等于 a 矩阵的行列数。例如：

```
clear a
a(1:2,1:3) = [1 1 1;1 1 1]   %给第 1、2 行元素赋值为全 1
a =
    1    1    1
    1    1    1
```

（2）单下标方式：$a(s) = b$，b 为向量，元素个数必须等于 a 矩阵的元素个数。例如：

```
a(5:6) = [2 3]               %给第 5、6 元素赋值
a =
    1    1    2
    1    1    3
```

(3) 全元素方式：$a(:) = b$，若给 a 矩阵的所有元素赋值，则 b 矩阵的元素总数必须等于 a 矩阵的元素总数，但行列数不一定相等。例如：

```
a = [1 2;3 4;5 6]
a =
    1    2
    3    4
    5    6
b = [1 2 3;4 5 6]
b =
    1    2    3
    4    5    6
a(:) = b              %按单下标方式给 a 赋值
a =
    1    5
    4    3
    2    6
```

4. 矩阵元素的删除

删除操作就是简单地将其赋值为空矩阵（用[ ]表示）。例如：

```
a = [1 2 0;3 4 0;5 6 9]
a =
    1    2    0
    3    4    0
    5    6    9
a(:,3) = []           %删除一列元素
a =
    1    2
    3    4
    5    6
a(1) = []             %删除一个元素,矩阵变为行向量
a =
    3    5    2    4    6
a = []                %删除所有元素为空矩阵
a =
    []
```

5. 生成大矩阵

在 MATLAB 中，可以通过方括号"[ ]"实现将小矩阵连接起来生成一个较大的矩阵。例如：

```
a = [1 2 0;3 4 0;5 6 9]
a =
    1    2    0
```

```
            3    4    0
            5    6    9
[a;a]                              %连接成6×3的矩阵
ans =
            1    2    0
            3    4    0
            5    6    9
            1    2    0
            3    4    0
            5    6    9
a = [1 2 0;3 4 0;5 6 9]
[a a]                              %连接成3×6的矩阵
ans =
            1    2    0    1    2    0
            3    4    0    3    4    0
            5    6    9    5    6    9
a = [1 2 0;3 4 0;5 6 9]
    [a(1:2,1:2) 10*a(1:2,2:3)]     %计算并连接
ans =
            1    2   20    0
            3    4   40    0
```

6. 矩阵的翻转

常用矩阵翻转函数如表4-3所示。注意，表4-3中的例子 a 矩阵如下：

$$a = \begin{bmatrix} 1 & 2 & 0 \\ 3 & 4 & 0 \\ 5 & 6 & 9 \end{bmatrix}$$

表4-3 常用矩阵翻转函数

函数名	功能	例子	
		输入	结果
triu(X)	产生 X 矩阵的上三角矩阵，其余元素补0	triu(a)	ans = 　1　2　0 　0　4　0 　0　0　9
tril(X)	产生 X 矩阵的下三角矩阵，其余元素补0	tril(a)	ans = 　1　0　0 　3　4　0 　5　6　9

续表

函数名	功能	例子	
		输入	结果
flipud(X)	使矩阵 X 沿水平轴上下翻转	flipud(a)	ans = 5 6 9 3 4 0 1 2 0
fliplr(X)	使矩阵 X 沿垂直轴左右翻转	fliplr(a)	ans = 0 2 1 0 4 3 9 6 5
flipdim(X,dim)	使矩阵 X 沿特定轴翻转，当 dim =1 时，按行维翻转；当 dim =2 时，按列维翻转	flipdim(a,1)	ans = 5 6 9 3 4 0 1 2 0
rot90(X)	使矩阵 X 逆时针旋转 90°	rot90(a)	ans = 0 0 9 2 4 6 1 3 5

4.2.3 字符串

字符串基本要求如下：

（1）在 MATLAB 中，字符串是作为字符数组引入的。
（2）一个字符串由多个字符组成，用单引号(' ')来界定。
（3）字符串是按行向量进行存储的，每一字符(包括空格)以其 ASCII 码的形式存放。
例如：

```
clear
str1 = 'Hello'
str1 =
      Hello
str2 = 'I like "MATLAB"'          %重复单引号来输入含有单引号的字符串
str2 =
      I like 'MATLAB'
str3 = '你好！'                    %支持中文
str3 =
      你好！
```

1. 字符串占用的字节

```
whos
Name      Size              Bytes  Class
str1      1×5                  10  char array
str2      1×15                 30  char array
str3      1×3                   6  char array

Grand total is 23 elements using 46 bytes
```

2. 字符串函数

(1) length：用来计算字符串的长度（即组成字符的个数）。

(2) double：用来查看字符串的 ASCII 码储存内容，包括空格（ASCII 码为 32）。

(3) char：用来将 ASCII 码转换成字符串形式。

(4) class 或 ischar：用来判断某一个变量是否为字符串。class 函数返回 char，表示为字符串；ischar 函数返回 1，表示为字符串。

(5) strcmp(x,y)：比较字符串 x 和 y 的内容是否相同。若返回值为 1，则相同；若返回值为 0，则不同。

(6) findstr(x,x_1)：寻找在某个长字符串 x 中的子字符串 x_1，返回其起始位置。

(7) deblank(x)：删除字符串尾部的空格。

由于 MATLAB 将字符串以其相对应的 ASCII 码储存成一个行向量，因此如果字符串直接进行数值运算，则其结果就变成一般数值向量的运算，而不再是字符串的运算。

```
length(str1)              %字符串长度
ans =
     5
x1 = double(str1)         %查看字符串的 ASCII 码
x1 =
    72   101   108   108   111
x2 = str1 +1              %字符串的数值运算
x2 =
    73   102   109   109   112
char(x1)                  %将 ASCII 码转换成字符串形式
ans =
     Hello
char(x2)
ans =
     Ifmmp
class(str1)               %判断变量类型
ans =
     char
class(x1)
ans =
     double
```

```
ischar(str1)
ans =
     1
```

3. 使用一个变量来储存多个字符串

1)多个字符串组成一个新的行向量

将多个字符串变量直接用","连接,构成一个行向量,就可以得到一个新字符串变量。例如:

```
clear
str1 = 'Hello';
str2 = 'I like "MATLAB"';
str3 = '你好!'
str4 = [str1,'!',str2]          %多个字符串并排成一个行向量
str4 =
      Hello! I like 'MATLAB'
```

2)使用二维字符数组

将每个字符串放在一行,多个字符串可以构成一个二维字符数组,但必须先在短字符串结尾补上空格符,以确保每个字符串(即每一行)的长度一样,否则 MATLAB 会提示出错。例如:

```
str5 = [str1;str3]
??? Error using = = > vertcat
All rows in the bracketed expression must have the same
number of columns.
str5 = [str1;str3,'  ']         %将 str3 添加两个空格
str5 =
      Hello
      你好!
```

3)使用 str2mat、strvcat 和 char 函数

使用专门的 str2mat、strvcat 和 char 函数可以构造出字符串矩阵,而不必考虑每行的字符数是否相等,这些函数总是按最长的设置,不足的末尾用空格补齐。

```
str6 = str2mat(str1,str2,str3)
str6 =
      Hello
      I like 'MATLAB'
      你好!
str7 = char(str1,str2,str3)
str7 =
      Hello
      I like 'MATLAB'
      你好!
```

```
str8 = strvcat(str1,str2)

str8 =
    Hello
    I like 'MATLAB'
whos
    Name        Size              Bytes    Class

    str1        1×5                  10    char array
    str2        1×15                 30    char array
    str3        1×3                   6    char array
    str4        1×22                 44    char array
    str5        2×5                  20    char array
    str6        3×15                 90    char array
    str7        3×15                 90    char array
    str8        2×15                 60    char array
Grand total is 186 elements using 350 bytes
```

4. 执行字符串

如果需要直接"执行"某一字符串，可以使用 eval 命令，效果就如同直接在 MATLAB 命令窗口内输入此命令。其格式如下：

```
str9 = 'a = 2*5'
str9 =
a = 2*5
eval(str9)                    %执行字符串
a =
   10
```

5. 显示字符串

字符串可以直接使用 disp 命令显示出来，即使后面加分号";"也显示。

```
disp('请输入 2*2 的矩阵 a')
请输入 2*2 的矩阵 a
disp(str1)
Hello
```

4.2.4 矩阵和数组运算

【拓展视频】

关于矩阵和数组运算的说明如下：

（1）矩阵运算有明确而严格的数学规则，矩阵运算规则是按照线性代数运算法则定义的。

（2）数组运算是按数组的元素逐个进行的。

1. 矩阵运算的函数

常用矩阵运算函数如表 4-4 所示。表 4-4 中的 a 矩阵如下：

$$a = \begin{bmatrix} 1 & 2 & 3 \\ 4 & 5 & 6 \\ 7 & 8 & 9 \end{bmatrix}$$

表 4-4 常用矩阵运算函数

函数名	功能	例子 输入	例子 结果
$\det(X)$	计算方阵行列式	$\det(a)$	ans = 0
$\text{rank}(X)$	求矩阵的秩，得出的行列式不为零的最大方阵边长	$\text{rank}(a)$	ans = 2

$\text{inv}(X)$	求矩阵的逆阵，当方阵 X 的 $\det(X)$ 不等于零时，逆阵 X^{-1} 才存在；X 与 X^{-1} 相乘为单位矩阵	$\text{inv}(a)$	Warning: Matrix is close to singular or badly scaled.
			 Results may be inaccurate. RCOND = 1.541976e-018.
			 ans =
			     1.0e+016 *
			 -0.4504 0.9007 -0.4504
			  0.9007 -1.8014 0.9007
			 -0.4504 0.9007 -0.4504

$[v,d] = \text{eig}(X)$	计算矩阵特征值和特征向量，如果方程 $Xv = vd$ 存在非零解，则 v 为特征向量，d 为特征值	$[v,d] = \text{eig}(a)$	v =
			 -0.2320 -0.7858 0.4082
			 -0.5253 -0.0868 -0.8165
			 -0.8187 0.6123 0.4082
			 d =
			 16.1168 0 0
			     0 -1.1168 0
			     0 0 -0.0000

$\text{diag}(X)$	产生 X 矩阵的对角阵	$\text{diag}(a)$	ans = 1 5 9

续表

函数名	功能	例子	
		输入	结果
$[l,u]=\text{lu}(X)$	方阵分解为一个准下三角方阵和一个上三角方阵的乘积，l为准下三角阵，必须交换两行才能成为真的下三角阵	$[l,u]=\text{lu}(a)$	$l =$ 0.1429　　1.0000　　0 0.5714　　0.5000　　1.0000 1.0000　　0　　　　0 $u =$ 7.0000　　8.0000　　9.0000 0　　　　0.8571　　1.7143 0　　　　0　　　　0.0000
$[q,r]=\text{qr}(X)$	$m \times n$阶矩阵X分解为一个正交方阵q和一个与X同阶的上三角矩阵r的乘积。方阵q的边长为矩阵X的n和m中较小者，且其行列式的值为1	$[q,r]=\text{qr}(a)$	$q =$ -0.1231　　0.9045　　0.4082 -0.4924　　0.3015　　-0.8165 -0.8616　　-0.3015　　0.4082 $r =$ -8.1240　　-9.6011　　-11.0782 0　　　　0.9045　　1.8091 0　　　　0　　　　-0.0000
$[u,s,v]=\text{svd}(X)$	$m \times n$阶矩阵X分解为3个矩阵的乘积，其中u、v为$n \times n$阶和$m \times m$阶正交方阵，s为$m \times n$阶的对角阵，对角线上的元素就是矩阵X的奇异值，其长度为n和m中的较小者	$[u,s,v]=\text{svd}(a)$	$u =$ -0.2148　　0.8872　　0.4082 -0.5206　　0.2496　　-0.8165 -0.8263　　-0.3879　　0.4082 $s =$ 16.8481　　0　　　　0 0　　　　1.0684　　0 0　　　　0　　　　0.0000 $v =$ -0.4797　　-0.7767　　-0.4082 -0.5724　　-0.0757　　0.8165 -0.6651　　0.6253　　-0.4082

说明：在表4-4中，若$\det(a)=0$或$\det(a)$虽不等于零但数值很小接近于零，则计算$\text{inv}(a)$时，其解的精度比较低，用条件数(求条件数的函数为cond)来表示，条件数越大，解的精度越低，MATLAB会提出警告："条件数太大，结果可能不准确"。例如：

```
a=[1 2 3;4 5 6;7 8 9]
a =
    1    2    3
    4    5    6
```

```
       7       8       9
inv(a)
Warning: Matrix is close to singular or badly scaled.
      Results may be inaccurate.RCOND=1.541976e-018.
ans =
   1.0e+016 *
   -0.4504    0.9007   -0.4504
    0.9007   -1.8014    0.9007
   -0.4504    0.9007   -0.4504
```

2. 矩阵和数组的算术运算

1) 矩阵和数组的加、减运算

A 和 B 矩阵必须大小相同才可以进行加减运算。如果 A、B 中有一个是标量,则该标量与矩阵的每个元素进行运算。

2) 矩阵和数组的乘法运算

矩阵 A 的列数必须等于矩阵 B 的行数,才能进行乘法运算,否则要求其中有一个是标量。数组的乘法运算符为".*",表示数组 A 和 B 中的对应元素相乘。A 和 B 数组必须大小相同,才能进行乘法运算,否则要求其中有一个是标量。

```
x1=[1 2;3 4;5 6];
x2=eye(3,2)
x2 =
    1    0
    0    1
    0    0
x1+x2                           %矩阵相加
ans =
    2    2
    3    5
    5    6

x1.*x2                          %数组相乘

ans =
    1    0
    0    4
    0    0
x1*x2                           %矩阵相乘 x1 列数不等于 x2 行数
??? Error using ==> *
Inner matrix dimensions must agree.
x3=eye(2,3)
x3 =
    1    0    0
    0    1    0
```

```
x1*x3                    %矩阵相乘
ans =
     1     2     0
     3     4     0
     5     6     0
```

3）矩阵和数组的除法

（1）矩阵运算符为"\"和"/"分别表示左除和右除。例如：

$A \backslash B = A^{-1}B$

$A / B = AB^{-1}$。

其中，A^{-1}是矩阵的逆，也可用 inv(A) 求逆矩阵。

（2）数组的除法运算表达式。"$A.\backslash B$"和"$A./B$"分别为数组的左除和右除，表示数组相应元素相除。A 和 B 数组必须大小相同，才能进行除法运算，否则要求其中有一个是标量。

【例4-6】已知方程组 $\begin{cases} 2x_1 - x_2 + 3x_3 = 5 \\ 3x_1 + x_2 - 5x_3 = 5 \\ 4x_1 - x_2 + x_3 = 9 \end{cases}$，用矩阵除法来解线性方程组。

解：将该方程变换成 $AX = B$ 的形式。

其中：

$$A = \begin{bmatrix} 2 & -1 & 3 \\ 3 & 1 & -5 \\ 4 & -1 & 1 \end{bmatrix}, B = \begin{bmatrix} 5 \\ 5 \\ 9 \end{bmatrix}$$

```
A = [2 -1 3;3 1 -5;4 -1 1]
A =
     2    -1     3
     3     1    -5
     4    -1     1
B = [5;5;9]
B =
     5
     5
     9
X = A\B
X =
     2
    -1
     0
```

注意：

① 在线性方程组 $AX = B$ 中，$m \times n$ 阶矩阵 A 的行数 m 表示方程数，列数 n 表示未知数的个数。

② $n = m$,A 为方阵,$A \backslash B = \text{inv}(A) \times B$。

③ $m > n$,是最小二乘解,$X = \text{inv}(A'A) \times (A'B)$

④ $m < n$,则是令 X 中的 $n - m$ 个元素为零的一个特殊解,$X = \text{inv}(A'A) \times (A'B)$

4) 矩阵和数组的乘方

(1) 矩阵乘方的运算表达式为"$A \hat{} B$",其中 A 可以是矩阵或标量。

① 当 A 为矩阵时,必须为方阵:

a. B 为正整数时,表示 A 矩阵自乘 B 次。

b. B 为负整数时,表示先将矩阵 A 求逆,再自乘 $|B|$ 次,仅对非奇异阵成立。

c. B 为矩阵时不能运算,会出错。

d. B 为非整数时,将 A 分解成 $A = WD/W$,D 为对角阵,则有 $A \hat{} B = WD \hat{} B/W$。

② 当 A 为标量时:

B 为矩阵时,将 A 分解成 $A = WD/W$,D 为对角阵,则有 $A \hat{} B = W\text{diag}(D. \hat{} B)/W$。

(2) 数组乘方的运算表达式为"$A.\hat{}B$"。

当 A 为矩阵,B 为标量时,则将 $A(i,j)$ 自乘 B 次。

当 A 为矩阵,B 为矩阵时,A 和 B 数组必须大小相同,将 $A(i,j)$ 自乘 $B(i,j)$ 次。

当 A 为标量,B 为矩阵时,将 $A \hat{} B(i,j)$ 构成新矩阵的第 i 行第 j 列元素。

【例 4 - 7】矩阵和数组的除法和乘方运算。

```
x1 = [1 2;3 4];
x2 = eye(2)
x2 =
    1    0
    0    1
x1/x2                              %矩阵右除
ans =
    1    2
    3    4
inv(x1)                            %求逆矩阵
ans =
   -2.0000    1.0000
    1.5000   -0.5000
x1\ x2                             %矩阵左除
ans =
   -2.0000    1.0000
    1.5000   -0.5000
x1./x2                             %数组右除
Warning: Divide by zero.
(Type "warning off MATLAB:divideByZero" to suppress this warning.)
ans =
    1    Inf
    Inf    4
x1.\ x2                            %数组左除
```

```
ans =
    1.0000         0
         0    0.2500
x1^2                    %矩阵乘方
ans =
     7    10
    15    22
x1^-1                   %矩阵乘方,指数为-1与inv相同
ans =
   -2.0000    1.0000
    1.5000   -0.5000
x1^0.2                  %矩阵乘方,指数为小数
ans =
   0.8397 + 0.3672i   0.2562 - 0.1679i
   0.3842 - 0.2519i   1.2239 + 0.1152i
2^x1                    %标量乘方
ans =
   10.4827   14.1519
   21.2278   31.7106
2.^x1                   %数组乘方
ans =
     2     4
     8    16
x1.^x2                  %数组乘方
ans =
     1     1
     1     4
```

3. 矩阵和数组的转置

1) 矩阵的转置运算

A'表示矩阵 A 的转置,如果矩阵 A 为复数矩阵,则为共轭转置。

2) 数组的转置运算

A.'表示数组 A 的转置,如果数组 A 为复数数组,则不是共轭转置。

【例 4-8】矩阵和数组转置运算。

```
x1 = [1 2;3 4];
x2 = eye(2);
x3 = x1 + x2*i
x3 =
   1.0000 + 1.0000i   2.0000
   3.0000             4.0000 + 1.0000i
x3'                     %矩阵转置
ans =
   1.0000 - 1.0000i   3.0000
```

```
    2.0000              4.0000 - 1.0000i
x3.'                            %数组转置为共轭转置
ans =
    1.0000 + 1.0000i    3.0000
    2.0000              4.0000 + 1.0000i
```

4. 矩阵和数组的数学函数

MATLAB 中数学函数对数组的每个元素进行运算。数组的基本函数如表 4–5 所示。

表 4–5 数组的基本函数

函数名	含义	函数名	含义
abs	绝对值或复数模	rat	有理数近似
sqrt	平方根	mod	模除求余
real	实部	round	4 舍 5 入到整数
imag	虚部	fix	向最接近 0 取整
conj	复数共轭	floor	向下舍入为最接近的整数
sin	正弦	ceil	向上进位为最接近的整数
cos	余弦	sign	符号函数
tan	正切	rem	求余数留数
asin	反正弦	exp	自然指数
acos	反余弦	log	自然对数
atan	反正切	log10	以 10 为底的对数
atan2	第四象限反正切	pow2	2 的幂
sinh	双曲正弦	bessel	贝赛尔函数
cosh	双曲余弦	gamma	伽玛函数
tanh	双曲正切		

【例 4–9】使用数组的算术运算函数。

```
t = linspace(0,2*pi,6)
t =
     0     1.2566   2.5133   3.7699   5.0265   6.2832
y = sin(t)                      %计算正弦
y =
     0     0.9511   0.5878  -0.5878  -0.9511  -0.0000
y1 = abs(y)                     %计算绝对值,将正弦曲线变成全波整流
y1 =
     0     0.9511   0.5878   0.5878   0.9511   0.0000
1 - exp(-t).*y                  %计算按指数衰减的正弦曲线
ans =
    1.0000  0.7293   0.9524   1.0136   1.0062   1.0000
```

矩阵和数组运算对比表如表4-6所示。

表4-6 矩阵和数组运算对比表

数组运算		矩阵运算	
命令	含义	命令	含义
$A+B$	对应元素相加	$A+B$	与数组运算相同
$A-B$	对应元素相减	$A-B$	与数组运算相同
$S.*B$	标量S分别与B元素的积	$S*B$	与数组运算相同
$A.*B$	数组对应元素相乘	$A*B$	内维相同矩阵的乘积
$S.\backslash B$	S分别被B的元素左除	$S\backslash B$	B矩阵分别左除S
$A.\backslash B$	A的元素被B的对应元素除	A/B	矩阵A右除B即A的逆阵与B相乘
$B.\backslash A$	结果一定与上行相同	$B\backslash A$	A左除B(一般与上行不同)
$A.\hat{}S$	A的每个元素自乘S次	$A\hat{}S$	A矩阵为方阵时,自乘S次
$A.\hat{}S$	S为小数时,对A各元素分别求非整数幂,得出矩阵	$A\hat{}S$	S为小数时,方阵A的非整数乘方
$S.\hat{}B$	分别以B的元素为指数求幂值	$S\hat{}B$	B为方阵时,标量S的矩阵乘方
$A.'$	非共轭转置,相当于conj(A')	A'	共轭转置
exp(A)	以自然数e为底,分别以A的元素为指数求幂	expm(A)	A的矩阵指数函数
log(A)	对A的各元素求对数	logm(A)	A的矩阵对数函数
sqrt(A)	对A的各元素求平方根	sqrtm(A)	A的矩阵平方根函数
f(A)	求A各个元素的函数值	funm(A,'FUN')	矩阵的函数运算

注:A、B为矩阵。

注意:funm(A,'FUN')要求A必须是方阵,"FUN"为矩阵运算的函数名。

5. 关系操作和逻辑操作

1)关系运算

关系操作符有<、<=、>、>=、==(等于)、~=(不等于)

关系运算规则如下:

(1) 两个变量都是标量,则结果为"真"(1)或"假"(0)。

(2) 两个变量都是数组,则必须大小相同,结果也是同样大小的数组,数组的元素为0或1。

(3) 一个数组和一个标量,则把数组的每个元素分别与标量比较,结果为与数组大小相同的数组,数组的元素为0或1。

(4) <、<=和>、>=,仅对参加比较变量的实部进行比较,= =和~ =,则同时对实部和虚部进行比较。

2) 逻辑运算

逻辑操作符有&(与)、|(或)、~(非)和xor(异或)。

&&(先决与)逻辑运算符是当该运算符的左边为1(真)时,才继续执行该符号右边的运算。||(先决或)逻辑运算符是当该运算符的左边为1(真)时,就不需要继续执行该符号右边的运算,而立即得出该逻辑运算结果为1(真);否则,就要继续执行该符号右边的运算。

逻辑运算规则如下:

(1) 在逻辑运算中,非0元素表示"真"(1),0元素表示"假"(0),逻辑运算的结果为0或1,逻辑运算法则如表4-7所示。

表4-7 逻辑运算

a	b	a & b	a | b	~a	xor(a,b)
0	0	0	0	1	0
0	1	0	1	1	1
1	0	0	1	0	1
1	1	1	1	0	0

(2) 两个变量都是标量,则结果为0、1的标量。

(3) 两个变量都是数组,则必须大小相同,结果也是同样大小的数组。

(4) 一个数组和一个标量,则把数组的每个元素分别与标量比较,结果为与数组大小相同的数组。

```
a = 0;b = 5;c = 10;
(a ~ =0)&&(b<c)
ans =
     0
(a ~ =0)||(b<c)
ans =
     1
```

3) 函数运算

MATLAB中能得出"真"(1)和"假"(0)结果的函数有关系逻辑函数、工作状态判断函数、特殊数据判断函数和数据类型函数。关系逻辑函数如表4-8所示。表4-8的例子中 *a* 矩阵、*b* 矩阵如下。

$$a = \begin{bmatrix} 1 & \text{Inf} \\ 0 & 2 \end{bmatrix}, b = \begin{bmatrix} 0 & 1 \\ 1 & 0 \end{bmatrix}$$

表 4-8 关系逻辑函数

函数名	功能	例子 输入	例子 结果
all(A)	判断 A 的列向量元素是否全非0，全非0则为1	all(a)	ans = 0 1
any(A)	判断 A 的列向量元素中是否有非0元素，有则为1	any(a)	ans = 1 1
isequal(A,B)	判断 A、B 对应元素是否全相等，相等为1	isequal(a,b)	ans = 0
isempty(A)	判断 A 是否为空矩阵，为空则为1，否则为0	isempty(a)	ans = 0
isfinite(A)	判断 A 的各元素值是否有限，是则为1	isfinite(a)	ans = 1 0 1 1
isinf(A)	判断 A 的各元素值是否无穷大，是则为1	isinf(a)	ans = 0 1 0 0
isnan(A)	判断 A 的各元素值是否为 nan，是则为1	isnan(a)	ans = 0 0 0 0
isnumeric(A)	判断数组 A 的元素是否全为数值型数组	isnumeric(a)	ans = 1
isreal(A)	判断数组 A 的元素是否全为实数，是则为1	isreal(a)	ans = 1
isprime(A)	判断 A 的各元素值是否为质数，是则为1	isprime(b)	ans = 0 0 0 0
isspace(A)	判断 A 的各元素值是否为空格，是则为1	isspace(a)	ans = 0 0 0 0
find(A)	寻找 A 数组非0元素的下标和值	find(b)	ans = 2 3

4.2.5 多维数组

1. 多维数组的创建

1）通过全下标元素赋值方式创建

通过全下标元素赋值方式创建多维数组，例如：

```
a(:,:,2) = [1 2;3 4]           %创建三维数组
b = [1 1;2 2]                  %先创建二维数组
b =
    1    1
    2    2
b(:,:,2) = 5                   %扩展数组
b(:,:,1) =
    1    1
    2    2
b(:,:,2) =
    5    5
    5    5
```

2）由 ones 函数、zeros 函数、rand 函数和 randn 函数直接创建

例如，用 rand 函数直接创建三维随机数组：

```
rand(2,4,3)
ans(:,:,1) =
    0.9501    0.6068    0.8913    0.4565
    0.2311    0.4860    0.7621    0.0185
ans(:,:,2) =
    0.8214    0.6154    0.9218    0.1763
    0.4447    0.7919    0.7382    0.4057
ans(:,:,3) =
    0.9355    0.4103    0.0579    0.8132
    0.9169    0.8936    0.3529    0.0099
```

3）利用函数生成数组

（1）将一系列数组沿着特定的维连接成一个多维数组。

语法：

```
cat(维,p1,p2,…)
```

说明：第一个参数维是指沿着第几维连接数组 $p1$、$p2$ 等。

(2) 按指定行列数放置模块数组生成多维数组。
语法：

```
repmat(p)
repmat(p,行 列 页 …)
```

说明：第一个输入变量 p 是用来放置的模块数组，后面的变量要放在指定的各维。
(3) 在总元素的数目不变的前提下重新确定数组的行列数来重组数组。
语法：

```
reshape(p)
reshape(p,行 列 页 …)
```

说明：第一个变量是待重组的数组 p，后面的变量是重新生成数组的行数、列数、页数。

【例 4-10】用函数来生成多维数组。

```
a = [1 2;3 4];
b = [1 1;2 2];
c = cat(2,a,b)                  %沿着第二维连接生成数组 c
c =
    1    2    1    1
    3    4    2    2
cat(3,a,b)                      %沿着第三维连接
ans(:,:,1) =
    1    2
    3    4
ans(:,:,2) =
    1    1
    2    2
repmat(a,[2 2 2])               %放置模块数组 a
ans(:,:,1) =
    1    2    1    2
    3    4    3    4
    1    2    1    2
    3    4    3    4
ans(:,:,2) =
    1    2    1    2
    3    4    3    4
    1    2    1    2
    3    4    3    4
reshape(c,[2 2 2])              %重组二维数组为 2 行 2 列 2 页的三维数组
ans(:,:,1) =
    1    2
    3    4
ans(:,:,2) =
    1    1
    2    2
```

2. 多维数组的标志

1) 直接给出数组的维数

语法：

```
ndims(p)
```

2) 给出数组各维的大小

语法：

```
[m,n,…] = size(p)           %得出各维的大小
m = size(p,x)               %得出某一维的大小
```

说明：p 为需要得出大小的多维数组；m 为行数，n 为列数；当只有一个输出变量时，$x=1$ 返回第一维(行数)，$x=2$ 返回第二维(列数)，以此类推。

3) 返回行数或列数的最大值

语法：

```
length(p)
```

说明：$\text{length}(p)$ 等价于 $\max(\text{size}(p))$。

【例 4-11】得出矩阵的大小。

```
a = [1 2;3 4;5 6]
a =
     1     2
     3     4
     5     6
ndims(a)                    %得出维数
ans =
     2
size(a)                     %得出各维的大小
ans =
     3     2
size(a,2)                   %得出列的大小
ans =
     2
length(a)                   %得出最大维的大小
ans =
     3
```

4.3 多项式

4.3.1 多项式的求值、求根和部分分式展开

1. 多项式的求值

polyval 函数可以用来计算多项式在给定变量时的值,是按数组运算规则进行计算的。
语法:

```
polyval(p,s)
```

说明:p 为多项式,s 为给定矩阵。

【例 4-12】计算 $p(x) = x^3 + 21x^2 + 20x$ 多项式的值。

```
p1 = [1 21 20 0];
polyval(p1,2)              %计算 x = 2 时多项式的值
ans =
     132
x = 0:0.5:3;
polyval(p1,x)              %计算 x 为向量时多项式的值
ans =
     0   15.3750   42.0000   80.6250   132.0000   196.8750   276.0000
```

2. 多项式的求根

(1) roots 函数用来计算多项式的根。
语法:

```
r = roots(p)
```

说明:p 为多项式;r 为计算的多项式的根,以列向量的形式保存。
(2) 与 roots 函数相反,根据多项式的根来计算多项式的系数可以用 poly 函数来实现。
语法:

```
p = poly(r)
```

【例 4-13】计算多项式 $p_1(x) = x^3 + 21x^2 + 20x$ 的根及由多项式的根得出系数。

```
roots(p1)                  %计算多项式的根
ans =
      0
    -20
     -1
```

```
poly([0;-20;-1])           %计算多项式的系数
ans =
    1    21    20    0
```

3. 特征多项式

对于一个方阵 s, 可以用 poly 函数来计算矩阵的特征多项式的系数。特征多项式的根即为特征值, 用 roots 函数来计算。

语法:

```
p=poly(s)
```

说明: s 必须为方阵; p 为特征多项式。

【例 4-14】根据矩阵来计算的特征多项式系数。

```
s=[1 2;3 4]
s =
    1    2
    3    4
p2=poly(s)                 %计算特征多项式
p2 =
    1.0000   -5.0000   -2.0000
roots(p2)                  %计算特征根
ans =
     5.3723
    -0.3723
```

程序分析: $p_2 = x^2 - 5x - 2$ 为矩阵 s 的特征多项式, 5.3723 和 -0.3723 为矩阵 s 的特征根, 也可以用 eig 函数来计算方阵 s 的特征值和特征向量的方法得出。

4. 部分分式展开

用户可以用 residue 函数来实现将分式表达式进行多项式的部分分式展开。

$$\frac{B(s)}{A(s)} = \frac{r_1}{s-p_1} + \frac{r_2}{s-p_2} + \cdots + \frac{r_n}{s-p_n} + k(s)$$

语法:

```
[r,p,k]=residue(b,a)
```

说明: b 和 a 分别是分子和分母多项式系数行向量; r 是 $[r_1, r_2, \cdots, r_n]$ 留数行向量; p 为 $[p_1, p_2, \cdots, p_n]$ 极点行向量; k 为直项行向量。

【例 4-15】将表达式 $\dfrac{100(s+2)}{s(s+1)(s+20)}$ 进行部分分式展开。

```
p1=[1 21 20 0];
p3=[100 200];
[r,p,k]=residue(p3,p1)
```

```
r =
    -4.7368
    -5.2632
    10.0000
p =
   -20
    -1
     0
k =
    []
```

程序分析：表达式 $\dfrac{100(s+2)}{s(s+1)(s+20)}$ 的展开结果为 $\dfrac{-4.7368}{s+20}+\dfrac{-5.2632}{s+1}+\dfrac{10}{s}$。

4.3.2 多项式的乘除法和微积分

1. 多项式的乘法和除法

1）多项式的乘法

语法：

```
p = conv(p1,p2)
```

说明：p 是多项式 p_1 和 p_2 的乘积多项式。

2）多项式的除法

语法：

```
[q,r] = deconv(p1,p2)
```

说明：除法不一定会除尽，会有余子式。多项式 p_1 被 p_2 除的商为多项式 q，而余子式是 r。

【例 4-16】计算表达式 $s(s+1)(s+20)$。

```
a1 = [1 0];                  %对应多项式 s
a2 = [1 1];                  %对应多项式 s+1
a3 = [1 20];                 %对应多项式 s+20
p1 = conv(a1,a2)
p1 =
     1     1     0
p1 = conv(p1,a3)             %计算 s(s+1)(s+20)
p1 =
     1    21    20     0
[p2,r] = deconv(p1,a3)       %计算多项式除法的商和余子式
p2 =
     1     1     0
```

```
r =
    0    0    0    0
conv(p2,a3) + r              %用商*除式 + 余子式验算
ans =
    1    21    20    0
```

2. 多项式的微分和积分

(1) 多项式的微分由 polyder 函数实现。

(2) MATLAB 没有专门的多项式积分函数,但可以用 $[p./\text{length}(p):-1:1,k]$ 的方法来完成积分,k 为常数。

【例 4-17】求多项式的微分和积分。

```
p4 = polyder(p1)             %多项式微分
p4 =
    3    42    20
s = length(p4):-1:1
s =
    3    2    1
p1 = [p4./s,0]               %多项式积分,常数 k = 0
p1 =
    1    21    20    0
```

程序分析:可以看出多项式 $p_4(x) = 3x^2 + 42x + 20$ 的积分是 $p_1(x) = x^3 + 21x^2 + 20x$。

4.3.3 多项式拟合和插值

1. 多项式拟合

多项式曲线拟合是用一个多项式来逼近一组给定的数据,使用 polyfit 函数来实现。拟合的准则是最小二乘法,即找出使 $\sum_{i=1}^{n} \left\| f(x_i) - y_i \right\|^2$ 最小的 $f(x)$。

语法:

```
p = polyfit(x,y,n)
```

说明:x、y 向量分别为 N 个数据点的横、纵坐标;n 是用来拟合的多项式阶次;p 为拟合的多项式,p 为 $n+1$ 个系数构成的行向量。

【例 4-18】对多项式 $y_1 = 2x_1^3 - x_1^2 + 5x_1 + 10$ 曲线拟合。经过一阶、二阶和三阶拟合的曲线如图 4.1 所示。

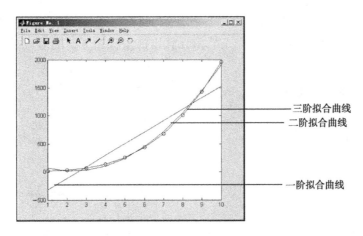

图4.1 一阶、二阶和三阶拟合曲线

```
x1 = 1:10;
p = [2 -1 5 10];
y0 = polyval(p,x1)
y0 =
    Columns 1 through 6
        16        32        70       142       260       436
    Columns 7 through 10
       682      1010      1432      1960
p1 = polyfit(x1,y0,1)       %一阶拟合
p1 =
   204.8000  -522.4000
p2 = polyfit(x1,y0,2)       %二阶拟合
p2 =
    32.0000 -147.2000  181.6000
p3 = polyfit(x1,y0,3)       %三阶拟合
p3 =
     2.0000   -1.0000    5.0000   10.0000
```

2. 插值运算

插值运算是根据数据点的规律，找到一个多项式表达式可以连接两个点，插值得出相邻数据点之间的数值。

1) 一维插值

一维插值是指对一个自变量的插值，interp1 函数是用来进行一维插值的。

语法：

```
yi = interp1(x,y,xi,'method')
```

说明：x、y 为行向量；xi 是插值范围内任意点的 x 坐标，yi 则是插值运算后的对应 y 坐标；method 是插值函数的类型，其中，"linear" 为线性插值（默认），"nearest" 为用最接近的相邻点插值,"spline"为三次样条插值,"cubic"为三次插值。

【例4-19】经过线性插值、三次样条插值计算出横坐标为9.5的对应纵坐标,如图4.2所示。

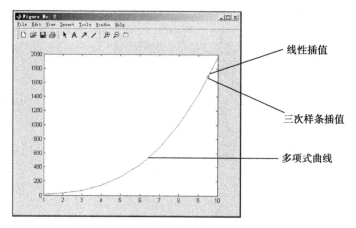

图4.2　线性插值和三次样条插值

```
x1
y0
y01 = interp1(x1,y0,9.5)          %线性插值
x1 =
    1    2    3    4    5    6    7    8    9    10
y0 =
   Columns 1 through 6
       16       32       70      142      260      436
   Columns 7 through 10
      682     1010     1432     1960
y01 =
    1696
y02 = interp1(x1,y0,9.5,'spline')   %三次样条插值
y02 =
    1682
```

2)二维插值

二维插值是指对两个自变量的插值,interp2函数是用来进行二维插值的。

语法:

```
zi = interp2(x,y,z,xi,yi,'method')
```

说明:method 是插值函数的类型有,"linear"为双线性插值(默认),"nearest"为用最接近点插值,"cubic"为三次插值。

4.4 元胞数组和结构数组

MATLAB 的元胞数组(Cell Array)和结构数组(Structure Array)都能在一个数组里存放各种不同类型的数据。

4.4.1 元胞数组

1. 元胞数组的创建

元胞数组中的基本组成是元胞，每一个元胞可以看成是一个单元(Cell)，用来存放各种不同类型的数据。

1) 直接使用"{}"创建

【例4-20】直接使用"{}"创建元胞数组。

```
clear
A = {'This is the first Cell.',[1 2;3 4];eye(3),{'Tom','Jane'}}
A =
    [1×23 char  ]    [2×2 double]
    [3×3  double]    {1×2 cell  }
whos
  Name      Size                Bytes  Class
   A        2×2                  524   cell array
Grand total is 49 elements using 524 bytes
```

程序分析：创建的元胞数组中的元胞 $A(1,1)$ 是字符串，$A(1,2)$ 是矩阵，$A(2,1)$ 是矩阵，而 $A(2,2)$ 为一个元胞数组。

2) 由各元胞创建

【例4-21】用创建各元胞的方法创建元胞数组。

```
B(1,1) = {'This is the second Cell.'}
B =
    'This is the second Cell.'
B(1,2) = {5 + 3*i}
B =
    [1×24 char]    [5.0000 + 3.0000i]
B(1,3) = {[1 2;3 4;5 6]}
B =
    [1×24 char]    [5.0000 + 3.0000i]    [3×2 double]
```

3) 由各元胞内容创建

【例 4-22】利用创建各元胞内容的方法创建元胞数组。

```
C{1,1}='This is the third Cell.';
C{2,1}=magic(4)
C =
    'This is the third Cell.'
    [4×4  double]
```

2. 元胞数组的内容显示

在 MATALB 命令窗口中输入元胞数组的名称,并不直接显示出元胞数组的各元素内容值,而是显示各元素的数据类型和维数。例如,例 4-20 中显示元胞数组 A:

```
A
A =
    [1×23 char  ]    [2×2 double]
    [3×3  double]    {1×2 cell  }
```

1) 使用 celldisp 命令显示元胞数组的内容

```
celldisp(A)
A{1,1} =
    This is the first Cell.
A{2,1} =
    1   0   0
    0   1   0
    0   0   1
A{1,2} =
    1   2
    3   4
A{2,2}{1} =
    Tom
A{2,2}{2} =
    Jane
celldisp(B)
B{1} =
    This is the second Cell.
B{2} =
    5.0000 +3.0000i
B{3} =
    1   2
    3   4
    5   6
celldisp(C)
C{1} =
    This is the third Cell.
```

```
C{2} =
    16     2     3    13
     5    11    10     8
     9     7     6    12
     4    14    15     1
```

程序分析：{} 表示元胞数组的元胞元素内容，$A\{2,2\}\{1\}$ 表示第2行第2列的元胞元素中存放的元胞数组的第1个元胞元素的内容。

2）使用 cellplot 命令以图形显示元胞数组的内容

【例4-23】用 cellplot 命令用图形显示元胞数组的内容，如图4.3所示。

```
cellplot(A)
```

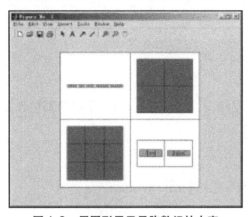

图4.3 用图形显示元胞数组的内容

3. 元胞数组的内容获取

1）取元胞数组的元素内容

【例4-24】取出 $A(1,2)$ 元胞元素的内容及矩阵中的元素内容。

```
x1 = A{1,2}              %取 A(1,2) 元胞元素的内容
x1 =
     1     2
     3     4
x2 = A{1,2}(2,2)         %取 A(1,2) 元胞元素的矩阵第2行第2列内容
x2 =
     4
```

程序分析：x_1 是矩阵，x_2 是标量。

2）取元胞数组的元素

```
x3 = A(1,2)
x3 =
    [2×2 double]
```

程序分析：x_3 是元胞数组。

3）使用 deal 函数取多个元胞元素的内容

使用 deal 函数取多个元胞元素的内容：

```
[x4,x5,x6]=deal(A{[2,3,4]})
x4 =
    1    0    0
    0    1    0
    0    0    1
x5 =
    1    2
    3    4
x6 =
    'Tom'    'Jane'
```

4.4.2 结构数组

结构数组的基本组成是结构（Structure），每一个结构都包含多个域（Fields）。

1. 结构数组的创建

1）直接创建

【例 4-25】直接创建结构数组存放图形对象。

```
ps(1).name='曲线1'
ps =
    name: '曲线1'
ps(1).color='red'
ps =
    name: '曲线1'
    color: 'red'
ps(1).position=[0,0,300,300]
ps =
    name: '曲线1'
    color: 'red'
    position: [0 0 300 300]
ps(2).name='曲线2';
ps(2).color='blue';
ps(2).position=[100,100,300,300]
ps =
    1×2 struct array with fields:
    name
    color
    position
```

程序分析：ps 是结构数组，$ps(1)$ 和 $ps(2)$ 是结构，name、color 和 position 是域。

2) 利用 struct 函数创建

【例 4-26】 利用 struct 函数创建结构数组。

```
ps(1) = struct('name','曲线 1','color','red','position',[0,0,300,300]);
ps(2) = struct('name','曲线 2','color','blue','position',[100,100,300,300])
ps =
    1×2 struct array with fields:
    name
    color
    position
```

2. 结构数组数据的获取和设置

1) 使用"."符号获取

【例 4-27】 结构数组数据的获取。

```
x1 = ps(1)
x1 =
    name: '曲线 1'
    color: 'red'
    position: [0 0 300 300]
x2 = ps(1).position
x2 =
    0    0    300    300
x3 = ps(1).position(1,3)
x3 =
    300
```

程序分析:x_1 是一个结构,x_2 是矩阵,x_3 是标量。

2) 用 getfield 函数获取结构数组的数据

用 getfield 函数获取结构数组的数据:

```
x4 = getfield(ps,{1},'color')
x4 =
    red
x5 = getfield(ps,{1},'color',{1})
x5 =
    r
```

3) 用 setfield 函数设置结构数组的数据

用 setfield 函数设置结构数组的数据:

```
ps = setfield(ps,{1},'color','green');
ps(1)
ans =
    name: '曲线 1'
    color: 'green'
    position: [0 0 300 300]
```

3. 结构数组域的获取

1）使用 fieldnames 函数获取结构数组的所有域

使用 fieldnames 函数获取结构数组的所有域：

```
x6 = fieldnames(ps)
x6 =
    'name'
    'color'
    'position'
```

程序分析：x_6 是元胞数组，各变量在工作空间的数据类型如图 4.4 所示。

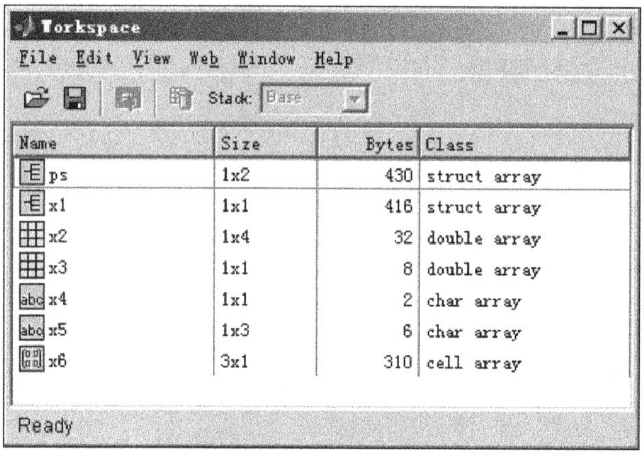

Name	Size	Bytes	Class
ps	1x2	430	struct array
x1	1x1	416	struct array
x2	1x4	32	double array
x3	1x1	8	double array
x4	1x1	2	char array
x5	1x3	6	char array
x6	3x1	310	cell array

图 4.4　工作空间

2）获取结构数组域的数据

使用“[ ]”合并相同域的数据并排成水平向量：

```
all_x = [ps.name]
all_x =
        曲线 1 曲线 2
```

使用 cat 将其变成多维数组：

```
cat(1,ps.position)                %沿第一维排列
ans =
       0     0   300   300
     100   100   300   300
cat(2,ps.position)                %沿第二维排列
ans =
     0     0   300   300   100   100   300   300
cat(3,ps.position)                %沿第三维排列
ans(:,:,1) =
     0     0   300   300
ans(:,:,2) =
     100   100   300   300
```

4.5 符号表达式的建立

Symbolic Math Toolbox 2.1 版本规定在进行符号计算时，首先要定义基本的符号对象然后才能进行符号运算。

4.5.1 创建符号常量

符号常量是不含变量的符号表达式，用 sym 命令来创建符号常量。
语法：

```
sym('常量')                    %创建符号常量
```

例如，创建符号常量，这种方式是绝对准确的符号数值表示：

```
>>a = sym('sin(2)')
a =
   sin(2)
```

sym 命令也可以把数值转换成某种格式的符号常量。

语法：

```
sym(常量,参数)                 %把常量按某种格式转换为符号常量
```

说明：参数可以选择为 'd'、'f'、'e' 或 'r' 4 种格式，也可省略，其作用如表 4-9 所示。

表 4-9 参数设置

参 数	作 用
d	返回最接近的十进制数值（默认位数为 32 位）
f	返回该符号值最接近的浮点表示
r	返回该符号值最接近的有理数型（为系统默认方式），可表示为 p/q、$p*q$、$10\char`^q$、$pi/q$、$2\char`^q$ 和 $sqrt(p)$ 形式之一
e	返回最接近的带有机器浮点误差的有理值

例如，创建符号常量，这种方式是绝对准确的符号数值表示：

```
a = sym('sin(2)')
a =
   sin(2)
```

例如，把常量转换为符号常量，按系统默认格式转换：

```
a = sym(sin(2))
a =
   8190223105242182*2^(-53)
```

【例 4-28】创建数值常量和符号常量。

```
a1 = 2*sqrt(5) + pi              %创建数值常量
a1 =
    7.6137
a2 = sym('2*sqrt(5)+pi')         %创建符号表达式
a2 =
    2*sqrt(5)+pi
a3 = sym(2*sqrt(5)+pi)           %按最接近的有理数型表示符号常量
a3 =
    8572296331135796*2^(-50)
a4 = sym(2*sqrt(5)+pi,'d')       %按最接近的十进制浮点数表示符号常量
a4 =
    7.6137286085893727261009189533070
a31 = a3 - a1                    %数值常量和符号常量的计算
a31 =
    0
a5 = '2*sqrt(5)+pi'              %字符串常量
a5 =
    2*sqrt(5)+pi
```

用户可以通过查看工作空间来查看各变量的数据类型和存储空间，工作空间如图 4.5 所示。

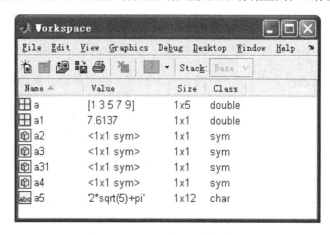

图 4.5　工作空间窗口

4.5.2　创建符号变量和表达式

创建符号变量和符号表达式可以使用 sym 命令和 syms 命令。

1. 使用 sym 命令创建符号变量和表达式

语法：

```
sym('变量',参数)                 %把变量定义为符号对象
```

说明：参数用来设置限定符号变量的数学特性，可以选择为"positive""real"和"unreal"，"positive"表示为"正、实"符号变量，"real"表示为"实"符号变量，"unreal"表示为"非实"符号变量。如果不限定符号变量的数学特性，则参数可省略。

【例4-29】创建符号变量，用参数设置其特性。

```
syms x y real              %创建实数符号变量
z = x + i*y;               %创建 z 为复数符号变量
real(z)                    %复数 z 的实部是实数 x
ans =
    x
sym('x','unreal');         %清除符号变量的实数特性
real(z)                    %复数 z 的实部
ans =
    1/2*x + 1/2*conj(x)
```

程序分析：设置 x、y 为实数型变量，可以确定 z 的实部和虚部。

语法：

```
sym('表达式')              %创建符号表达式
```

【例4-30】创建符号表达式。

```
f1 = sym('a*x^2 + b*x + c')
f1 =
    a*x^2 + b*x + c
```

2. 使用 syms 命令创建符号变量和符号表达式

语法：

```
syms('arg1','arg2',…,参数)   %把字符变量定义为符号变量
syms arg1 arg2…,参数         %把字符变量定义为符号变量的简洁形式
```

说明：syms 用来创建多个符号变量，这两种方式创建的符号对象是相同的。参数设置和前面的 sym 命令相同，省略时符号表达式直接由各符号变量组成。

【例4-31】使用 syms 命令创建符号变量和符号表达式。

```
syms a b c x               %创建多个符号变量
f2 = a*x^2 + b*x + c       %创建符号表达式
f2 =
    a*x^2 + b*x + c
syms('a','b','c','x')
f3 = a*x^2 + b*x + c;      %创建符号表达式
```

程序分析：既创建了符号变量 a, b, c, x，又创建了符号表达式，f2、f3 和例4-30 中的 f1 符号表达式相同。

4.5.3 符号矩阵

用 sym 和 syms 命令也可以创建符号矩阵。

```
A = sym('[a,b;c,d]')
A =
    [a,b]
    [c,d]
```

例如，使用 syms 命令创建相同的符号矩阵：

```
syms a b c d
A = [a b;c d]
A =
    [a,b]
    [c,d]
```

【例 4-32】 比较符号矩阵与字符串矩阵的不同。

```
A = sym('[a,b;c,d]')              %创建符号矩阵
A =
    [a,b]
    [c,d]
B = '[a,b;c,d]'                   %创建字符串矩阵
B =
    [a,b;c,d]
C = [a,b;c,d]                     %创建数值矩阵
??? Undefined function or variable 'a'.
```

程序分析：由于数值变量 a，b，c，d 未事先赋值，MATLAB 给出错误信息。

```
C = sym(B)                        %转换为符号矩阵
C =
    [a,b]
    [c,d]
whos
  Name      Size              Bytes  Class
  A         2×2                 312  sym object
  B         1×9                  18  char array
  C         2×2                 312  sym object
Grand total is 25 elements using 642 bytes
```

程序分析：查看符号矩阵 *A*，可以看到为 2×2 的符号矩阵，占用较多的字节。

4.6 符号表达式的代数运算

【拓展视频】

符号运算与数值运算的区别主要有以下几点：

（1）传统的数值型运算因为要受到计算机所保留的有效位数的限制，它的内部表示法总是采用计算机硬件提供的 8 位浮点表示法，因此每一次运算都会有一定的截断误差，重复的多次数值运算就可能会造成很大的累积误差。符号运算不需要进行数值运算，不会出现截断误差，因此符号运算是非常准确的。

（2）符号运算可以得出完全的封闭解或任意精度的数值解。

（3）符号运算的时间较长，而数值型运算速度快。

4.6.1 符号表达式的代数运算

符号表达式的运算符和基本函数都与数值计算中的几乎完全相同。

1. 符号运算中的运算符

1）基本运算符

运算符"+""-""*""\""/""^"分别实现符号矩阵的加、减、乘、左除、右除、求幂运算。

运算符".*""./"".\"".^"分别实现符号数组的乘、除、求幂，即数组间元素与元素的运算。

运算符"'"".'"分别实现符号矩阵的共轭转置、非共轭转置。

2）关系运算符

在符号对象的比较中，没有"大于""大于等于""小于""小于等于"的概念，而只有是否"等于"的概念。

运算符"=="" ~="分别对运算符两边的符号对象进行"相等""不等"的比较。当为"真"时，比较结果用 1 表示；当为"假"时，比较结果则用 0 表示。

2. 函数运算

1）三角函数和双曲函数

三角函数包括 sin、cos、tan，双曲函数包括 sinh、cosh、tanh，三角反函数除了 atan2 函数仅能用于数值计算外，其余的 asin、acos、atan 函数在符号运算中与数值计算的使用方法相同。

2）指数和对数函数

指数函数 sqrt、exp、expm 的使用方法与数值计算的使用方法完全相同；对数函数在符号计算中只有自然对数 log（表示 ln），而没有数值计算中的 log2 和 log10。

3）复数函数

复数的共轭 conj、求实部 real、求虚部 imag 和求模 abs 函数与数值计算中的使用方法相同。注意，在符号计算中，MATLAB 没有提供求相角的命令。

4）矩阵代数命令

MATLAB 提供的常用矩阵代数命令有 diag、triu、tril、inv、det、rank、poly、expm、eig 等，它们的用法几乎与数值计算中的情况完全一样。

【例 4-33】求矩阵 $A = \begin{bmatrix} a_{11} & a_{12} \\ a_{21} & a_{22} \end{bmatrix}$ 的行列式值、非共轭转置和特征值。

```
syms a11 a12 a21 a22
A = [a11 a12;a21 a22]         %创建符号矩阵
A =
   [ a11,a12]
   [ a21,a22]
det(A)                         %计算行列式

ans =
    a11*a22 - a12*a21
A.'                            %计算非共轭转置
ans =
   [ a11,a21]
   [ a12,a22]
eig(A)                         %计算特征值
ans =
   [ 1/2*a11 +1/2*a22 +1/2*(a11^2 -2*a11*a22 + a22^2 +4*a12*a21)^(1/2)]
   [ 1/2*a11 +1/2*a22 -1/2*(a11^2 -2*a11*a22 + a22^2 +4*a12*a21)^(1/2)]
```

【例 4-34】符号表达式 $f = 2x^2 + 3x + 4$ 与 $g = 5x + 6$ 的代数运算。

```
f = sym('2*x^2 +3*x +4')
f =
   2*x^2 +3*x +4
g = sym('5*x +6')
g =
   5*x +6
f + g                          %符号表达式相加
ans =
     2*x^2 +8*x +10
f*g                            %符号表达式相乘
ans =
     (2*x^2 +3*x +4)*(5*x +6)
```

4.6.2 符号数值任意精度控制和运算

1. Symbolic Math Toolbox 中的算术运算方式

在 Symbolic Math Toolbox 中有 3 种不同的算术运算：
(1) 数值型，MATLAB 的浮点运算。
(2) 有理数型，Maple 的精确符号运算。
(3) VPA 型，Maple 的任意精度运算。

2. 任意精度控制

任意精度的 VPA 型运算可以使用 digits 和 vpa 命令来实现。
语法：

```
digits(n)                %设定默认的精度
```

说明：n 为所期望的有效位数。digits 函数可以改变默认的有效位数来改变精度，随后的每个进行 Maple 函数的计算都以新精度为准。当有效位数增加时，计算时间和占用的内存也增加。digits 命令用来显示默认的有效位数，默认为 32 位。
语法：

```
S = vpa(s,n)             %将 s 表示为 n 位有效位数的符号对象
```

说明：s 可以是数值对象或符号对象，但计算的结果 S 一定是符号对象；当参数 n 省略时，以给定的 digits 指定精度。vpa 命令只对指定的符号对象 s 按新精度进行计算，并以同样的精度显示计算结果，但并不改变全局的 digits 参数。

【例 4-35】对表达式 $2\sqrt{5}+\pi$ 进行任意精度控制的比较。

```
a = sym('2*sqrt(5) +pi')
a =
   2*sqrt(5) +pi
digits                         %显示默认的有效位数
Digits = 32
vpa(a)                         %用默认的位数计算并显示
ans =
     7.6137286085893726312809907207421
vpa(a,20)                      %按指定的精度计算并显示
ans =
     7.6137286085893726313
digits(15)                     %改变默认的有效位数
vpa(a)                         %按 digits 指定的精度计算并显示
ans =
     7.61372860858937
```

3. Symbolic Math Toolbox 中 3 种运算方式的比较

【例 4-36】用 3 种运算方式表达式比较 2/3 的结果。

```
a1 = 2/3                    %数值型
a1 =
    0.6667
a2 = sym(2/3)               %有理数型
a2 =
    2/3
a3 = vpa('2/3',32)          %VPA 型
a3 =
    .66666666666666666666666666666667
```

程序分析：
（1）3 种运算方式中数值型运算的速度最快。
（2）有理数型符号运算的计算时间和占用内存是最大的，产生的结果是非常准确的。
（3）VPA 型的任意精度符号运算比较灵活，可以设置任意有效精度，当保留的有效位数增加时，每次运算的时间和使用的内存也会增加。

数值型变量 $a1$ 结果显示的有效位数并不是存储的有效位数，在第 1 章中介绍显示的有效位数由 format 命令控制。例如，下面修改 format 命令就改变了显示的有效位数：

```
format long
a1
a1 =
    0.66666666666667
```

4.6.3 符号对象与数值对象的转换

1. 将数值对象转换为符号对象

sym 命令可以把数值型对象转换成有理数型符号对象，vpa 命令可以将数值型对象转换为任意精度的 VPA 型符号对象。

2. 将符号对象转换为数值对象

使用 double 函数、numeric 函数可以将有理数型和 VPA 型符号对象转换成数值对象。

语法：

```
N = double(S)               %将符号变量 S 转换为数值变量 N
N = numeric(S)              %将符号变量 S 转换为数值变量 N
```

【例 4-37】将符号变量 $2\sqrt{5}+\pi$ 与数值变量进行转换。

```
clear
a1 = sym('2*sqrt(5)+pi')
a1 =
```

```
        2*sqrt(5) +pi
b1 = double(a1)                %转换为数值变量
b1 =
    7.6137
a2 = vpa(sym('2*sqrt(5) +pi'),32)
a2 =
    7.6137286085893726312809907207421
b2 = numeric(a2)               %转换为数值变量
b2 =
    7.6137
```

【例4-38】 在例4-37的基础上由符号变量得出数值结果。

```
b3 = eval(a1)
b3 =
    7.6137
```

用whos命令查看变量的类型,可以看到b1、b2、b3都转换为双精度型:

```
whos
  Name      Size              Bytes  Class
  a1        1×1                 148  sym object
  a2        1×1                 190  sym object
  b1        1×1                   8  double array
  b2        1×1                   8  double array
  b3        1×1                   8  double array
Grand total is 50 elements using 362 bytes
```

4.7 符号表达式的操作和转换

4.7.1 符号表达式中自由变量的确定

1. 自由变量的确定原则

MATLAB 将基于以下原则选择一个自由变量:
(1) 小写字母 i 和 j 不能作为自由变量。
(2) 符号表达式中如果有多个字符变量,则按照以下顺序选择自由变量:首先选择 x 作为自由变量;如果没有 x,则选择在字母顺序中最接近 x 的字符变量;如果与 x 相同距离,则在 x 后面的优先。
(3) 大写字母比所有的小写字母都靠后。

2. findsym 函数

如果不确定符号表达式中的自由符号变量，可以用 findsym 函数来自动确定。

语法：

```
findsym(EXPR,n)                    %确定自由符号变量
```

说明：EXPR 可以是符号表达式或符号矩阵；n 为按顺序得出符号变量的个数，当 n 省略时，不按顺序得出 EXPR 中所有的符号变量。

【例 4-39】得出符号表达式中的符号变量。

```
f = sym('a*x^2 + b*x + c')
f =
   a*x^2 + b*x + c
findsym(f)                         %得出所有的符号变量
ans =
    a,b,c,x
g = sym('sin(z) + cos(v)')
g =
   sin(z) + cos(v)
findsym(g,1)                       %得出第一个符号变量
ans =
    z
```

程序说明：符号变量 z 和 v 距离 x 相同，以在 x 后面的 z 为自由符号变量。

4.7.2 符号表达式的化简

同一个数学函数的符号表达式可以表示成 3 种形式，例如，以下的 $f(x)$ 就可以分别表示为

（1）多项式形式的表达方式：$f(x) = x^3 + 6x^2 + 11x - 6$。

（2）因式形式的表达方式：$f(x) = (x-1)(x-2)(x-3)$。

（3）嵌套形式的表达方式：$f(x) = x[x(x-6) + 11] - 6$。

【例 4-40】3 种形式的符号表达式的表示。

```
f = sym('x^3 - 6*x^2 + 11*x - 6')   %多项式形式
f =
   x^3 - 6*x^2 + 11*x - 6
g = sym('(x-1)*(x-2)*(x-3)')        %因式形式
g =
   (x-1)*(x-2)*(x-3)
h = sym(' x*(x*(x-6) + 11) - 6')    %嵌套形式
h =
   x*(x*(x-6) + 11) - 6
```

1. pretty 函数

【例 4-41】在例 4-40 的基础上给出相应的符号表达式形式。

```
pretty(f)
ans =
     3     2
    x - 6 x  + 11 x - 6
```

2. collect 函数

【例 4-42】在例 4-40 的基础上给出相应的符号表达式形式。

```
collect(g)
ans =
    x^3 - 6*x^2 + 11*x - 6
```

当有多个符号变量，可以指定按某个符号变量来合并同类项。下面有 x、y 符号变量的表达式：

```
f1 = sym('x^3 + 2*x^2*y + 4*x*y + 6')
f1 =
    x^3 + 2*x^2*y + 4*x*y + 6
collect(f1,'y')              %按 y 来合并同类项
ans =
    (2*x^2 + 4*x)*y + x^3 + 6
```

3. expand 函数

【例 4-43】在例 4-40 的基础上给出相应的符号表达式形式。

```
expand(g)
ans =
    x^3 - 6*x^2 + 11*x - 6
```

4. horner 函数

【例 4-44】在例 4-40 的基础上给出符号表达式的嵌套形式。

```
horner(f)
ans =
    x*(x*(x-6) + 11) - 6
```

5. factor 函数

【例 4-45】在例 4-40 的基础上给出符号表达式的因式形式。

```
factor(f)
ans =
    (x-1)*(x-2)*(x-3)
```

6. simplify 函数

【例 4-46】利用三角函数来简化符号表达式 $\cos^2 x - \sin^2 x$。

```
y = sym('cos(x)^2 - sin(x)^2')
y =
    cos(x)^2 - sin(x)^2
simplify(y)
ans =
    2*cos(x)^2 -1
```

7. simple 函数

simple 函数给出多种简化形式，给出除了 pretty、collect、expand、factor、simplify 简化形式之外的 radsimp、combine、combine(trig)、convert 形式，并寻求包含最少数目字符的表达式简化形式。

【例 4-47】利用 simple 简化符号表达式 $\cos^2 x - \sin^2 x$。

```
simple(y)
simplify:
2*cos(x)^2 -1
radsimp:
cos(x)^2 - sin(x)^2
combine(trig):
cos(2*x)
factor:
(cos(x) - sin(x))*(cos(x) + sin(x))
expand:
cos(x)^2 - sin(x)^2
combine:
cos(2*x)
convert(exp):
(1/2*exp(i*x) +1/2/exp(i*x))^2 +1/4*(exp(i*x) -1/exp(i*x))^2
convert(sincos):
cos(x)^2 - sin(x)^2
convert(tan):
(1 - tan(1/2*x)^2)^2/(1 + tan(1/2*x)^2)^2 -4*tan(1/2*x)^2/(1 + tan(1/2*x)^2)^2
collect(x):
cos(x)^2 - sin(x)^2
ans =
    cos(2*x)
```

程序分析：得出最简化的符号表达式为"$\cos(2*x)$"。

4.7.3 符号表达式的替换

1. subexpr 函数

语法:

```
subexpr(s,s1)          %用符号变量 s1 来置换 s 中的子表达式
```

subexpr 函数对子表达式是自动寻找的,只有比较长的子表达式才被置换,比较短的子表达式,即使重复出现多次,也不被置换。

【例 4-48】用 subexpr 函数使 $\begin{bmatrix} a & b \\ c & d \end{bmatrix}$ 的特征值表达式简洁。

```
syms a b c d x
s = eig([a b;c d])             %计算特征值
s =
    [1/2*a+1/2*d+1/2*(a^2-2*a*d+d^2+4*b*c)^(1/2)]
    [1/2*a+1/2*d-1/2*(a^2-2*a*d+d^2+4*b*c)^(1/2)]
subexpr(s,x)                   %用 x 替换子表达式
ans =
    [1/2*a+1/2*d+1/2*(a^2-2*a*d+d^2+4*b*c)^(1/2)]
    [1/2*a+1/2*d-1/2*(a^2-2*a*d+d^2+4*b*c)^(1/2)]
```

2. subs 函数

subs 函数可用来进行对符号表达式中符号变量的替换。

语法:

```
subs(s)                %用给定值替换符号表达式 s 中的所有变量
subs(s,new)            %用 new 替换符号表达式 s 中的自由变量
subs(s,old,new)        %用 new 替换符号表达式 s 中的 old 变量
```

【例 4-49】用 subs 函数对符号表达式 $(x+y)^2 + 3(x+y) + 5$ 进行替换。

```
f = sym('(x+y)^2+3*(x+y)+5')   %创建符号表达式
f =
    (x+y)^2+3*(x+y)+5
x = 5;
f1 = subs(f)                   %用工作空间的给定值替换 x
f1 =
    (5+y)^2+20+3*y
f2 = subs(f,'x+y','s')         %用 s 替换 x+y
f2 =
    ((s))^2+3*((s))+5
f3 = subs(f,'x+y',5)           %用常数 5 替换 x+y
```

```
f3 =
    45
f4 = subs(f,'x','z')              %用 z 替换 x
f4 =
    ((z)+y)^2+3*((z)+y)+5
```

4.7.4 求反函数和复合函数

在 MATLAB 中 finverse 函数可以求得符号函数的反函数。
语法：

```
finverse(f,v)                     %对指定自变量 v 的函数 f(v)求反函数
```

说明：当 v 省略时，对默认的自由符号变量求反函数。

1. 求反函数

【例 4-50】求 te^x 的反函数。

```
f = sym('t*e^x')                  %原函数
f =
    t*e^x
g = finverse(f)                   %对默认自由变量求反函数
g =
    log(x/t)/log(e)
g = finverse(f,'t')               %对 t 求反函数
g =
    t/(e^x)
```

程序分析：如果先定义 t 为符号变量，则参数 't' 的单引号可去掉：

```
syms t
g = finverse(f,t)
```

2. 求复合函数

【例 4-51】计算 te^x 与 ay^2+by+c 的复合函数。

```
f = sym('t*e^x');                 %创建符号表达式
g = sym('a*y^2+b*y+c');           %创建符号表达式
h1 = compose(f,g)                 %计算 f(g(x))
h1 =
    t*e^(a*y^2+b*y+c)
h2 = compose(g,f)                 %计算 g(f(x))
h2 =
    a*t^2*(e^x)^2+b*t*e^x+c
h3 = compose(f,g,'z')             %计算 f(g(z))
h3 =
    t*e^(a*z^2+b*z+c)
```

【例 4-52】 计算得出 te^x 与 y^2 的复合函数。

```
f1 = sym('t*e^x');
g1 = sym('y^2');
h1 = compose(f1,g1)
h1 =
    t*e^(y^2)
h2 = compose(f1,g1,'z')          %计算 f(g(z))
h2 =
    t*e^(z^2)
h3 = compose(f1,g1,'t','y')      %以 t 为自变量计算 f(g(z))
h3 =
    y^2*e^x
h4 = compose(f1,g1,'t','y','z')  %以 t 为自变量计算 f(g(z)),并用 z 替换 y
h4 =
    z^2*e^x
h5 = subs(h3,'y','z')            %用替换的方法实现 h5 与 h4 相同结果
h5 =
    (z)^2*e^x
```

4.7.5 符号表达式的转换

1. 符号表达式与多项式的转换

构成多项式的符号表达式 $f(x)$ 可以与多项式系数构成的行向量进行相互转换,MATLAB 提供了 sym2poly 函数和 poly2sym 函数实现相互转换。

1) sym2poly 函数

【例 4-53】 将符号表达式 $2x + 3x^2 + 1$ 转换为行向量。

```
f = sym('2*x+3*x^2+1')
f =
    2*x+3*x^2+1
sym2poly(f)                      %转换为按降幂排列的行向量
ans =
     3     2     1
f1 = sym('a*x^2+b*x+c')
f1 =
    a*x^2+b*x+c
sym2poly(f1)
??? Error using = = > sym/sym2poly
Input has more than one symbolic variable.
```

程序分析:只能对含有一个变量的符号表达式进行转换。

2) poly2sym 函数

【例 4 – 54】 将行向量转换为符号表达式。

```
g = poly2sym([1 3 2])        %默认 x 为符号变量的符号表达式
g =
    x^2 + 3*x + 2
g = poly2sym([1 3 2],sym('y'))%y 为符号变量的符号表达式
g =
    y^2 + 3*y + 2
```

2. 提取分子和分母

如果符号表达式是一个有理分式(两个多项式之比),可以利用 numden 函数来提取分子或分母,还可以进行通分。

语法:

```
[n,d] = numden(f)
```

说明:n 为分子,d 为分母,f 为有理分式。

【例 4 – 55】 用 numden 函数来提取符号表达式 $\dfrac{1}{s^2+3s+2}$ 和 $\dfrac{1}{s^2}+3s+2$ 的分子、分母。

```
f1 = sym('1/(s^2 + 3*s + 2)')
f1 =
    1/(s^2 + 3*s + 2)
f2 = sym('1/s^2 + 3*s + 2')
f2 =
    1/s^2 + 3*s + 2
[n1,d1] = numden(f1)
n1 =
    1
d1 =
    s^2 + 3*s + 2
[n2,d2] = numden(f2)
n2 =
    1 + 3*s^3 + 2*s^2
d2 =
    s^2
```

4.8 符号函数的可视化

4.8.1 符号函数的绘图命令

1. ezplot 命令和 ezplot3 命令

ezplot 命令用于绘制符号表达式的自变量和对应各函数值的二维曲线，ezplot3 命令用于绘制三维曲线。

语法：

```
ezplot(F,[xmin,xmax],fig)    %画符号表达式的图形
```

说明：F 是将要画的符号函数；$[x_{\min}, x_{\max}]$ 是绘图的自变量范围，省略时默认值为 $[-2\pi, +2\pi]$；fig 是指定的图形窗口，省略时默认为当前图形窗口。

【例 4-56】用 ezplot3 绘制三维符号表达式曲线，如图 4.6 所示。

```
x = sym('sin(t)');
z = sym('t');
y = sym('cos(t)');
ezplot3(x,y,z,[0,10*pi],'animate')    %绘制 t 在[0,10*pi]范围的三维曲线
```

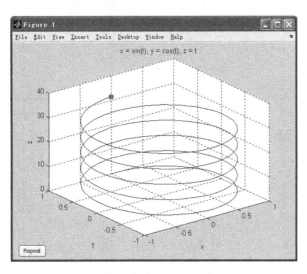

图 4.6　符号表达式绘制三维曲线

2. 其他绘图命令

MATLAB 提供的较常用绘图命令见表 4-10。

表4-10 符号表达式和字符串的绘图命令

命令名	含义	举例
ezcontour	画等高线	ezcontour('x*sin(t)',[-4,4])
ezcontourf	画带填充颜色等高线	ezcontourf('x*sin(t)',[-4,4])
ezmesh	画三维网线图	ezmesh('sin(x)*exp(-t)','cos(x)*exp(-t)','x',[0,2*pi])
ezmeshc	画带等高线的三维网线图	ezmeshc('sin(x)*t',[-pi,pi])
ezpolar	画极坐标图	ezpolar('sin(t)',[0,pi/2])
ezsurf	画三维曲面图	ezsurf('x*sin(t)','x*cos(t)','t',[0,10*pi])
ezsurfc	画带等高线的三维曲面图	ezsurfc('x*sin(t)','x*cos(t)','t',[0,pi,0,2*pi])

说明：这些命令的举例都是对字符串函数进行绘图的，同样也可用于符号表达式绘图。

4.8.2 图形化的符号函数计算器

Symbolic Math Toolbox 还提供了另一种符号计算方式即图形化的符号函数计算器，由 funtool.m 文件生成。在 MATLAB 命令窗口中输入"funtool"命令，就会出现图形化的符号函数计算器，如图 4.7 所示。在图形化函数计算器中可以方便地查看函数的计算结果和显示的曲线。

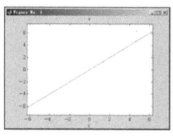
(a) Figure No.1窗口

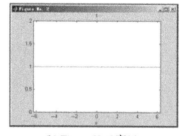
(b) Figure No.2窗口

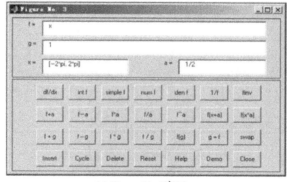
(c) Figure No.3窗口

图4.7 图形化的符号函数计算器

4.9 二维曲线的绘制

【拓展视频】

4.9.1 基本绘图命令 plot

1. plot(*x*) 绘制 *x* 向量曲线

plot 命令是 MATLAB 中最简单而且使用最广泛的一个绘图命令,用来绘制二维曲线。
语法:

```
plot(x)            %绘制以 x 为纵坐标的二维曲线
plot(x,y)          %绘制以 x 为横坐标、y 为纵坐标的二维曲线
```

说明:*x* 和 *y* 可以是向量或矩阵。

【例 4-57】用 plot(*x*)命令绘制直线,如图 4.8 所示。

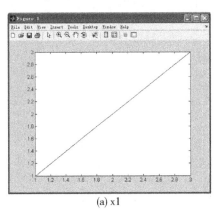
(a) x1

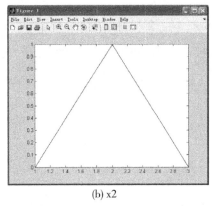
(b) x2

图 4.8　绘制直线效果

```
x1 = [1 2 3]
x1 =
    1    2    3
plot(x1)
x2 = [0 1 0]
x2 =
    0    1    0
plot(x2)
```

2. plot(*x*, *y*) 绘制向量 *x* 和 *y* 的曲线

【例 4-58】绘制正弦曲线 *y* = sin(*x*) 和方波曲线,如图 4.9 所示。

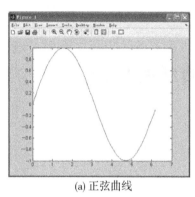
(a) 正弦曲线

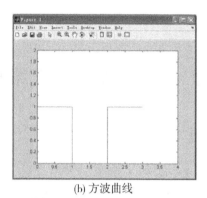
(b) 方波曲线

图 4.9　绘制曲线效果

```
x1 = 0:0.1:2*pi;
y1 = sin(x1);                  % y1 为 x1 的正弦函数
plot(x1,y1);
x2 = [0 1 1 2 2 3];
y2 = [1 1 0 0 1 1];
plot(x2,y2);
axis([0 4 0 2])                %将坐标轴范围设定为 0~4 和 0~2
```

3. plot(x) 绘制矩阵 x 的曲线

【例 4-59】矩阵图形的绘制，如图 4.10 所示。

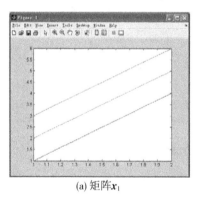
(a) 矩阵 x_1

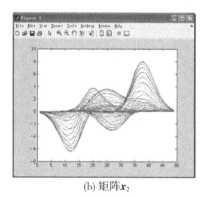
(b) 矩阵 x_2

图 4.10　绘制矩阵图形

```
x1 = [1 2 3;4 5 6];
plot(x1);
x2 = peaks;                    %产生一个 49×49 的矩阵
plot(x2);
```

程序分析：图 4.10(a) 中有 3 条曲线而不是两条曲线，因为矩阵 x_1 有三列，每列向量画一条曲线；图 4.10(b) 为由 peaks 函数生成的一个 49×49 的二维矩阵，因此产生 49 条曲线。

4. plot(x,y) 绘制混合式曲线

当 plot(x,y) 命令中的参数 x 和 y 是向量或矩阵时，分别有以下几种情况：

（1）如果 x 是向量，y 是矩阵，则 x 的长度与矩阵 y 的行数或列数必须相等。如果 x

的长度与 y 的行数相等，则向量 x 与矩阵 y 的每列向量对应画一条曲线；如果 x 的长度与 y 的列数相等，则向量 x 与 y 的每行向量画一条曲线；如果 y 是方阵，则 x 和 y 的行数和列数都相等，将向量 x 与矩阵 y 的每列向量画一条曲线。

（2）如果 x 是矩阵，y 是向量，则 y 的长度必须等于 x 的行数或列数，绘制的方法与前一种相似。

（3）如果 x 和 y 都是矩阵，则大小必须相同，矩阵 x 的每列和 y 的每列画一条曲线。

【例 4 - 60】混合式图形的绘制，如图 4.11 所示。

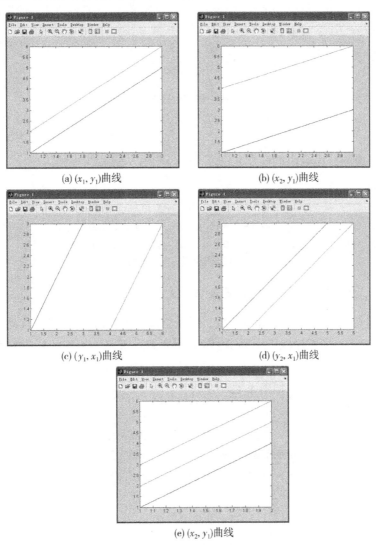

(a) (x_1, y_1) 曲线　　(b) (x_2, y_1) 曲线

(c) (y_1, x_1) 曲线　　(d) (y_2, x_1) 曲线

(e) (x_2, y_1) 曲线

图 4.11　绘制混合式曲线

```
x1 = [1 2 3];
y1 = [1 2 3;4 5 6]
y1 =
     1     2     3
     4     5     6
```

```
plot(x1,y1)                    %每行一条曲线
y2 = [1 2;3 4; 5 6]
y2 =
    1    2
    3    4
    5    6
plot(x1,y2)                    %每列一条曲线
plot(y1,x1)
plot(y2,x1)
x2 = [1 1 1;2 2 2]
x2 =
    1    1    1
    2    2    2
plot(x2,y1)                    %按列与列对应的方式
```

5. plot(z)绘制复向量曲线

【例 4-61】下面的程序画出的曲线和图 4.11(e)中所示的曲线相同。

```
z1 = x2 + i*y1
z1 =
    1.0000 +1.0000i   1.0000 +2.0000i   1.0000 +3.0000i
    2.0000 +4.0000i   2.0000 +5.0000i   2.0000 +6.0000i
plot(z1)                       %以实部为横坐标,虚部为纵坐标
```

6. plot($x_1, y_1, x_2, y_2, \cdots$)绘制多条曲线

plot 命令还可以用多个矩阵对为参数,同时绘制多条曲线 MATLAB 自动以不同的颜色绘制不同曲线。每一对矩阵(x_i, y_i)均按照前面的方式解释,不同的矩阵对之间,其维数可以不同。

【例 4-62】绘制三条曲线,如图 4.12 所示。

```
x = 0:0.1:2*pi;
plot(x,sin(x),x,cos(x),x,sin(3*x))     %画三条曲线
```

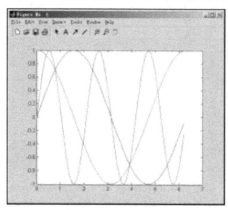

图 4.12 三条曲线

4.9.2 绘制曲线的一般步骤

表4-11所示为绘制二维图形、三维图形一般步骤的归纳。

表4-11 绘制二维图形、三维图形的一般步骤

步骤	内容
1	曲线数据准备： 对于二维曲线，应准备横坐标和纵坐标数据变量； 对于三维曲面，应准备矩阵参变量和对应的函数值
2	指定图形窗口和子图位置： 默认时，打开"Figure No.1"窗口或当前窗口、当前子图；也可以打开指定的图形窗口和子图
3	设置曲线的绘制方式： 线型、色彩、数据点形状
4	设置坐标轴： 坐标的范围、刻度和坐标分隔线
5	图形注释： 图名、坐标名、图例、文字说明
6	着色、明暗、灯光、材质处理(仅对三维图形使用)
7	视点、三度(横、纵、高)比(仅对三维图形使用)
8	图形的精细修饰(图形句柄操作)： 利用对象属性值设置； 利用图形窗口工具条进行设置

说明：

（1）步骤1和3是基本的绘图步骤，如果利用MATLAB的默认设置通常只需要这两个基本步骤就可以基本绘制出图形，而其他步骤并不是必需的。

（2）步骤2一般在图形较多的情况下，需要指定图形窗口、子图时使用。

（3）除了步骤1、2、3外，用户可以根据自己需要改变其他步骤的前后次序。

4.9.3 多个图形绘制的方法

1. 指定图形窗口

如果需要多个图形窗口同时打开，则可以使用figure语句。

语法：

```
figure(n)                    %产生新图形窗口
```

说明：如果该窗口不存在，则产生新图形窗口并设置为当前图形窗口，该窗口名为"Figure No. n"，而不关闭其他窗口。

2. 同一窗口多个子图

如果需要在同一个图形窗口中布置几幅独立的子图，可以在 plot 命令前加上 subplot 命令来将一个图形窗口划分为多个区域，每个区域一幅子图。

语法：

```
subplot(m,n,k)           %使(m×n)幅子图中的第 k 幅成为当前图
```

说明：将图形窗口划分为 $m \times n$ 幅子图，k 是当前子图的编号，","可以省略。子图的序号编排原则是，左上方为第 1 幅，先向右后向下依次排列，子图彼此之间独立。

【例 4-63】用 subplot 命令画 4 个子图，如图 4.13 所示。

```
x = 0:0.1:2*pi;
subplot(2,2,1)           %分割为 2×2 个子图,左上方为当前图
plot(x,sin(x))
subplot(2,2,2)           %右上方为当前图
plot(x,cos(x))
subplot(2,2,3)           %左下方为当前图
plot(x,sin(3*x))
subplot(224)             %右下方为当前图,省略逗号
plot(x,cos(3*x))
```

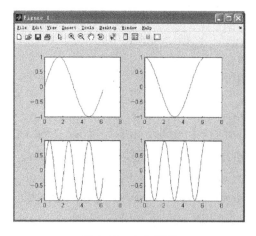

图 4.13　4 个子图

如果在使用绘图命令之后，想清除图形窗口绘制其他图形，应使用 clf 命令清图形窗口。

语法：

```
clf                      %清除子图
```

3. 同一窗口多次叠绘

为了在一个坐标系中增加新的图形对象，可以用 hold 命令来保留原图形对象。

语法：

```
hold on              %使当前坐标系和图形保留
hold off             %使当前坐标系和图形不保留
hold                 %在以上两个命令中切换
```

说明：在设置了 hold on 后，如果画多个图形对象，则在生成新的图形时保留当前坐标系中已存在的图形对象，MATLAB 会根据新图形的大小，重新改变坐标系的比例。

【例 4-64】在同一窗口画出函数 $\sin x$ 在区间 $[0,2\pi]$ 的曲线和 $\cos x$ 在区间 $[-\pi,+\pi]$ 的曲线。

```
x1 = 0:0.1:2*pi;
plot(x1,sin(x1))
hold on
x2 = -pi:.1:pi;
plot(x2,cos(x2))
```

程序分析：坐标系的范围由 $0 \sim 2\pi$ 转变为 $-\pi \sim +2\pi$。

4. 双纵坐标图

语法：

```
plotyy(x1,y1,x2,y2)       %以左、右不同纵轴绘制两条曲线
```

说明：左纵轴用 (x_1,y_1) 数据、右纵轴用 (x_2,y_2) 数据来绘制两条曲线。坐标轴的范围、刻度自动产生。

【例 4-65】在例 4-64 的基础上，用 plotyy 函数实现在同一图形窗口绘制两条曲线，如图 4.14 所示。

```
plotyy(x1,sin(x1),x2,cos(x2))
```

程序分析：plotyy 函数用不同颜色绘制两条曲线，左、右两边使用两个纵坐标轴，横坐标从 $-\pi \sim +2\pi$。

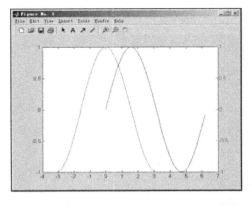

图 4.14　用 plotyy 函数在同一窗口绘制两条曲线

【拓展视频】

4.9.4 曲线的线型、颜色和数据点形

plot 命令还可以用来设置曲线的线段类型、颜色和数据点形等，见表 4-12。

表 4-12 线段、颜色与数据点形

颜色		数据点间连线		数据点形	
类型	符号	类型	符号	类型	符号
黄色	y(Yellow)	实线（默认）	-	实点标记	.
品红色（紫色）	m(Magenta)	点线	:	圆圈标记	o
青色	c(Cyan)	点画线	-.	叉号形 ×	x
红色	r(Red)	虚线	--	十字形 +	+
绿色	g(Green)			星号标记 *	*
蓝色	b(Blue)			方块标记 □	s
白色	w(White)			钻石形标记 ◇	d
黑色	k(Black)			向下的三角形标记	v
				向上的三角形标记	^
				向左的三角形标记	<
				向右的三角形标记	>
				五角星标记 ☆	p
				六连形标记	h

语法：

```
plot(x,y,s)
```

说明：*x* 为横坐标矩阵，*y* 为纵坐标矩阵，*s* 为类型说明字符串参数；*s* 字符串可以是线段类型、颜色和数据点形 3 种类型的符号之一，也可以是 3 种类型符号的组合。

【例 4-66】用不同线段类型、颜色和数据点形画出 sin*x* 和 cos*x* 曲线，如图 4.15 所示。

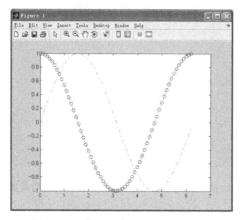

图 4.15 在同一窗口画出两条曲线

```
x = 0:0.1:2*pi;
plot(x,sin(x),'r-.')          %用红色点画线画出曲线
hold on
plot(x,cos(x),'b:o')          %用蓝色圆圈画出曲线,用点线连接
```

4.9.5 设置坐标轴和文字标注

1. 坐标轴的控制

用坐标控制命令 axis 来控制坐标轴的特性，表 4-13 列出了其常用的坐标控制命令。

表 4-13 常用的坐标控制命令

命令	含义	命令	含义
axis auto	使用默认设置	axis equal	纵、横轴采用等长刻度
axis manual	使当前坐标范围不变	axis fill	在 manual 方式下起作用,使坐标充满整个绘图区
axis off	取消轴背景	axis image	纵、横轴采用等长刻度,且坐标框紧贴数据范围
axis on	使用轴背景	axis normal	默认矩形坐标系
axis ij	矩阵式坐标,原点在左上方	axis square	产生正方形坐标系
axis xy	普通直角坐标,原点在左下方	axis tight	把数据范围直接设为坐标范围
axis([x_{min}, x_{max}, y_{min}, y_{max}])	设定坐标范围,必须满足 $x_{min} < x_{max}$, $y_{min} < y_{max}$,可以取 inf 或 -inf	axis vis3d	保持高宽比不变,用于三维旋转时避免图形大小变化

2. 分隔线和坐标框

1) 使用 grid 命令显示分隔线

语法：

```
grid on                       %显示分隔线
grid off                      %不显示分隔线
grid                          %在以上两个命令间切换
```

说明：不显示分隔线是 MATLAB 的默认设置。分隔线的疏密取决于坐标刻度，如果要改变分隔线的疏密，必须先定义坐标刻度。

2) 使用 box 命令显示坐标框

语法：

```
box on                        %使当前坐标框呈封闭形式
box off                       %使当前坐标框呈开启形式
box                           %在以上两个命令间切换
```

说明：在默认情况下，所画的坐标框呈封闭形式。

【例4-67】在两个子图中使用坐标轴、分隔线和坐标框控制，如图4.16所示。

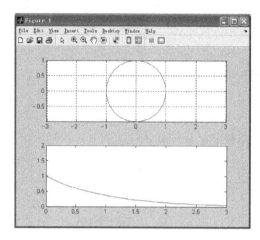

图4.16 用坐标轴、分隔线和坐标框控制

```
x = 0:0.1:2*pi;
subplot(2,1,1)
plot(sin(x),cos(x))
axis equal                %纵、横轴采用等长刻度
grid on                   %加分隔线
subplot(2,1,2)
plot(x,exp(-x))
    axis([0,3,0,2])       %改变坐标轴范围
```

3. 文字标注

1）添加图名

语法：

```
title(s)                  %书写图名
```

说明：s为图名，为字符串，可以是英文或中文。

2）添加坐标轴名

语法：

```
xlabel(s)                 %横坐标轴名
ylabel(s)                 %纵坐标轴名
```

3）添加图例

语法：

```
legend(s,pos)             %在指定位置建立图例
legend off                %擦除当前图中的图例
```

说明：参数 s 是图例中的文字注释，如果多个注释，则可以用 's1'，'s2'，…，'sn' 的方式；参数 pos 是图例在图上位置的指定符，它的取值见表 4-14。

表 4-14　pos 取值所对应的图例位置

pos 取值	0	1	2	3	4	-1
图例位置	自动取最佳位置	右上角(默认)	左上角	左下角	右下角	图右侧

用 legend 命令在图形窗口中产生图例后，还可以用鼠标对其进行拖拉操作，将图例拖到满意的位置。

4）添加文字注释

语法：

text(xt,yt,s)   %在图形的(xt,yt)坐标处书写文字注释

【例 4-68】在图形窗口中添加文字注释，如图 4.17 所示。

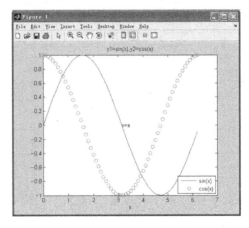

图 4.17　添加文字标注

```
x=0:0.1:2*pi;
plot(x,sin(x))
hold on
plot(x,cos(x),'ro')
title('y1 = sin(x),y2 = cos(x)')        %添加标题
xlabel('x')                             %添加横坐标名
legend('sin(x)','cos(x)',4)             %在右下角添加图例
text(pi,sin(pi),'x = \pi')              %在 pi,sin(pi)处添加文字注释
```

4. 特殊符号

图形标志用的希腊字母、数学符号和特殊字符见表 4-15。

表4-15　图形标志用的希腊字母、数学符号和特殊字符

类别	命令	字符	命令	字符	命令	字符	命令	字符
希腊字母	\alpha	α	\eta	η	\nu	ν	\upsilon	υ
	\beta	β	\theta	θ	\xi	ξ	\Upsilon	Υ
	\epsilon	ε	\Theta	Θ	\Xi	Ξ	\phi	φ
	\gamma	γ	\iota	ι	\pi	π	\Phi	Φ
	\Gamma	Γ	\zeta	ζ	\Pi	Π	\chi	χ
	\delta	δ	\kappa	κ	\rho	ρ	\psi	ψ
	\Delta	Δ	\mu	μ	\tau	τ	\Psi	Ψ
	\omega	ω	\lambda	λ	\sigma	σ		
	\Omega	Ω	\Lambda	Λ	\Sigma	Σ		
数学符号	\approx	≈	\oplus	≡	\neq	≠	\leq	≤
	\geq	≥	\pm	±	\times	×	\div	÷
	\int	∫	\exists	∝	\infty	∞	\in	∈
	\sim	≌	\forall	~	\angle	∠	\perp	⊥
	\cup	∪	\cap	∩	\vee	∨	\wedge	∧
	\surd	√	\otimes	⊗	\oplus	⊕		
箭头	\uparrow	↑	\downarrow	↓	\rightarrow	→	\leftarrow	←
	\leftrightarrow	↔	\updownarrow	↕				

如果需要对文字进行上下标设置，或设置字体大小，则必须在文字标志前先使用表4-16中所示的设置值。

表4-16　文字设置

命令	含义
\fontname{s}	字体的名称，s 为 Times New Roman、Courier、宋体等
\fontsize{n}	字号大小，n 为正整数，默认为10(points)。
\s	字体风格，s 可以为 bf(黑体)、it(斜体一)、sl(斜体二)、rm(正体)等
^{s}	将 s 变为上标
_{s}	将 s 变为下标

4.9.6　交互式图形命令

1. ginput 命令

ginput 命令用于从图上获取数据。

语法：

```
[x,y] = ginput(n)          %用鼠标从图形上获取n个点的坐标(x,y)
```

说明：参数 n 应为正整数，是通过鼠标从图上获得数据点的个数；x、y 用来存放所取点的坐标。

2. gtext 命令

gtext 命令是把字符串放置到图形中鼠标所指定的位置上。

语法：

```
gtext('s')                 %用鼠标把字符串放置到图形上
```

说明：如果参数 s 是单个字符串或单行字符串矩阵，那么一次鼠标操作就可把全部字符以单行形式放置在图上；如果参数 s 是多行字符串矩阵，那么每操作一次鼠标，只能放置一行字符串，需要通过多次鼠标操作，把一行一行字符串放在图形的不同位置。

【例 4-69】 在 $y=\sin(x)$ 的图形中将 $(\pi,0)$ 和 $(2\pi,0)$ 点的坐标取出，并在 $(2\pi,0)$ 点写"2π"字符串。

```
x = 0:0.1:2*pi;
plot(x,sin(x))
[m,n] = ginput(2)          %取两点坐标
m =
    3.1532
    6.2984
n =
   -0.0029
   -0.0088
gtext('2 \pi')             %写2π
```

程序分析：由于鼠标所取点的位置有些偏差，因此 ginput 命令获取的坐标并不是精确在 $(\pi,0)$ 和 $(2\pi,0)$ 点上；gtext 命令在图中单击处写了"2π"字符串。

4.10 脚本文件和函数文件

【拓展视频】

M 文件有两种形式：M 脚本文件和 M 函数文件。

4.10.1 M 文本编辑器

MATLAB 的 M 文件是通过 M 文件编辑/调试器窗口（Editor/Debugger）来创建的。

单击 MATLAB 桌面上的 图标，或选择 File→New→M-file 命令，可打开空白的 M 文件编辑/调试器，也可以通过打开已有的 M 文件来打开 M 文件编辑/调试器。图 4.18 所

示为通过打开已创建的 M 文件,打开 M 文件编辑/调试器窗口。

图 4.18　M 文件编辑/调试器窗口

4.10.2　M 文件的基本格式

下面介绍绘制二阶系统时域曲线的 M 文件,欠阻尼系统的时域输出 y 与 x 的关系为 $y = 1 - \dfrac{1}{\sqrt{1-\zeta^2}} e^{-\zeta x} \sin(\sqrt{1-\zeta^2}\, x + a\cos\zeta)$,例 4 - 70 为用 M 脚本文件绘制二阶系统时域曲线,例 4 - 71 为 M 函数文件。

【例 4 - 70】用 M 脚本文件绘制二阶系统时域曲线。

```
%EX0501     二阶系统时域曲线
%画阻尼系数为 0.3 的曲线
x = 0:0.1:20;
y1 = 1 - 1/sqrt(1 - 0.3^2)*exp(-0.3*x).*sin(sqrt(1 - 0.3^2)*x + acos(0.3))
plot(x,y1,'r')
```

【例 4 - 71】创建一个画二阶系统时域曲线的函数,阻尼系数 zeta 为函数的输入参数。

```
function y = Ex0502(zeta)
%EX0502     Step response of quadratic system.
%二阶系统时域响应曲线
%zeta    阻尼系数
%y       时域响应
%
%copyright 2003 - 08 - 01
x = 0:0.1:20;
y = 1 - 1/sqrt(1 - zeta^2)*exp(-zeta*x).*sin(sqrt(1 - zeta^2)*x + acos(zeta))
plot(x,y)
```

M 函数文件的基本格式：

函数声明行
H1 行(用%开头的注释行)
在线帮助文本(用%开头)
编写和修改记录(用%开头)
函数体

例如，在命令窗口输入 help 和 lookfor 命令查看帮助信息：

```
help Ex0502
EX0502    Step response of quadratic system.
二阶系统时域响应曲线
zeta    阻尼系数
y       时域响应
lookfor '二阶系统时域响应'
Ex0502.m:     %二阶系统时域响应
```

4.10.3　M 脚本文件

脚本文件具有以下特点。

(1) 脚本文件中的命令格式和前后位置，与在命令窗口中输入的没有任何区别。

(2) MATLAB 在运行脚本文件时，只是简单地按顺序从文件中读取一条条命令，送到 MATLAB 命令窗口中去执行。

(3) 与在命令窗口中直接运行命令一样，脚本文件运行产生的变量驻留在 MATLAB 的工作空间(workspace)中，可以很方便地查看变量，除非用 clear 命令清除；脚本文件的命令也可以访问工作空间的所有数据，因此要注意避免变量的覆盖而造成程序出错。

【例 4-72】 在 M 文件编辑/调试器窗口中编写 M 脚本文件绘制二阶系统的多条时域曲线。

(1) 单击 MATLAB 桌面上的 图标打开 M 文件编辑器。

(2) 将命令全部写入 M 文件编辑器中，为了能标志该文件的名称，在第一行写入包含文件名的注释。保存文件为 Ex0501.m。

```
% EX0501       二阶系统时域曲线
x = 0:0.1:20;
y1 = 1 - 1/sqrt(1 - 0.3^2)*exp(-0.3*x).*sin(sqrt(1 - 0.3^2)*x + acos(0.3))
plot(x,y1,'r')              %画阻尼系数为 0.3 的曲线
hold on
y2 = 1 - 1/sqrt(1 - 0.707^2)*exp(-0.707*x).*sin(sqrt(1 - 0.707^2)*x + acos(0.707))
plot(x,y2,'g')              %画阻尼系数为 0.707 的曲线
y3 = 1 - exp(-x).*(1 + x)
plot(x,y3,'b')              %画阻尼系数为 1 的曲线
```

(3) 选择 Debug→Run 命令,就可以在图形窗口中看到如图 4.19 所示的曲线。

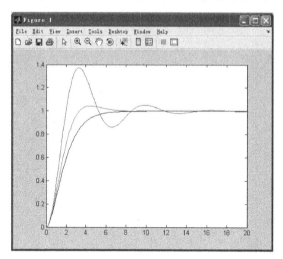

图 4.19 运行界面

查看工作空间的变量:

```
whos
  Name      Size              Bytes  Class
  x         1×201              1608  double array
  y1        1×201              1608  double array
  y2        1×201              1608  double array
  y3        1×201              1608  double array
Grand total is 804 elements using 6432 bytes
```

4.10.4 M 函数文件

函数文件具有以下特点。

(1) 第一行总是以"function"引导的函数声明行。

函数声明行的格式:

function [输出变量列表] = 函数名(输入变量列表)

(2) 函数文件在运行过程中产生的变量都存放在函数本身的工作空间。

(3) 当文件执行完最后一条命令或遇到 return 命令时,结束函数文件的运行,同时函数工作空间的变量被清除。

(4) 函数的工作空间随具体的 M 函数文件调用而产生,随调用结束而删除,是独立的、临时的,在 MATLAB 运行过程中可以产生任意多个临时的函数空间。

【例 4-73】在 M 文件编辑/调试器窗口编写计算二阶系统时域响应的 M 函数文件,并在 MATLAB 命令窗口中调用该文件。

创建 M 函数文件并调用包括以下几个步骤。

（1）编写函数代码。

```
function y = Ex0502(zeta)
%EX0502    画二阶系统时域曲线
x = 0:0.1:20;
y = 1 - 1/sqrt(1 - zeta^2)*exp( - zeta*x).*sin(sqrt(1 - zeta^2)*x + acos(zeta))
plot(x,y)
```

（2）将函数文件保存为"Ex0502.m"。

（3）在 MATLAB 命令窗口输入以下命令，则会出现 f 的计算值和绘制的曲线。

```
f = Ex0502(0.3)
```

程序分析：

第一行指定该文件是函数文件，文件名为"Ex0502"，输入参数为阻尼系数 zeta，输出参数为时域响应 y。

当函数文件调用结束，查看 x、y：

```
x
??? Undefined function or variable 'x'.
y
??? Undefined function or variable 'y'.
```

注意：M 脚本文件和 M 函数文件的文件名及函数名的命名规则与 MATLAB 变量的命名规则相同。

4.11 程序流程控制

4.11.1 for…end 循环结构

【拓展视频】

语法：

```
for 循环变量 = array
    循环体
end
```

说明：循环体被循环执行，执行的次数就是 array 的列数，array 可以是向量也可以是矩阵，循环变量依次取 array 的各列，每取一次循环体执行一次。

【例 4-74】使用 for…end 循环的 array 向量编程求出 $1 + 3 + 5\cdots + 100$ 的值。

```
%EX0503    使用向量 for 循环
sum = 0;
for n = 1:2:100
```

```
    sum = sum + n;
end
sum
sum =
    2500
```

计算的结果为：sum = 2500。

程序说明：循环变量为 n，n 对应为向量 1:2:100，循环次数为向量的列数，每次循环 n 取一个元素。

【例 4-75】使用 for…end 循环的 array 矩阵编程将单位阵转换为列向量。

```
%EX0504    使用矩阵 for 循环
sum = zeros(6,1);
for n = eye(6,6)
    sum = sum + n;
end
    sum
sum =
    1
    1
    1
    1
    1
    1
```

程序分析：循环变量 n 对应为矩阵 eye(6,6) 的每一列，即第一次 n 为 [1;0;0;0;0;0]，第一次 n 为 [0;1;0;0;0;0]；循环次数为矩阵的列数 6。

4.11.2　while…end 循环结构

语法：

```
while 表达式
    循环体
    end
```

说明：只要表达式为逻辑真，就执行循环体；一旦表达式为假，则结束循环。表达式可以是向量也可以是矩阵，如果表达式为矩阵，则当所有的元素都为真时才执行循环体；如果表达式为 nan，MATLAB 认为是假，不执行循环体。

【例 4-76】使用 While…end 循环计算 1 + 3 + 5 + … + 100 的值。

```
%EX0505    使用 while 循环
sum = 0;
n = 1;
while n < = 100
```

```
        sum = sum + n;
        n = n + 2;
    end
    sum
    n
sum =
    2500
n =
    101
```

程序分析：可以看出 while…end 循环的循环次数由表达式来决定，当 n = 101 时停止循环。

4.11.3 if…else…end 条件转移结构

语法：

```
if 条件式 1
    语句段 1
elseif 条件式 2
    语句段 2
    …
else
    语句段 n + 1
end
```

说明：当有多个条件时，条件式 1 为假再判断 elseif 的条件式 2，如果所有的条件式都不满足，则执行 else 的语句段 n + 1，当条件式为真时，执行相应的语句段；If…else…end 结构也可以是没有 elseif 和 else 的简单结构。

【例 4 – 77】用 if 结构执行二阶系统时域响应，根据阻尼系数 0 < zeta < 1 和 zeta = 1 两种情况，得出不同的时域响应表达式。

```
function y = Ex0506(zeta)
%EX0506    使用 if 结构的二阶系统时域响应
x = 0:0.1:20;
if (zeta > 0)&(zeta < 1)
    y = 1 - 1/sqrt(1 - zeta^2)*exp( - zeta*x).*sin(sqrt(1 - zeta^2)*x + acos(zeta));
elseif zeta = = 1
    y = 1 - exp( - x).*(1 + x);
end
plot(x,y)
```

4.11.4 switch…case 开关结构

语法：

```
switch 开关表达式
case 表达式1
    语句段1
case 表达式2
    语句段2
    …
otherwise
    语句段n
end
```

说明：

（1）将开关表达式依次与 case 后面的表达式进行比较，如果表达式1不满足，则与表达式2比较，如果都不满足则执行 otherwise 后面的语句段 n；一旦开关表达式与某个表达式相等，则执行其后面的语句段。

（2）开关表达式只能是标量或字符串。

（3）case 后面的表达式可以是标量、字符串或元胞数组，如果是元胞数组，则将开关表达式与元胞数组的所有元素进行比较，只要某个元素与开关表达式相等，就执行其后的语句段。

【例4–78】用 switch…case 开关结构得出各月份所处的季节。

```
%EX0507    使用switch结构
for month = 1:12;
    switch month
case{3,4,5}
    season = 'spring'
case{6,7,8}
    season = 'summer'
case{9,10,11}
    season = 'autumn'
otherwise
    season = 'winter'
    end
end
season =
        winter
season =
        winter
season =
        spring
```

```
season =
        spring
season =
        spring
season =
        summer
season =
        summer
season =
        summer
season =
        autumn
season =
        autumn
season =
        autumn
season =
        winter
```

程序分析：开关表达式为向量 1:12，case 后面的表达式为元胞数组，当元胞数组的某个元素与开关表达式相等时，就执行其后的语句段。

4.11.5　try…catch…end 试探结构

语法：

```
try
    语句段 1
catch
    语句段 2
end
```

说明：首先试探性地执行语句段 1，如果在此段语句执行过程中出现错误，则将错误信息赋给保留的 lasterr 变量，并放弃这段语句，转而执行语句段 2 中的语句，当执行语句段 2 出现错误时，终止该结构。

【例 4-79】用 try…catch…end 结构来进行矩阵相乘运算。

```
%EX0508     try 结构
n = 4;
a = magic(n);
m = 3;
b = eye(3);
try
    c = a*b
catch
```

```
        c = a(1:m,1:m)*b
end
lasterr
c =
    16    2    3
     5   11   10
     9    7    6
ans =
Error using = = > *
Inner matrix dimensions must agree.
```

程序分析：试探出矩阵的大小不匹配时，矩阵无法相乘，再执行 catch 后面的语句段，将 *a* 的子矩阵取出与 *b* 矩阵相乘。用户可以通过这种结构灵活地实现矩阵的乘法运算。

4.11.6 流程控制语句

1. break 命令

break 命令可以使包含 break 的最内层的 for 或 while 语句强制终止，立即跳出该结构，执行 end 后面的命令，break 命令一般和 if 结构结合使用。

【例4-80】将例4-76增加条件用 if 与 break 命令结合，停止 while 循环。计算 1+3+5+…+100 的值，当和大于 1000 时终止计算。

```
%EX0509      用break终止while循环
sum = 0;
n = 1;
while n < =100
    if sum <1000
        sum = sum + n;
        n = n + 2;
    else
        break
    end
end
sum
n
sum =
    1024
n =
    65
```

程序分析：while…end 循环结构嵌套 if…else…end 分支结构，当 sum 为 1024 时跳出 while 循环结构，终止循环。

2. continue 命令

continue 命令用于结束本次 for 或 while 循环，只结束本次循环而继续进行下次循环。

【例 4 – 81】 将 if 命令与 continue 命令结合，计算的 1~100 中所有素数的和，判断是否为素数是将 100 以内的每个数都被 $2 \sim \sqrt{n}$ 整除，不能被整除的就是素数。

```
%EX0510       用 continue 终止 while 循环
sum = 2;ss = 0;
for n = 3:100
    for m = 2:fix(sqrt(n))
        if mod(n,m) = = 0
            ss = 1;              %能被整除就用 ss 为 1 表示
            break;               %能被整除就跳出内循环
        else
            ss = 0;              %不能被整除就用 ss 为 0 表示
        end
    end
    if ss = = 1
        continue;                %能被整除就跳出本次外循环
    end
    sum = sum + n;
end
sum
sum =
    1060
```

程序分析：$\text{fix}(\text{sqrt}(n))$ 是将 $\sqrt{n}$ 取整，本程序为双重循环，两个 for 循环嵌套还嵌套一个 if 结构；当 $\text{mod}(n, m) = = 0$ 时，用 break 跳出判断是否为素数的内循环，并继续用 continue 跳出求素数和的外循环而继续下次外循环。

3. return 命令

return 命令用于终止当前命令的执行，并且立即返回上一级调用函数或等待键盘输入命令，可以用来提前结束程序的运行。

注意：当程序进入死循环时，按 Ctrl + Break 键来终止程序的运行。

4. pause 命令

pause 命令用来使程序运行暂停，等待用户按任意键继续。

语法：

```
pause                %暂停
pause(n)             %暂停 ns
```

5. keyboard 命令

keyboard 命令用来使程序暂停运行，等待键盘命令，执行完自己的工作后，输入 return 语句，程序继续运行。

6. input 命令

input 命令用来提示用户应该从键盘输入数值、字符串和表达式,并接受该输入。

```
a = input('input a number:')         %输入数值给 a
input a number:45
a =
    45
b = input('input a number:','s')     %输入字符串给 b
input a number:45
b =
    45
  input('input a number:')           %将输入值进行运算
input a number:2 + 3
ans =
    5
```

4.12 函数调用和参数传递

4.12.1 子函数和私有函数

1. 子函数

在一个 M 函数文件中,可以包含一个以上的函数,其中只有一个是主函数,其他为子函数。

(1) 在一个 M 函数文件中,主函数必须出现在最上方,其后是子函数,子函数的次序无任何限制。

(2) 子函数不能被其他文件的函数调用,只能被同一文件中的函数(可以是主函数或子函数)调用。

(3) 同一文件的主函数和子函数变量的工作空间相互独立。

(4) 用 help 命令和 lookfor 命令不能提供子函数的帮助信息。

【例 4-82】将例 4-71 画二阶系统时域曲线的函数作为子函数,编写画多条曲线的程序。

```
function Ex0511()
%EX0511    使用函数调用绘制二阶系统时域响应
z1 = 0.3;
Ex0502(z1);              %调用 Ex0502
hold on
z1 = 0.5
```

```
Ex0502(z1)                    %调用Ex0502
z1 = 0.707;
Ex0502(z1)                    %调用Ex0502
function y = Ex0502(zeta)
%子函数,画二阶系统时域曲线
x = 0:0.1:20;
y = 1 - 1/sqrt(1 - zeta^2)*exp( - zeta*x).*sin(sqrt(1 - zeta^2)*x + acos(zeta))
plot(x,y)
```

程序分析：主函数是 Ex0511，子函数是 Ex0502，在主函数中 3 次调用子函数。程序保存为 Ex0511.m 文件。

2. 私有函数

私有函数是指存放在 private 子目录中的 M 函数文件，具有以下性质。

（1）在 private 目录下的私有函数，只能被其父目录的 M 函数文件所调用，而不能被其他目录的函数调用，对其他目录的文件私有函数是不可见的，私有函数可以和其他目录下的函数重名。

（2）私有函数父目录的 M 脚本文件也不可调用私有函数。

（3）在函数调用搜索时，私有函数优先于其他 MATLAB 路径上的函数。

3. 调用函数的搜索顺序

在 MATLAB 中调用一个函数，搜索的顺序如下：①查找是否子函数；②查找是否私有函数；③从当前路径中搜索此函数；④从搜索路径中搜索此函数。

4.12.2 局部变量和全局变量

1. 局部变量

局部变量(Local Variables)是在函数体内部使用的变量，其影响范围只能在本函数内，只在函数执行期间存在。

2. 全局变量

全局变量(Global Variables)是可以在不同的函数工作空间和 MATALB 工作空间中共享使用的变量。

【例 4-83】修改例 4-82 在主函数和子函数中使用全局变量。

```
function Ex0512()
%EX0512    使用全局变量绘制二阶系统时域响应
global X
X = 0:0.1:20;
z1 = 0.3;
Ex0502(z1);
hold on
```

```
z1 = 0.5;
Ex0502(z1);
z1 = 0.707;
Ex0502(z1);
function Ex0502(zeta)
%子函数,画二阶系统时域曲线
global X
y = 1 - 1/sqrt(1 - zeta^2)*exp( - zeta*X).*sin(sqrt(1 - zeta^2)*X + acos(zeta));
plot(X,y);
```

程序分析:X 变量为全局变量,在需要使用的主函数和子函数中都需要用 global 定义;同样如果在工作空间中定义 X 为全局变量后也可以使用如下程序。

```
global X
who
Your variables are:
X
```

注意:由于全局变量在任何定义过的函数中都可以修改,因此不提倡使用全局变量;使用全局变量时应十分小心,建议把全局变量的定义放在函数体的开始,全局变量用大写字符命名。

4.12.3 函数的参数

1. 参数传递规则

【例4-84】将例4-82画二阶系统时域的函数修改,使用输入输出参数来实现参数传递。

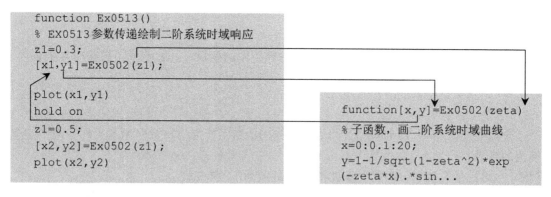

程序分析:主函数 Ex0513 调用子函数 Ex0502,子函数中的 zeta 为输入参数,函数调用时将 $z1$ 传递给子函数 zeta,子函数计算后将输出参数 x 和 y 传回给主函数的 x_1、y_1;主函数调用子函数 3 次,后面两次参数的传递也是同样的。

2. 函数参数的个数

1) nargin 和 nargout 变量

函数的输入输出参数的个数可以通过变量 nargin 和 nargout 获得，nargin 用于获得输入参数的个数，nargout 用于获得输出参数的个数。

语法：

```
nargin              %在函数体内获取实际输入变量的个数
nargout             %在函数体内获取实际输出变量的个数
nargin('fun')       %在函数体外获取定义的输入参数个数
nargout('fun')      %在函数体外获取定义的输出参数个数
```

【例 4-85】计算两个数的和，根据输入的参数个数不同使用不同的运算表达式。

```
function [sum,n] = Ex0514(x,y)
%EX0514    参数个数可变,计算 x 和 y 的和
if nargin == 1
    sum = x + 0;           %输入一个参数就计算与 0 的和
elseif nargin == 0
    sum = 0;               %无输入参数就输出 0
else
    sum = x + y;           %输入的是两个数则计算和
end
```

在命令窗口调用 Ex0514 函数，分别使用两个、一个和无输入参数结果如下：

```
[y,n] = Ex0514(2,3)
y =
    5
n =
    2
[y,n] = Ex0514(2)
y =
    2
n =
    1
[y,n] = Ex0514
y =
    0
n =
    0
```

注意：如果输入的参数多于输入参数个数，则会出错。例如：

```
[y,n] = Ex0514(1,2,3)
??? Error using ==> ex0514
Too many input arguments.
```

用户也可以在工作空间中查看函数体定义的输入参数个数：

```
nargin('Ex0514')
ans =
     2
```

【例4-86】在例4-85的程序中添加以下程序，查看用nargout变量获取输出参数个数。

```
if nargout = =0              %当输出参数个数为0时,运算结果为0
    sum =0;
end
```

在命令窗口中调用Ex0514函数，当输出参数格式不同时，结果如下：

```
Ex0514(2,3)                  %当输出参数个数为0时
ans =
     0
y =Ex0514(2,3)               %当输出参数个数为1时
y =
     5
[y,n,x] =Ex0514              %当输出参数个数太多时
??? Error using = = > ex0514
Too many output arguments.
```

程序分析：当输出参数个数为0时，即使有两个输入参数，运算结果也为0，结果送给 ans 变量；当输出的参数个数太多时，也会出错。

2）varargin 和 varargout 变量

varargin 和 varargout 可以获得输入输出变量的各元素内容。

【例4-87】计算所有输入变量的和。

```
function [y,n] =Ex0515(varargin)
%EX0515    使用可变参数 varargin
if nargin = =0                    %当没有输入变量时输出0
    disp('No Input variables.')
    y =0;
elseif nargin = =1                %当有一个输入变量时,输出该数
    y =varargin{1};
else
    n =nargin;
    y =0;
    for m =1:n
        y =varargin{m} + y;       %当有多个输入变量时,取输入变量循环相加
    end
end
n =nargin;
```

在 MATLAB 的命令窗口中输入不同个数的变量调用函数 Ex0515，结果如下：

```
[y,n] = Ex0515(1,2,3,4)      %输入 4 个参数
y =
    10
n =
    4
[y,n] = Ex0515(1)            %输入 1 个参数
y =
    1
n =
    1
[y,n] = Ex0515               %无输入参数
No Input variables.
y =
    0
n =
    0
```

程序分析：n 为输入参数的个数，y 为求和运算的结果。

4.12.4 程序举例

【例 4-88】编写 M 函数文件，通过流程控制语句，建立以下矩阵。

$$y = \begin{bmatrix} 0 & 1 & 2 & 3 & \cdots & n \\ 0 & 0 & 1 & 2 & \cdots & n-1 \\ 0 & 0 & 0 & 1 & \cdots & n-2 \\ \vdots & \vdots & \vdots & \vdots & & \vdots \\ 0 & 0 & 0 & 0 & \cdots & 0 \end{bmatrix}$$

```
function y = Ex0517(m)
%EX0517 用循环流程控制语句创建矩阵
y = 0;
m = m - 1;
for n = 1:m
    y = [0,y];               %创建全 0 行
end
for n = 1:m
    a = [1:1:n];
    b = a;
    for k = m: -1:n
        b = [0,b];
    end
    y = [b;y];
    n = n + 1;
end
```

程序分析：将矩阵的行列数用输入参数 m 来确定，输出参数为矩阵 y。使用双重循环来创建矩阵，将文件保存为 Ex0517.m。在命令窗口中调用 Ex0517 函数：

```
y = Ex0517(5)
y =
     0     1     2     3     4
     0     0     1     2     3
     0     0     0     1     2
     0     0     0     0     1
     0     0     0     0     0
```

4.13 低级文件的输入/输出

4.13.1 打开和关闭文件

1. 打开文件

语法：

```
fid = fopen(filename,permission)              %以指定格式打开文件
[fid,message] = fopen(filename,permission)    %返回打开文件的信息
```

说明：fid 为返回的文件指针(File Identifier)，通常是一个非负的整数，如果返回 -1，则表示无法打开文件；message 用来显示打开文件的信息，如果无法打开，则显示错误信息；filename 为文件名，是字符串，如果文件不在 MATLAB 的搜索路径中，则需要指定文件路径；permission 为指定文件的打开模式，有以下几种模式。

(1) 'r'：只读文件。

(2) 'r+'：读写文件。

(3) 'w'：删除已存在文件内容或建立新文件，并只写文件。

(4) 'w+'：删除已存在文件内容或建立新文件，并读写文件。

(5) 'a'：以只写方式建立并打开一个新文件或打开一个已存在的文件，只能在文件末尾添加内容。

(6) 'a+'：以读写方式建立并打开一个新文件或打开一个已存在的文件，在文件末尾添加内容。

fopen 的 permission 参数在打开文件时还可标明文件格式，如果打开文本格式文件，则在 permission 参数后添加字母"t"；如果打开二进制格式文件，则在 permission 参数后添加字母"b"，如 'wb'、'rb+' 等。

2. 关闭文件

打开文件进行读写操作后，应立即关闭文件，删除文件指针。

语法：

```
status = fclose(fid)        %关闭文件指针所指的文件
status = fclose('all')      %关闭所有打开的文件
```

说明：status 为关闭文件指针所指文件的状态，如果成功则返回 0，如果失败则返回 -1；fid 为所打开的文件指针。

【例 4-89】打开和关闭一个文本文件。

文本文件 Ex0805.txt，在 MATLAB 环境中显示的文件内容如下：

```
type Ex0805.txt
a 1 2 3
b 4 5 6
```

使用 fopen 和 fclose 命令打开和关闭文件：

```
[fid,message] = fopen('Ex0805.txt','w +')    %打开文件读写
fid =
     3
message =
     ''
if fid = = -1
disp('无法打开该文件')
else
disp('成功打开该文件')
end
成功打开该文件
status = fclose(fid)                          %关闭文件
status =
         0
```

4.13.2 读写格式化文件

1. fscanf 命令

fscanf 命令为读格式化文件数据。

语法：

```
[a,count] = fscanf(fid,format,size)    %读取格式化数据
```

说明：fid 为文件指针，所指为需要读取的格式化文件；format 指定读取数据格式，指定的格式必须和文件中的数据格式相同，否则读取的数据可能会出现错误，以"%"开头，有 %c、%d、%e、%f、%g、%i、%o、%s、%u、%x 等（与 C 语言相同）；count 为成功读取的数据元素个数，可省略；a 返回读取的数据；size 为需要读取的数据个数，如果省略，则读到文件末尾，size 的取值可以有

(1) n：读 n 个数据到一个列向量。
(2) inf：读到文件末尾，数据放到一个列向量。
(3) [m,n]：读出的数据个数为 $m \times n$，数据放到矩阵中，读出的数据按列的顺序填充矩阵，不够的数据用 0 填补。

【例 4-90】读取 Ex0805.txt 文件的前 4 个字符。

```
fid = fopen('Ex0805.txt')
fid =
    3
a1 = fscanf(fid,'% s',4)         %以字符串格式读取 4 个数据
a1 =
    a123
fclose(fid)
ans =
    0
```

2. fprintf 命令

fprintf 命令为写格式化数据。

语法：

```
count = fprintf(fid,format,a,…)    %写入格式化数据
```

说明：fid 为文件指针，所指为二进制文件；a 为矩阵数据，将 a 写到 fid 指向的文件；format 为写入的格式，除了包含 fscanf 命令的数据格式之外，还有%E、%G、%X，并具有对齐格式 -（左对齐）、+（右对齐）、0（补齐位数），还有转义字符；count 为成功写入数据的个数。

【例 4-91】使用 Ex0805.txt 文件进行读取和写入数据。

```
a = '% This is a example.';
fid = fopen('Ex0805.txt','a +')    %打开 Ex0803.txt 文件在末尾添加
fid =
    3
fprintf(fid,'% s',a)               %写入 a 到文件末尾
ans =
    19
fclose(fid)                        %关闭文件
ans =
    0
fid = fopen('Ex0805.txt','r')      %打开 Ex0803.txt 文件只读
fid =
    3
fscanf(fid,'% s')                  %读取文件所有内容
ans =
    a123b456%Thisisaexample.%Thisisaexample.%Thisisaexample.%Thisisaexample.
```

```
fclose(fid)
ans =
     0
```

程序分析：在向文件中写入数据后，先关闭文件，然后打开文件，从文件开头读取数据。如果写完数据后直接读取数据，则实际读取数据的位置将从写入的最后一个数据之后开始。

3. fgetl 和 fgets 命令

fgetl 和 fgets 命令用来读取文件的下一行，两者的差别是 fgetl 会舍去换行符，而 fgets 则保留换行符。

语法：

```
tline = fgetl(fid)              %读取文件的下一行,不包括换行符
tline = fgets(fid)              %读取文件的下一行,包括换行符
tline = fgets(fid,nchar)        %限制读取文件字符个数
```

说明：fid 为文件指针；tline 为字符串形式的返回值，如果到文件末尾，则返回 -1；nchar 为最多返回的字符个数。

【例 4-92】以行的形式读取 Ex0805.txt 文件。

```
fid = fopen('Ex0805.txt','r');      %打开 Ex0803.txt 文件只读
fgetl(fid)                          %读取第一行数据
ans =
a 1 2 3
fgets(fid)                          %读取第二行数据
ans =
b 4 5 6
fgets(fid,10)                       %读取第三行数据,限制 10 个字符
ans =
%This is a
fgets(fid,10)
ans =
    example.%
```

4.13.3 读写二进制数据

1. 读数据

fread 命令为读二进制数据。

语法：

```
[a,count] = fread(fid,size,precision,skip)      %读取二进制数据
```

说明：fid 为文件指针；size 的含义与 fscanf 命令中 Size 的含义相同；precision 为一个

字符串，用来指定读取数据的精度，即数据类型，有'uchar'、'schar'、'int8'、'int16'、'int32'、'int64'、'unit8'、'unit16'、'unit32'、'unit64'、'single'、'float32'、'double'、'float64'等，可省略；a 为矩阵数据；count 为成功读取的数据元素个数，可省略；skip 为每读取一个数据后跳过的字节数，可省略。

2. 写数据

fwrite 命令为写二进制数据。

语法：

```
count = fwrite(fid,a,precision,skip)            %写二进制数据
```

说明：fid 为文件指针，a 为矩阵数据，precision 和 skip 参数的含义与 fread 命令中 precision 和 skip 参数的含义相同，count 为成功写入数据的个数。

【例 4-93】写入数据到 MAT 文件中，并读取数据。

```
x1 = 1:10;
[fid,message] = fopen('Ex0805.mat','a')         %打开文件添加数据
fid =
     4
message =
     ''
count1 = fwrite(fid,x1)                         %写入数据
count1 =
    10
x2 = 11:15;
count2 = fwrite(fid,x2)                         %添加数据
count2 =
     5
status = fclose(fid);
fid = fopen('Ex0805.mat','r');                  %打开文件只读
a1 = fread(fid,[2,5])                           %读取数据
a1 =
     1     3     5     7     9
     2     4     6     8    10
a2 = fread(fid,[1,5])
a2 =
     1     2     3     4     5
fclose(fid);
```

4.13.4 文件定位

1. fseek 命令

fseek 命令用来移动文件位置指针。

语法：

```
status = fseek(fid,offset,origin)    %移动文件位置指针
```

说明：fid 为文件指针；offset 指定移动的字节数，如果 offset >0，则向后移动，否则向前移动，其等于 0 则不移动；status 为返回值，如果移动成功则返回 0，否则返回 -1；origin 指定移动位置指针的参考起点，其有如下几个取值。

(1) 'bof' 或 -1：文件的开头。
(2) 'cof' 或 0：文件的当前位置。
(3) 'eof' 或 1：文件的末尾。

2. ftell 命令

ftell 命令用来获取文件位置指针的当前位置。
语法：

```
pos = ftell(fid)    %获取当前指针位置
```

说明：pos 指字节数，当前位置指针指在此字节数之后。

3. frewind 命令

frewind 命令用来将文件位置指针移到文件的开头。
语法：

```
frewind(fid)
```

4. feof 命令

feof 命令用来测试位置指针是否在文件结束位置，如果是则返回 1，否则返回 0。
语法：

```
feof(fid)
```

【例 4-94】创建两个 MAT 文件，在 Ex0808_1.mat 文件中写入 1~10 的数据，并进行求和，在 Ex0808_2.mat 文件中写入 1、2、3 共 3 个数据，将第二个数据与前面所求的和进行相乘运算。

程序保存在 Ex0808.m 文件中，程序代码如下：

```
% Ex0808    文件读取和定位
x = 1:10;
s = 0;
fid1 = fopen('Ex0808_1.mat','w + ')    %打开文件读写数据
fwrite(fid1,x);                         %写入数据
frewind(fid1);                          %指针移到文件开头
while feof(fid1) = = 0                  %判断是否到文件末尾
    a1 = fread(fid1,1)                  %读取数据
    if isempty(a1) = = 0                %判断是否为空值
```

```
            s = a1 + s                          %求和
        end
end
fclose(fid1);
y = [1 2 3];
fid2 = fopen('Ex0808_2.mat','w + ')             %打开文件读写数据
fwrite(fid2,y)                                  %写入数据
fseek(fid2,-2,'eof')                            %指针移动到第二个数据
a2 = fread(fid2,1)                              %读取数据
s = s*a2
fclose(fid2);
```

运行结果得出:

```
s = 110
```

程序说明:

(1) 使用文件位置控制可以不用反复打开和关闭文件,直接从文件中读写数据。

(2) 使用 while 循环结构,从文件中读取数据,直到文件末尾。

(3) 当文件位置指针移动到文件最后时,取出的数据为空值,但 feof 函数返回 0,因此用 isempty 函数判断是否为空值来判断是否到文件最后,文件指针再向下移则到文件末尾,feof 函数返回 1。

(4) "fseek(fid2, -2, 'eof')"语句是将文件位置指针从末尾向前移动两个数据。

本章小结

MATLAB 是美国 MathWorks 公司出品的商业数学软件,提供用于算法开发、数据可视化、数据分析及数值计算的高级技术计算语言和交互式环境,主要包括 MATLAB 和 Simulink 两大部分。

MATLAB 是 MATrix&LABoratory 两个词的组合,意为矩阵工厂(矩阵实验室)。它将数值分析、矩阵计算、科学数据可视化及非线性动态系统的建模和仿真等诸多强大功能集成在一个易于使用的视窗环境中,为科学研究、工程设计及必须进行有效数值计算的众多科学领域提供了一种全面的解决方案,并在很大程度上摆脱了传统非交互式程序设计语言(如 C、Fortran)的编辑模式,代表了当今国际科学计算软件的先进水平。

本章介绍了 MATLAB 的一些基础知识,并补充了一些例题,便于读者练习。要想熟练的使用 MATLAB,读者还需要在课余时间多花时间做大量练习。

关键术语

数据(Data)　　　　　　　　　　数组(Array)
变量(Variable)　　　　　　　　　多项式(Multinomial)
矩阵(Matrix)　　　　　　　　　　函数(Function)

习　题

一、选择题

1. 下列可作为 MATLAB 合法变量名的是(　　)。
   A. 合计　　　　　　　　　　　B. 123
   C. @h　　　　　　　　　　　 D. xyz_2a

2. 在 MATLAB 语言中，下列数值标志错误的是(　　)。
   A. +10　　　　　　　　　　　B. 1.2e-5
   C. 2-3*e^2　　　　　　　　　 D. 3-2*p

3. 使用语句"t=0：7"生成的是(　　)个元素向量。
   A. 8　　　　　　　　　　　　B. 7
   C. 6　　　　　　　　　　　　D. 5

4. 输入字符串或选项时，要用(　　)括住。
   A. ()　　　　　　　　　　　　B. 【】
   C. {}　　　　　　　　　　　　D. ''

二、思考题

1. 如何启动 M 文件编辑/调试器？
2. 有几种建立矩阵的方法？它们各有什么优点？
3. 创建符号变量有几种方法？
4. 如何定义全局变量？

第 5 章 地图最短路径算法

【学习目标】
（1）掌握 Dijkstra 算法。
（2）掌握 Floyd 算法。
（3）掌握 A * 算法。

【学习重点】
（1）Dijkstra 算法。
（2）Floyd 算法。
（3）A * 算法。

【学习难点】
（1）Floyd 算法。
（2）A * 算法。

地图最短路径问题是图论研究中的一个经典算法问题,旨在寻找图(由节点和路径组成的)中两节点之间的最短路径。本章主要介绍 3 种地图最短路径算法,分别是 Dijkstra 算法、Floyd 算法及 A * 算法。

5.1 Dijkstra 算法

【拓展视频】

Dijkstra 算法是典型的最短路径算法,用于计算一个节点到其他所有节点的最短路径。其主要特点是以起始点为中心向外层层扩展,直到扩展到终点为止。Dijkstra 算法能得出最短路径的最优解,但由于它遍历计算的节点很多,因此效率低。

这个算法是通过为每个顶点 v 保留目前为止所找到的从 s 到 v 的最短路径来工作的。初始时,源点 s 的路径长度值被赋为 $0(d[s]=0)$,同时把所有其他顶点的路径长度设为无穷大,即表示我们不知道任何通向这些顶点的路径(对于 V 中所有顶点 v 除 s 外 $d[v]=8$)。当算法结束时,$d[v]$ 中储存的便是从 s 到 v 的最短路径,如果此路径不存在,则为无穷大。Dijkstra 算法的基础操作是边的拓展:如果存在一条从 u 到 v 的边,那么从 s 到 u 的最短路径可以通过将边 (u,v) 添加到尾部来拓展一条从 s 到 v 的路径。这条路径的长度是 $d[u]+w(u,v)$。如果这个值比目前已知的 $d[v]$ 的值要小,我们可以用新值来替代当前 $d[v]$ 中的值。拓展边的操作一直执行到所有的 $d[v]$ 都代表从 s 到 v 最短路径的花费。这个算法经过组织因而当 $d[u]$ 达到它最终的值的时候每条边 (u,v) 都只被拓展一次。

算法维护两个顶点集 S 和 Q。集合 S 保留了已知的所有 $d[v]$ 的值已经是最短路径的值顶点,集合 Q 保留其他所有顶点。集合 S 初始状态为空,而后每一步都有一个顶点从 Q 移动到 S。这个被选择的顶点是 Q 中拥有最小的 $d[u]$ 值的顶点。当一个顶点 u 从 Q 中转移到了 S 中时,算法对每条外接边 (u,v) 进行拓展。

基本步骤:

s 为源,$w[u,v]$ 为点 u 和 v 之间的边的长度,结果保存在 dist[ ] 中。

初始化,源的距离 dist$[s]$ 设为 0,其他的点距离设为无穷大,同时把所有的点状态设为没有扩展过。

循环 $n-1$ 次:

(1) 在没有扩展过的点中取一距离最小的点 u,并将其状态设为已扩展。

(2) 对于每个与 u 相邻的点 v,如果 dist$[u]+w[u,v]<$ dist$[v]$,则把 dist$[v]$ 更新成更短的距离 dist$[u]+w[u,v]$。此时到点 v 的最短路径上,前一个节点即为 u。

此时对于任意的 u,dist$[u]$ 就是 s 到 u 的距离。

下面给出 Dijkstra 算法的通用 MATLAB 程序源码:

```
function [d,DD] = dijkstra(D,s)
%Dijkstra 最短路算法 MATLAB 程序用于求从起始点 s 到其他各点的最短路径
%D 为赋权邻接矩阵
%d 为 s 到其他各点最短路径的长度
%DD 记载了最短路径生成树
[m,n] = size(D);
d = inf.*ones(1,m);
d(1,s) = 0;
dd = zeros(1,m);
dd(1,s) = 1;
y = s;
DD = zeros(m,m);
DD(y,y) = 1;
counter = 1;
while length(find(dd = = 1)) < m
    for i = 1:m
        if dd(i) = = 0
            d(i) = min(d(i),d(y) + D(y,i));
        end
    end
    ddd = inf;
    for i = 1:m
        if dd(i) = = 0&&d(i) < ddd
            ddd = d(i);
        end
    end
    yy = find(d = = ddd);
    counter = counter + 1;
    DD(y,yy(1,1)) = counter;
    DD(yy(1,1),y) = counter;
    y = yy(1,1);
    dd(1,y) = 1;
end
```

【拓展视频】

5.2 Floyd 算法

Floyd 算法又称为弗洛伊德算法、插点法，是一种用于寻找给定的加权图中顶点间最短路径的算法。

1. 核心思路

Floyd 算法通过一个图的权值矩阵求出它的每两点间的最短路径矩阵。从图的带权邻

接矩阵 $A=[a(i,j)]n \times n$ 开始,递归地进行 n 次更新,即由矩阵 $D(0)=A$,按一个公式,构造出矩阵 $D(1)$;又用同样地公式由 $D(1)$ 构造出 $D(2)$;依此类推,最后用同样的公式由 $D(n-1)$ 构造出矩阵 $D(n)$。矩阵 $D(n)$ 的 i 行 j 列元素便是 i 号顶点到 j 号顶点的最短路径长度,称 $D(n)$ 为图的距离矩阵,同时还可引入一个后继节点矩阵 path 来记录两点间的最短路径。

2. 算法过程

(1) 把图用邻接矩阵 G 表示出来,如果从 V_i 到 V_j 有路可达,则 $G[i,j]=d$,d 表示该路径的长度;否则 $G[i,j]$ 为无穷大。

(2) 定义一个矩阵 D 用来记录所插入点的信息,$D[i,j]$ 表示从 V_i 到 V_j 需要经过的点,初始化 $D[i,j]=j$。

(3) 把各个顶点插入图中,比较插点后的距离与原来的距离,$G[i,j]=\min(G[i,j], G[i,k]+G[k,j])$,如果 $G[i,j]$ 的值变小,则 $D[i,j]=k$。

(4) 在 G 中包含两点之间最短路径的信息,而在 D 中则包含了最短通路径的信息。例如,要寻找从 V_5 到 V_1 的路径。根据 D,假如 $D(5,1)=3$ 则说明从 V_5 到 V_1 经过 V_3,路径为 $\{V_5,V_3,V_1\}$,如果 $D(5,3)=3$,说明 V_5 与 V_3 直接相连,如果 $D(3,1)=1$,说明 V_3 与 V_1 直接相连。

3. 优缺点分析

Floyd 算法适用于最短路径(All Pairs Shortest Paths,APSP),稠密图效果最佳,边权可正可负。此算法简单有效,由于三重循环结构紧凑,对于稠密图,效率要高于执行 $|V|$ 次 Dijkstra 算法。

优点:容易理解,可以算出任意两个节点之间的最短距离,代码编写简单。

缺点:时间复杂度比较高,不适合计算大量数据。

下面给出 Floyd 算法的通用 MATLAB 程序源码:

```
%Floyd 算法通用程序,输入 a 为赋权邻接矩阵
%输出为距离矩阵 D,和最短路径矩阵 path
function [D,path] = floyd(a)
n = size(a,1);
D = a;
path = zeros(n,n);
for i = 1:n
    for j = 1:n
        if D(i,j) ~ = inf
            path(i,j) = j;
        end
    end
end
for k = 1:n
    for i = 1:n
```

```
        for j=1:n
            if D(i,k)+D(k,j)<D(i,j)
                D(i,j)=D(i,k)+D(k,j);
                path(i,j)=path(i,k);
            end
        end
    end
end
%配合 Floyd 算法的后续程序,s 为源点,t 为宿点
%L 为长度,R 为路由
function [L,R]=router(D,path,s,t)
L=zeros(0,0);
R=s;
while 1
    if s==t
        L=fliplr(L);
        L=[0,L];
        L=L(end);
        return
    end
    L=[L,D(s,t)];
    R=[R,path(s,t)];
    s=path(s,t);
    if s==0
        return
    end
end
```

【拓展视频】

5.3 A* 算法

A*(A-Star)算法是一种静态路由网络中求解最短路径的有效方法,也是人工智能算法中一种被人推崇备至的简单启发式搜索方法。算法公式表示为 $f(n)=g(n)+h(n)$。其中 $f(n)$ 是节点 n 从初始点到目标点的估价函数,$g(n)$ 是在状态空间中从初始节点到 n 节点的实际代价,$h(n)$ 是从 n 到目标节点最佳路径的估计代价。保证找到最短路径(最优解的)条件的关键在于估价函数 $h(n)$ 的选取:估价值 $h(n)$ 不大于 n 到目标节点的距离实际值,这种情况下,搜索的点数多,搜索范围大,效率低,但能得到最优解。如果估价值大于实际值,则搜索的点数少,搜索范围小,效率高,但不能保证得到最优解。估价值与实际值越接近,取得的估价函数就越好。A*算法寻找最短路径图示如图 5.1 所示。

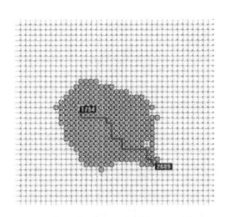

图 5.1　A * 算法寻找最短路径图示

例如，对于几何路网来说，可以取两节点间的欧几里得距离（直线距离）作为估价值，即 $f(n) = g(n) + \text{sqrt}((dx-nx) \cdot (dx-nx) + (dy-ny) \cdot (dy-ny))$；这样估价函数 f 在 g 值一定的情况下，会或多或少地受估价值 h 的制约，节点距目标点近，h 值小，f 值相对就小，能保证最短路径的搜索向终点的方向进行，明显优于 Dijkstra 算法的毫无方向地向四周搜索。

在计算机中寻址，首先要对寻址的地图进行建模。我们将地图表现为单元格，分为可走单元格和不可走单元格。如果用穷搜法查找最短路径当然是可以实现的，但代价很大。于是我们必须要让计算机"有选择地走"。若以当前单元格为起点（称为父单元格，它的周围有 8 个方向），下一步走哪儿呢？这时就需要对下一步的单元格（称为子单元格）进行"估价"。"估价"可用估价函数来实现。

入门级的估价函数是这样的：终点到目前点的估计代价等于终点至当前点的直线距离。于是下一步的代价可以这样算：代价等于起点到当前点的实际步数（通过一个变量累加可以直接得到）加上终点到目前点的估计代价。把估价后的单元格放入"待考察表"，从"待考察表"中取代价最小的单元格作为起点，对它周围 8 个方向的单元格进行估价，再把它放入"已考察表"。若对一个单元格估价，发现它已经在"待考察表"中，则比较该单元格原先的估价和当前的估价，保留小的估价，并更新其父单元格属性。不断重复以上过程，直到在"待考察表"中取出的单元格是终点单元格为止，若"待考察表"为空，则表示找不到路径。到达终点单元格后，通过其父单元格属性，一直找到起点，便构成一条路径。

具体寻址过程的实现包括以下几个步骤。

首先把起点加入 open list，然后重复以下过程。

（1）遍历 open list，查找 f 值最小的节点，把它作为当前要处理的节点。

（2）把这个节点移到 close list。

（3）对于当前方格的 8 个相邻方格的每一个方格，如果它是不可抵达的或它在 close list 中，则忽略它；否则，做以下操作：

【拓展视频】

① 如果它不在 open list 中，把它加入 open list，并且把当前方格设置为它的父单元格，记录该方格的 f，g 和 h 值。

② 如果它已经在 open list 中，检查这条路径（即经由当前方格到达它那里）是否更好，用 g 值作为参考。更小的 g 值表示这是更好的路径。如果这条路径更好，则把它的父单元格设置为当前方格，并重新计算它的 g 和 f 值。如果 open list 是按 f 值排序，则改变后可能需要重新排序。

（4）停止。当把终点加入 open list 中时，此时路径已经找到了，也可能查找终点失败，并且 open list 是空的，此时没有路径。若找到路径，则应保存路径。从终点开始，每个方格沿着父节点移动直至起点，这就是要找的最短路径。

下面给出了 A*算法求最短路径的通用 C++程序源码，此部分只作了解即可。

```
/*
A*算法求 k 短路
启发式函数 g(x) = p(x) + h(x)
其中 p(x)指起点到该点的代价,h(x)指该点到终点的最短距离
*/
#include <iostream>
#include <queue>
#include <vector>
#include <cstring>
#include <cstdio>
using namespace std;
#define N 1001
#define MAX 0x7fffffff
struct node
{
    int next;
    int value;
};

struct nodeb
{
    int point;
    int len;
};
vector<node> tree1[N];//反向建图,求所有点到终点的最短距离,此处为有向图
vector<node> tree[N];//原图
int dis[N];
int n;
node tep;
bool operator < (nodeb a,nodeb b)
{
    return (a.len + dis[a.point]) > (b.len + dis[b.point]);//按照启发式函数值升序排序
```

```
}
void Init(void)
{
    int i;
    for(i=1;i<=n;i++)
    {
        tree1[i].clear();
        tree[i].clear();
        dis[i]=MAX;
    }
}
inline void add(int x,int y,int w)
{
    tep.next=y;
    tep.value=w;
    tree[x].push_back(tep);
    tep.next=x;
    tree1[y].push_back(tep);
}
void Spfa(int s)       //求解 h[]
{
    bool isin[N];
    int k,x,w,size,i;
    queue<int> que;
    memset(isin,false,sizeof(isin));
    dis[s]=0;
    que.push(s);
    while(que.empty()==false)
    {
        k=que.front();
        que.pop();
        isin[k]=false;
        size=tree1[k].size();
        for(i=0;i<size;i++)
        {
            x=tree1[k][i].next;
            w=tree1[k][i].value;
            if(dis[x]>dis[k]+w)
            {
                dis[x]=dis[k]+w;
                if(!isin[x])
                {
                    isin[x]=true;
```

```
                que.push(x);
            }
        }
    }
}

int A_star(int s,int t,int k)
{
    Spfa(t);
    if(dis[s]==MAX)return -1;      //若不可达,直接返回-1
    if(s==t)k++;                   //************注意此处
    int cnt[N];                    //存储某点出现的次数
    int x,w,size,i;
    priority_queue<nodeb> que;
    memset(cnt,0,sizeof(cnt));
    nodeb nod,nodt;
    nod.point=s;                   //从起点开始
    nod.len=0;
    que.push(nod);
    while(!que.empty())
    {
        nod=que.top();
        que.pop();
        x=nod.point;
        w=nod.len;
        cnt[x]++;                  //次数自加,此处先自加是因为cnt初值为0
        if(cnt[t]==k)return w;     //若t是第k次出现,则返回结果
        if(cnt[x]>k)continue;      //k短路中某点不可能出现超过k次
        size=tree[x].size();
        for(i=0;i<size;i++)
        {
            nodt.point=tree[x][i].next;
            nodt.len=w+tree[x][i].value;
            que.push(nodt);
        }
    }
    return -1;                     //没有k短路
}

int main(void)
{
    int m,i,x,y,w,s,t,k;
    while(2==scanf("%d%d",&n,&m))
```

```
{
    Init();
    for(i = 0;i < m;i + +)              //输入边
    {
        scanf("%d%d%d",&x,&y,&w);
        add(x,y,w);
    }
    scanf("%d%d%d",&s,&t,&k);            //输入目标
    w = A_star(s,t,k);                   //求 s 到 t 的 k 短路
    printf("%d\n",w);
}
return 0;
}
```

本章小结

本章介绍了 3 种地图最短路径算法，分别是 Dijkstra 算法，Floyd 算法及 A*算法，并分别给出了 3 种算法的程序。

Dijkstra 算法是典型的最短路径算法，用于计算一个节点到其他所有节点的最短路径。其主要特点是以起始点为中心向外层层扩展，直到扩展到终点为止。

Floyd 算法又称为弗洛伊德算法、插点法，是一种用于寻找给定的加权图中顶点间最短路径的算法。

A*(A-Star)算法是一种静态路由网络中求解最短路径的有效方法，也是人工智能算法中一种被人推崇备至的简单启发式搜索方法。

关键术语

迪杰斯特拉算法(Dijkstra Algorithm)   A*算法(A-Star Algorithm)
弗洛伊德算法(Floyd Algorithm)

习 题

思考题
1. 简述 Dijkstra 算法的思想。
2. 简述 Floyd 算法的思想。
3. 简述 A*算法的思想。

第 6 章
单配送中心单车辆多算法求解实例

【学习目标】
(1) 掌握遗传算法求解 TSP 的过程。
(2) 掌握蚁群算法求解 TSP 的过程。
(3) 理解混合粒子群算法求解 TSP 的过程。
(4) 理解模拟退火算法求解 TSP 的过程。

【学习重点】
(1) 遗传算法。
(2) 蚁群算法。

【学习难点】
(1) 遗传算法。
(2) 蚁群算法。
(3) 混合粒子群算法。
(4) 模拟退火算法。

单配送中心单车辆配送路径安排问题是一个 TSP，是典型的 NP 完全问题，即其最坏情况下的时间复杂性随着问题规模的增大按指数方式增长。本章将通过案例详细介绍遗传算法、混合粒子群算法、模拟退火算法及蚁群算法对 TSP 的求解过程和结果优化，并给出了每种算法对应的 MATLAB 源码。

6.1 遗传算法求解 TSP

【拓展知识】

6.1.1 算法及案例简介

遗传算法是一种进化算法，其基本原理仿效生物界中的"物竞天择、适者生存"的演化法则。遗传算法的做法是把问题参数编码为染色体，再利用迭代的方式进行选择、交叉及变异等运算来交换种群中染色体的信息，最终生成符合优化目标的染色体。实践证明，遗传算法对于解决 TSP 等组合优化问题具有较好的寻优性能。

本案例以 14 个城市为例，假定 14 个城市的位置坐标如表 6-1 所示。从某个城市出发，访问每个城市一次且仅访问一次，最后回到出发城市，如何安排才能使所走路线最短？

表 6-1 14 个城市的位置坐标

城市编号	X 坐标	Y 坐标	城市编号	X 坐标	Y 坐标
1	16.47	96.1	8	17.2	96.29
2	16.47	94.44	9	16.3	97.38
3	20.09	92.54	10	14.05	98.12
4	22.39	93.37	11	16.53	97.38
5	25.23	97.24	12	21.52	95.59
6	22	96.05	13	19.41	97.13
7	20.47	97.02	14	20.09	92.55

6.1.2 程序源码

1. 主程序

名称：GA - TSP.m。

【拓展视频】

```
%遗传算法求解 TSP(为选择操作从新设计后程序)
%输入：
%D 距离矩阵
%NIND 为种群个数
```

```
%X 参数,是中国14个城市的坐标(初始给定)
%MAXGEN 为停止代数,遗传到第 MAXGEN 代时程序停止,MAXGEN 的具体取值视问题的规模和耗费
    的时间而定
%m 为适值淘汰加速指数,最好取为1,2,3,4,不宜太大
%Pc 交叉概率
%Pm 变异概率
%输出:
%R 为最短路径
%Rlength 为路径长度
clear
clc
close all
%%加载数据
load CityPosition1.mat
X = X;
D = Distanse(X);              %生成距离矩阵
N = size(D,1);                %城市个数
%%遗传参数
NIND = 100;                   %种群大小
MAXGEN = 200;                 %最大遗传代数
Pc = 0.9;                     %交叉概率
Pm = 0.05;                    %变异概率
GGAP = 0.9;                   %代沟
%%初始化种群
Chrom = InitPop(NIND,N);
%%画出随机解的路径图
DrawPath(Chrom(1,:),X)
pause(0.0001)
%%输出随机解的路径和总距离
disp('初始种群中的一个随机值:')
OutputPath(Chrom(1,:));
Rlength = PathLength(D,Chrom(1,:));
disp(['总距离:',num2str(Rlength)]);
disp('~~~~~~~~~~~~~~~~~~~~~~~~~~~~~~~~~~~~~~~~~~~~~~~~~~~~~~~~~~~~~')
%%优化
gen = 0;
figure;
hold on;box on
xlim([0,MAXGEN])
title('优化过程')
xlabel('代数')
ylabel('最优值')
ObjV = PathLength(D,Chrom);   %计算路径长度
preObjV = min(ObjV);
```

```
while gen < MAXGEN
    %%计算适应度
    ObjV = PathLength(D,Chrom);        %计算路径长度
    %fprintf('% d%1.10f \n',gen,min(ObjV))
    line([gen-1,gen],[preObjV,min(ObjV)]);pause(0.0001)
    preObjV = min(ObjV);
    FitnV = Fitness(ObjV);
    %%选择
    SelCh = Select(Chrom,FitnV,GGAP);
    %%交叉操作
    SelCh = Recombin(SelCh,Pc);
    %%变异
    SelCh = Mutate(SelCh,Pm);
    %%逆转操作
    SelCh = Reverse(SelCh,D);
    %%重插入子代的新种群
    Chrom = Reins(Chrom,SelCh,ObjV);
    %%更新迭代次数
    gen = gen+1;
end
%%画出最优解的路径图
ObjV = PathLength(D,Chrom);        %计算路径长度
[minObjV,minInd] = min(ObjV);
DrawPath(Chrom(minInd(1),:),X)
%%输出最优解的路径和总距离
disp('最优解:')
p = OutputPath(Chrom(minInd(1),:));
disp(['总距离:',num2str(ObjV(minInd(1)))]);
disp('-------------------------------------------------------------')
```

2. 子程序

1) Distance. m

```
%%计算两两城市之间的距离
%输入:a 各城市的位置坐标
%输出:D 两两城市之间的距离
function D = Distanse(a)
row = size(a,1);
D = zeros(row,row);
for i = 1:row
    for j = i+1:row
        D(i,j) = ((a(i,1)-a(j,1))^2 + (a(i,2)-a(j,2))^2)^0.5;
        D(j,i) = D(i,j);
    end
end
```

2) Initpop. m

```
function varargout = dsxy2figxy(varargin)
if length(varargin{1}) = =1&& ishandle(varargin{1})…
    && strcmp(get(varargin{1},'type'),'axes')
    hAx = varargin{1};
    varargin = varargin(2:end);
else
    hAx = gca;
end
if length(varargin) = =1
    pos = varargin{1};
else
    [x,y] = deal(varargin{:});
end
axun = get(hAx,'Units');
set(hAx,'Units','normalized');
axpos = get(hAx,'Position');
axlim = axis(hAx);
axwidth = diff(axlim(1:2));
axheight = diff(axlim(3:4));
if exist('x','var')
    varargout{1} = (x - axlim(1)) * axpos(3) / axwidth + axpos(1);
    varargout{2} = (y - axlim(3)) * axpos(4) / axheight + axpos(2);
else
    pos(1) = (pos(1) - axlim(1)) / axwidth * axpos(3) + axpos(1);
    pos(2) = (pos(2) - axlim(3)) / axheight * axpos(4) + axpos(2);
    pos(3) = pos(3) * axpos(3) / axwidth;
    pos(4) = pos(4) * axpos(4) / axheight;
    varargout{1} = pos;
end
set(hAx,'Units',axun)
```

3) Fitness. m

```
%%适配值函数
%输入:
%个体的长度(TSP 的距离)
%输出:
%个体的适应度值
function FitnV = Fitness(len)
FitnV = 1./len;
Mutate.m
%%变异操作
%输入:
%SelCh 被选择的个体
```

```
%Pm 变异概率
%输出:
%SelCh 变异后的个体
function SelCh = Mutate(SelCh,Pm)
[NSel,L] = size(SelCh);
for i = 1:NSel
    if Pm > = rand
        R = randperm(L);
        SelCh(i,R(1:2)) = SelCh(i,R(2:-1:1));
    end
end
```

4) Recombin. m

```
%%交叉操作
%输入:
%SelCh 被选择的个体
%Pc 交叉概率
%输出:
%SelCh 交叉后的个体
function SelCh = Recombin(SelCh,Pc)
NSel = size(SelCh,1);
for i = 1:2:NSel - mod(NSel,2)
    if Pc > = rand    %交叉概率 Pc
        [SelCh(i,:),SelCh(i+1,:)] = intercross(SelCh(i,:),SelCh(i+1,:));
    end
end
%输入:
%a 和 b 为两个待交叉的个体
%输出:
%a 和 b 为交叉后得到的两个个体
function [a,b] = intercross(a,b)
L = length(a);
r1 = randsrc(1,1,[1:L]);
r2 = randsrc(1,1,[1:L]);
if r1 ~ = r2
    a0 = a;b0 = b;
    s = min([r1,r2]);
    e = max([r1,r2]);
    for i = s:e
        a1 = a;b1 = b;
        a(i) = b0(i);
        b(i) = a0(i);
        x = find(a = = a(i));
        y = find(b = = b(i));
```

```
            i1 = x(x ~ = i);
            i2 = y(y ~ = i);
            if ~isempty(i1)
                a(i1) = a1(i);
            end
            if ~isempty(i2)
                b(i2) = b1(i);
            end
        end
end
```

5) Drawpath. m

```
%%画路径函数
%输入
%Chrom 待画路径
%X 各城市坐标位置
function DrawPath(Chrom,X)
R = [Chrom(1,:) Chrom(1,1)];    %一个随机解(个体)
figure;
hold on
plot(X(:,1),X(:,2),'o','color',[0.5,0.5,0.5])
plot(X(Chrom(1,1),1),X(Chrom(1,1),2),'rv','MarkerSize',20)
for i = 1:size(X,1)
    text(X(i,1) + 0.05,X(i,2) + 0.05,num2str(i),'color',[1,0,0]);
end
A = X(R,:);
row = size(A,1);
for i = 2:row
    [arrowx,arrowy] = dsxy2figxy(gca,A(i-1:i,1),A(i-1:i,2));%坐标转换
    annotation('textarrow',arrowx,arrowy,'HeadWidth',8,'color',[0,0,1]);
end
hold off
xlabel('横坐标')
ylabel('纵坐标')
title('轨迹图')
box on
```

6) Pathlength. m

```
%%计算各个体的路径长度
%输入:
%D 两两城市之间的距离
%Chrom 个体的轨迹
function len = PathLength(D,Chrom)
[row,col] = size(D);
```

```
NIND = size(Chrom,1);
len = zeros(NIND,1);
for i =1:NIND
    p = [Chrom(i,:) Chrom(i,1)];
    i1 = p(1:end -1);
    i2 = p(2:end);
    len(i,1) = sum(D((i1 -1)*col + i2));
end
```

7) Outputpath.m

```
%%输出路径函数
%输入:R 路径
function p = OutputPath(R)
R = [R,R(1)];
N = length(R);
p = num2str(R(1));
for i =2:N
    p = [p,'—>',num2str(R(i))];
end
disp(p)
```

8) Select.m

```
%%选择操作
%输入:
%Chrom 种群
%FitnV 适应度值
%GGAP 代沟
%输出:
%SelCh 被选择的个体
function SelCh = Select(Chrom,FitnV,GGAP)
NIND = size(Chrom,1);
NSel = max(floor(NIND*GGAP + .5),2);
ChrIx = Sus(FitnV,NSel);
SelCh = Chrom(ChrIx,:);
```

9) Sus.m

```
%输入:
%FitnV 个体的适应度值
%Nsel 被选择个体的数目
%输出:
%NewChrIx 被选择个体的索引号
function NewChrIx = Sus(FitnV,Nsel)
[Nind,ans] = size(FitnV);
cumfit = cumsum(FitnV);
```

```
trials = cumfit(Nind)/Nsel * (rand + (0:Nsel -1)');
Mf = cumfit(:,ones(1,Nsel));
Mt = trials(:,ones(1,Nind))';
[NewChrIx,ans] = find(Mt < Mf&[ zeros(1,Nsel); Mf(1:Nind -1,:)]< =Mt);
[ans,shuf] = sort(rand(Nsel,1));
NewChrIx = NewChrIx(shuf);
```

10) Reverse.m

```
%%进化逆转函数
%输入:
%SelCh 被选择的个体
%D 个城市的距离矩阵
%输出:
%SelCh 进化逆转后的个体
function SelCh = Reverse(SelCh,D)
[row,col] = size(SelCh);
ObjV = PathLength(D,SelCh);     %计算路径长度
SelCh1 = SelCh;
for i =1:row
    r1 = randsrc(1,1,[1:col]);
    r2 = randsrc(1,1,[1:col]);
    mininverse = min([r1 r2]);
    maxinverse = max([r1 r2]);
    SelCh1(i,mininverse:maxinverse) = SelCh1(i,maxinverse: -1:mininverse);
end
ObjV1 = PathLength(D,SelCh1);   %计算路径长度
index = ObjV1 < ObjV;
SelCh(index,:) = SelCh1(index,:);
```

11) Reins.m

```
%%重插入子代的新种群
%输入:
%Chrom 父代的种群
%SelCh 子代种群
%ObjV 父代适应度
%输出:
%Chrom 组合父代与子代后得到的新种群
function Chrom = Reins(Chrom,SelCh,ObjV)
NIND = size(Chrom,1);
NSel = size(SelCh,1);
[TobjV,index] = sort(ObjV);
Chrom = [Chrom(index(1:NIND -NSel),:);SelCh];
```

12) dsxy2figxy. m

```
function varargout = dsxy2figxy(varargin)
if length(varargin{1}) == 1&&ishandle(varargin{1})…
    &&strcmp(get(varargin{1},'type'),'axes')
    hAx = varargin{1};
    varargin = varargin(2:end);
else
    hAx = gca;
end;
if length(varargin) == 1
    pos = varargin{1};
else
    [x,y] = deal(varargin{:});
end
axun = get(hAx,'Units');
set(hAx,'Units','normalized');
axpos = get(hAx,'Position');
axlim = axis(hAx);
axwidth = diff(axlim(1:2));
axheight = diff(axlim(3:4));
if exist('x','var')
    varargout{1} = (x - axlim(1)) * axpos(3)/axwidth + axpos(1);
    varargout{2} = (y - axlim(3)) * axpos(4)/axheight + axpos(2);
else
    pos(1) = (pos(1) - axlim(1))/axwidth * axpos(3) + axpos(1);
    pos(2) = (pos(2) - axlim(3))/axheight * axpos(4) + axpos(2);
    pos(3) = pos(3) * axpos(3)/axwidth;
    pos(4) = pos(4) * axpos(4)/axheight;
    varargout{1} = pos;
end
set(hAx,'Units',axun)
```

3. 数据文件

```
CityPosition1.mat:
X =
    16.470   0000000000   96.1000000000
    16.470   0000000000   94.4400000000
    20.090   0000000000   92.5400000000
    22.390   0000000000   93.3700000000
    25.230   0000000000   97.2400000000
    22                    96.0500000000
    20.470   0000000000   97.0200000000
    17.200   0000000000   96.2900000000
```

16.300	0000000000	97.3800000000000
14.050	0000000000	98.1200000000000
16.530	0000000000	97.3800000000000
21.520	0000000000	95.5900000000000
19.410	0000000000	97.1300000000000
20.090	0000000000	92.5500000000000

6.1.3 优化结果

优化结果如下：

初始种群中的一个随机值：
6—>3—>11—>7—>14—>8—>5—>1—>2—>4—>13—>9—>10—>12—>6
总距离：66.607
最优解：
13—>7—>12—>6—>5—>4—>3—>14—>2—>1—>10—>9—>11—>8—>13
总距离：29.3405。

优化前的一个随机的路线轨迹如图 6.1 所示。遗传算法进化过程如图 6.2 所示。优化后的路线如图 6.3 所示。

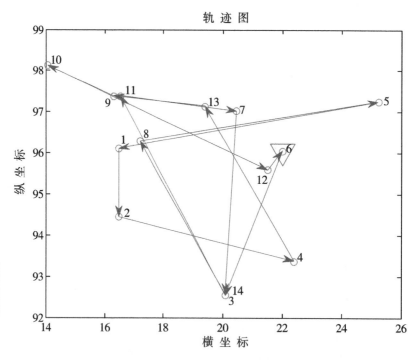

【拓展视频】

图 6.1 优化前的一个随机路线轨迹

第 6 章 单配送中心单车辆多算法求解实例

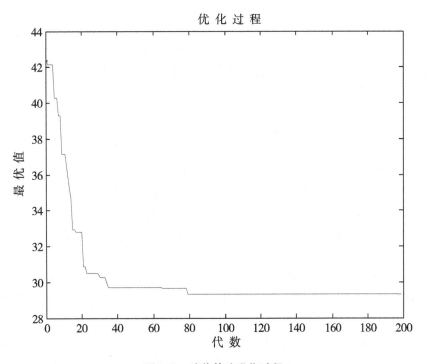

图 6.2　遗传算法进化过程

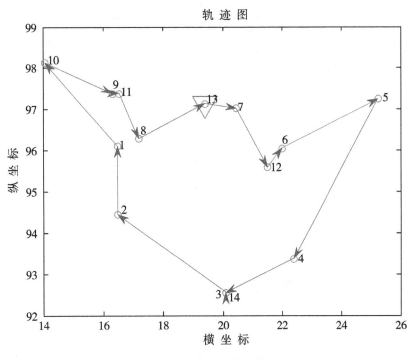

图 6.3　优化后的路线

6.2 混合粒子群算法求解 TSP

【拓展视频】

6.2.1 算法及案例简介

粒子群算法是 Kennedy 博士和 Eberhart 博士在 1995 年提出的一种基于群体智能的优化算法,它首先初始化一群随机粒子,然后通过迭代寻找问题的最优解,在每一次迭代过程中,粒子通过个体极值和群体极值更新自身的速度和位置。

标准粒子群算法是通过追随个体极值和群体极值来完成极值寻优的,虽然操作简单,且能够快速收敛,但是随着迭代次数的不断增加,在种群收敛集中的同时,各粒子也越来越相似,可能在局部解周边无法跳出。混合粒子群算法摒弃了传统粒子群算法中通过跟踪极值来更新粒子位置的方法,引入了遗传算法中的交叉和变异操作,通过粒子同个体极值和群体极值的交叉及粒子自身变异的方式来搜索最优解。

本案例以 51 个城市为例,假定 51 个城市的位置坐标如表 6-2 所示。从某个城市出发访问每个城市一次且仅访问一次,最后回到出发城市,如何安排才能使其所走路线最短?

表 6-2 51 个城市的位置坐标

城市编号	X 坐标	Y 坐标	城市编号	X 坐标	Y 坐标	城市编号	X 坐标	Y 坐标
1	37	52	18	17	33	35	62	63
2	49	49	19	13	13	36	63	69
3	52	64	20	57	58	37	32	22
4	20	26	21	62	42	38	45	35
5	40	30	22	42	57	39	59	15
6	21	47	23	16	57	40	5	6
7	17	63	24	8	52	41	10	17
8	31	62	25	7	38	42	21	10
9	52	33	26	27	68	43	5	64
10	51	21	27	30	48	44	30	15
11	42	41	28	43	67	45	39	10
12	31	32	29	58	48	46	32	39
13	5	25	30	58	27	47	25	32
14	12	42	31	37	69	48	25	55
15	36	16	32	38	46	49	48	28
16	52	41	33	46	10	50	56	37
17	27	23	34	61	33	51	30	40

6.2.2 程序源码

1. 主程序

名称：main.m。

```
%%该文件演示基于TSP-PSO算法
clc;clear
%%下载数据
data = load('eil51.txt');
cityCoor = [data(:,2) data(:,3)];        %城市坐标矩阵
figure
plot(cityCoor(:,1),cityCoor(:,2),'ms','LineWidth',2,'MarkerEdgeColor','k','...
    MarkerFaceColor','g')
legend('城市位置')
ylim([4 78])
title('城市分布图','fontsize',12)
xlabel('km','fontsize',12)
ylabel('km','fontsize',12)
%ylim([min(cityCoor(:,2))-1 max(cityCoor(:,2))+1])
grid on
%%计算城市间距离
n = size(cityCoor,1);                    %城市数目
cityDist = zeros(n,n);                   %城市距离矩阵
for i = 1:n
    for j = 1:n
        if i~=j
            cityDist(i,j) = ((cityCoor(i,1)-cityCoor(j,1))^2 + ...
                (cityCoor(i,2)-cityCoor(j,2))^2)^0.5;
        end
        cityDist(j,i) = cityDist(i,j);
    end
end
nMax = 200;                              %进化次数
indiNumber = 1000;                       %个体数目
individual = zeros(indiNumber,n);
%%初始化粒子位置
for i = 1:indiNumber
    individual(i,:) = randperm(n);
end
%%计算种群适应度
indiFit = fitness(individual,cityCoor,cityDist);
[value,index] = min(indiFit);
```

```matlab
tourPbest = individual;                    %当前个体最优
tourGbest = individual(index,:);           %当前全局最优
recordPbest = inf*ones(1,indiNumber);      %个体最优记录
recordGbest = indiFit(index);              %群体最优记录
xnew1 = individual;
%%循环寻找最优路径
L_best = zeros(1,nMax);
for N = 1:nMax
    N
    %计算适应度值
    indiFit = fitness(individual,cityCoor,cityDist);
    %更新当前最优和历史最优
    for i = 1:indiNumber
        if indiFit(i) < recordPbest(i)
            recordPbest(i) = indiFit(i);
            tourPbest(i,:) = individual(i,:);
        end
        if indiFit(i) < recordGbest
            recordGbest = indiFit(i);
            tourGbest = individual(i,:);
        end
    end
    [value,index] = min(recordPbest);
    recordGbest(N) = recordPbest(index);
    %%交叉操作
    for i = 1:indiNumber
        %与个体最优进行交叉
        c1 = unidrnd(n - 1);      %产生交叉位
        c2 = unidrnd(n - 1);      %产生交叉位
        while c1 = = c2
            c1 = round(rand*(n - 2)) + 1;
            c2 = round(rand*(n - 2)) + 1;
        end
        chb1 = min(c1,c2);
        chb2 = max(c1,c2);
        cros = tourPbest(i,chb1:chb2);
        ncros = size(cros,2);
        %删除与交叉区域相同元素
        for j = 1:ncros
            for k = 1:n
                if xnew1(i,k) = = cros(j)
                    xnew1(i,k) = 0;
                    for t = 1:n - k
                        temp = xnew1(i,k + t - 1);
```

```
                    xnew1(i,k+t-1) =xnew1(i,k+t);
                    xnew1(i,k+t) =temp;
                end
            end
        end
    end
end
%插入交叉区域
xnew1(i,n-ncros+1:n) =cros;
%新路径长度变短则接受
dist =0;
for j =1:n-1
    dist =dist +cityDist(xnew1(i,j),xnew1(i,j+1));
end
dist =dist +cityDist(xnew1(i,1),xnew1(i,n));
if indiFit(i) >dist
    individual(i,:) =xnew1(i,:);
end
%与全体最优进行交叉
c1 =round(rand*(n-2)) +1;     %产生交叉位
c2 =round(rand*(n-2)) +1;     %产生交叉位
while c1 = = c2
    c1 =round(rand*(n-2)) +1;
    c2 =round(rand*(n-2)) +1;
end
chb1 =min(c1,c2);
chb2 =max(c1,c2);
cros =tourGbest(chb1:chb2);
ncros =size(cros,2);
%删除与交叉区域相同元素
for j =1:ncros
    for k =1:n
        if xnew1(i,k) = = cros(j)
            xnew1(i,k) =0;
            for t =1:n-k
                temp =xnew1(i,k+t-1);
                xnew1(i,k+t-1) =xnew1(i,k+t);
                xnew1(i,k+t) =temp;
            end
        end
    end
end
%插入交叉区域
xnew1(i,n-ncros+1:n) =cros;
%新路径长度变短则接受
```

```
            dist=0;
            for j=1:n-1
                dist=dist+cityDist(xnew1(i,j),xnew1(i,j+1));
            end
            dist=dist+cityDist(xnew1(i,1),xnew1(i,n));
            if indiFit(i)>dist
                individual(i,:)=xnew1(i,:);
            end
        %%变异操作
            c1=round(rand*(n-1))+1;      %产生变异位
            c2=round(rand*(n-1))+1;      %产生变异位
            while c1==c2
                c1=round(rand*(n-2))+1;
                c2=round(rand*(n-2))+1;
            end
            temp=xnew1(i,c1);
            xnew1(i,c1)=xnew1(i,c2);
            xnew1(i,c2)=temp;
        %新路径长度变短则接受
            dist=0;
            for j=1:n-1
                dist=dist+cityDist(xnew1(i,j),xnew1(i,j+1));
            end
            dist=dist+cityDist(xnew1(i,1),xnew1(i,n));
            if indiFit(i)>dist
                individual(i,:)=xnew1(i,:);
            end
    end
    [value,index]=min(indiFit);
    L_best(N)=indiFit(index);
    tourGbest=individual(index,:);
end
%%结果作图
figure
plot(L_best)
title('算法训练过程')
xlabel('迭代次数')
ylabel('适应度值')
grid on
figure
hold on
plot([cityCoor(tourGbest(1),1),cityCoor(tourGbest(n),1)],
    [cityCoor(tourGbest(1),2),…cityCoor(tourGbest(n),2)],'ms-','Line
    Width',2,'MarkerEdgeColor','k','MarkerFaceColor','g')
```

```
hold on
for i = 2:n
    plot([cityCoor(tourGbest(i-1),1),cityCoor(tourGbest(i),1)],[cityCoor ...
        (tourGbest(i-1),2),…cityCoor(tourGbest(i),2)],'ms-','LineWidth',2, ...
        'MarkerEdgeColor','k','MarkerFaceColor','g')
    hold on
end
legend('规划路径')
scatter(cityCoor(:,1),cityCoor(:,2));
title('规划路径','fontsize',10)
xlabel('km','fontsize',10)
ylabel('km','fontsize',10)
grid on
ylim([4 80])
```

2. 子程序

1) fitness. m

```
function indiFit = fitness(x,cityCoor,cityDist)
%% 该函数用于计算个体适应度值
%x           input      个体
%cityCoor    input      城市坐标
%cityDist    input      城市距离
%indiFit     output     个体适应度值
m = size(x,1);
n = size(cityCoor,1);
indiFit = zeros(m,1);
for i = 1:m
    for j = 1:n-1
        indiFit(i) = indiFit(i) + cityDist(x(i,j),x(i,j+1));
    end
    indiFit(i) = indiFit(i) + cityDist(x(i,1),x(i,n));
end
```

2) dist. m

```
function dist = dist(x,D)
n = size(x,2);
dist = 0;
for i = 1:n-1
    dist = dist + D(x(i),x(i+1));
end
dist = dist + D(x(1),x(n));
```

3. 数据文件

```
eil51.txt:
1 37 52
2 49 49
3 52 64
4 20 26
5 40 30
6 21 47
7 17 63
8 31 62
9 52 33
10 51 21
11 42 41
12 31 32
13 5  25
14 12 42
15 36 16
16 52 41
17 27 23
18 17 33
19 13 13
20 57 58
21 62 42
22 42 57
23 16 57
24 8  52
25 7  38
26 27 68
27 30 48
28 43 67
29 58 48
30 58 27
31 37 69
32 38 46
33 46 10
34 61 33
35 62 63
36 63 69
37 32 22
38 45 35
39 59 15
40 5  6
41 10 17
```

42 21 10
43 5 64
44 30 15
45 39 10
46 32 39
47 25 32
48 25 55
49 48 28
50 56 37
51 30 40

6.2.3 优化结果

优化结果如下：

最优解如下：
25—>13—>41—>40—>19—>42—>44—>45—>33—>15—>37—>17—>5—>38—>9—>49—>10—>39—>30—>34—>50—>21—>29—>2—>22—>1—>32—>27—>6—>14—>18—>4—>47—>12—>51—>46—>11—>16—>20—>35—>36—>3—>28—>31—>26—>8—>48—>23—>7—>43—>24
总距离为：460.3689。

混合粒子群算法的进化过程如图 6.4 所示。优化后的规划路线如图 6.5 所示。

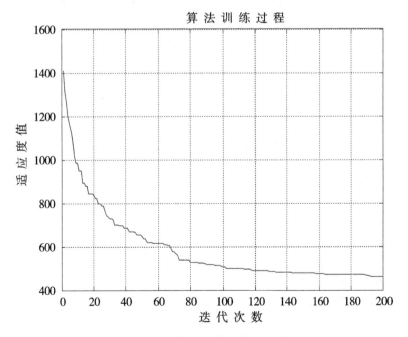

图 6.4 混合粒子群算法的进化过程

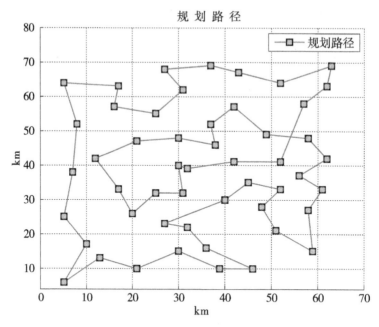

图 6.5 优化后的规划路线

6.3 模拟退火算法求解 TSP

6.3.1 算法及案例简介

模拟退火算法的思想最早是由 Metropolis 等人提出的。其出发点是基于物理中固体物质的退火过程与一般的组合优化问题之间的相似性。模拟退火算法是一种通用的优化算法，其物理退火过程由以下 3 部分组成。

1. 加温过程

加温过程的目的是增强粒子的热运动，使其偏离平衡位置。当温度足够高时，固体将熔为液体，从而消除系统原先存在的非均匀状态。

2. 等温过程

对于与周围环境交换热量而温度不变的封闭系统，系统状态的自发变化总是朝自由能减少的方向进行的，当自由能达到最小时，系统达到平衡状态。

3. 冷却过程

冷却过程使粒子热运动减弱，系统能量下降，得到晶体结构。其中，加温过程对应算法的设定初温，等温过程对应算法的 Metropolis 抽样过程，冷却过程对应控制参数的下降。

这里能量的变化就是目标函数,我们要得到的最优解就是能量最低态。其中 Metropolis 准则是模拟退火算法收敛于全局最优解的关键所在,Metropolis 准则以一定的概率接受恶化解,这样可使算法跳离局部最优的陷阱。

本案例以 14 个城市为例,假定 14 个城市的位置坐标如表 6-3 所示。从某个城市出发访问每个城市一次且仅访问一次,最后回到出发城市,如何安排才能使其所走路线最短?

表 6-3 14 个城市的位置坐标

城市编号	X 坐标	Y 坐标	城市编号	X 坐标	Y 坐标
1	16.47	96.1	8	17.2	96.29
2	16.47	94.44	9	16.3	97.38
3	20.09	92.54	10	14.05	98.12
4	22.39	93.37	11	16.53	97.38
5	25.23	97.24	12	21.52	95.59
6	22	96.05	13	19.41	97.13
7	20.47	97.02	14	20.09	92.55

6.3.2 程序源码

1. 主程序

名称:SA_TSP.m。

```
clc;
clear;
close all;
%%冷却表参数
tic
T0 =1000;                              %初始温度
Tend =1e -3;                           %终止温度
L =500;                                %各温度下的迭代次数(链长)
q =0.9;                                %降温速率
%%加载数据
load CityPosition1;
%%求解基本变量
D = Distanse(X);                       %计算距离矩阵
N = size(D,1);                         %城市的个数
%%初始解
S1 = randperm(N);                      %随机产生一个初始路线
%%画出随机解的路径图
DrawPath(S1,X)
```

```
pause(0.0001)
%%输出随机解的路径和总距离
disp('初始种群中的一个随机值:')
OutputPath(S1);
Rlength = PathLength(D,S1);
disp(['总距离:',num2str(Rlength)]);
%%计算迭代的次数Time
Time = ceil(double(solve(['1000*(0.9)^x = ',num2str(Tend)])));
count = 0;                                    %迭代计数
Obj = zeros(Time,1);                          %目标值矩阵初始化
track = zeros(Time,N);                        %每代的最优路线矩阵初始化
%%迭代
while T0 > Tend
    count = count +1;                         %更新迭代次数
    temp = zeros(L,N+1);
    for k = 1:L
        %%产生新解
        S2 = NewAnswer(S1);
        %%Metropolis准则判断是否接受新解
        [S1,R] = Metropolis(S1,S2,D,T0);      %Metropolis抽样算法
        temp(k,:) = [S1 R];                   %记录下一路线及其路程
    end
    %%记录每次迭代过程的最优路线
    [d0,index] = min(temp(:,end));            %找出当前温度下的最优路线
    if count = =1 ||d0 < Obj(count -1)
        Obj(count) = d0;      %若当前温度下最优路程小于上一路程则记录当前路程
    else
        Obj(count) = Obj(count -1);%若当前温度下最优路程大于上一路程则记录上一路程
    end
    track(count,:) = temp(index,1:end -1);    %记录当前温度的最优路线
    T0 = q*T0;                                %降温
    fprintf(1,'%d\n',count)                   %输出当前迭代次数
end
%%优化过程迭代图
figure
plot(1:count,Obj)
xlabel('迭代次数')
ylabel('距离')
title('优化过程')
%%最优解的路径图
DrawPath(track(end,:),X)
%%输出最优解的路线和总距离
disp('最优解:')
S = track(end,:);
```

```
p = OutputPath(S);
disp(['总距离:',num2str(PathLength(D,S))]);
disp('-----------------------------------------------------------')
toc
```

2. 子程序

1) NewAnswer.m

```
function S2 = NewAnswer(S1)
%%输入
%S1:当前解
%%输出
%S2:新解
N = length(S1);
S2 = S1;
a = round(rand(1,2)*(N-1)+1);     %产生两个随机位置用来交换
W = S2(a(1));
S2(a(1)) = S2(a(2));
S2(a(2)) = W;                      %得到一个新路线
```

2) Metropolis.m

```
function [S,R] = Metropolis(S1,S2,D,T)
%%输入
%S1:当前解
%S2:新解
%D:距离矩阵(两两城市的之间的距离)
%T:当前温度
%%输出
%S:下一个当前解
%R:下一个当前解的路线距离
R1 = PathLength(D,S1);             %计算路线长度
N = length(S1);                    %得到城市的个数
R2 = PathLength(D,S2);             %计算路线长度
dC = R2 - R1;                      %计算能力之差
if dC < 0                          %如果能力降低则接受新路线
    S = S2;
    R = R2;
elseif exp(-dC/T) >= rand          %以 exp(-dC/T)概率接受新路线
    S = S2;
    R = R2;
else                               %不接受新路线
    S = S1;
    R = R1;
end
```

3) PathLength.m

```
function len = PathLength(D,Chrom)
%% 计算各个体的路径长度
%输入:
%D 两两城市之间的距离
%Chrom 个体的轨迹
[row,col] = size(D);
NIND = size(Chrom,1);
len = zeros(NIND,1);
for i = 1:NIND
    p = [Chrom(i,:) Chrom(i,1)];
    i1 = p(1:end-1);
    i2 = p(2:end);
    len(i,1) = sum(D((i1-1)*col+i2));
end
```

4) Distanse.m

```
function D = Distanse(a)
%% 计算两两城市之间的距离
%输入 a 各城市的位置坐标
%输出 D 两两城市之间的距离
row = size(a,1);
D = zeros(row,row);
for i = 1:row
    for j = i+1:row
        D(i,j) = ((a(i,1)-a(j,1))^2+(a(i,2)-a(j,2))^2)^0.5;
        D(j,i) = D(i,j);
    end
end
```

5) DrawPath.m

```
function DrawPath(Chrom,X)
%% 画路径函数
%输入
%Chrom 待画路径
%X 各城市坐标位置
R = [Chrom(1,:) Chrom(1,1)];    %一个随机解(个体)
figure;
hold on
plot(X(:,1),X(:,2),'o','color',[0.5,0.5,0.5])
plot(X(Chrom(1,1),1),X(Chrom(1,1),2),'rv','MarkerSize',20)
for i = 1:size(X,1)
    text(X(i,1)+0.05,X(i,2)+0.05,num2str(i),'color',[1,0,0]);
end
```

```
A = X(R,:);
row = size(A,1);
for i = 2:row
    [arrowx,arrowy] = dsxy2figxy(gca,A(i-1:i,1),A(i-1:i,2));%坐标转换
    annotation('textarrow',arrowx,arrowy,'HeadWidth',8,'color',[0,0,1]);
end
hold off
xlabel('横坐标')
ylabel('纵坐标')
title('轨迹图')
box on
```

6) OutputPath.m

```
function p = OutputPath(R)
%%输出路径函数
%输入:R 路径
R = [R,R(1)];
N = length(R);
p = num2str(R(1));
for i = 2:N
    p = [p,'—>',num2str(R(i))];
end
disp(p)
```

7) dsxy2figxy.m

```
function varargout = dsxy2figxy(varargin)
if length(varargin{1}) = =1&&ishandle(varargin{1})…
    &&strcmp(get(varargin{1},'type'),'axes')
    hAx = varargin{1};
    varargin = varargin(2:end);
else
    hAx = gca;
end;
if length(varargin) = =1
    pos = varargin{1};
else
    [x,y] = deal(varargin{:});
end
axun = get(hAx,'Units');
set(hAx,'Units','normalized');
axpos = get(hAx,'Position');
axlim = axis(hAx);
axwidth = diff(axlim(1:2));
axheight = diff(axlim(3:4));
if exist('x','var')
```

```
            varargout{1} = (x - axlim(1)) * axpos(3)/axwidth + axpos(1);
            varargout{2} = (y - axlim(3)) * axpos(4)/axheight + axpos(2);
        else
            pos(1) = (pos(1) - axlim(1))/axwidth * axpos(3) + axpos(1);
            pos(2) = (pos(2) - axlim(3))/axheight * axpos(4) + axpos(2);
            pos(3) = pos(3) * axpos(3)/axwidth;
            pos(4) = pos(4) * axpos(4)/axheight;
            varargout{1} = pos;
        end
        set(hAx,'Units',axun)
```

3. 数据文件

```
CityPosition1.mat:
16.470    0000000000    96.1000000000000
16.470    0000000000    94.4400000000000
20.090    0000000000    92.5400000000000
22.390    0000000000    93.3700000000000
25.230    0000000000    97.2400000000000
22                      96.0500000000000
20.470    0000000000    97.0200000000000
17.200    0000000000    96.2900000000000
16.300    0000000000    97.3800000000000
14.050    0000000000    98.1200000000000
16.530    0000000000    97.3800000000000
21.520    0000000000    95.5900000000000
19.410    0000000000    97.1300000000000
20.090    0000000000    92.5500000000000
```

6.3.3 优化结果

优化结果如下：

初始种群中的一个随机值：
8—>12—>9—>5—>2—>6—>7—>13—>3—>11—>4—>14—>10—>1—>8
总距离:68.973
最优解：
9—>11—>8—>13—>7—>12—>6—>5—>4—>3—>14—>2—>1—>10—>9
总距离:29.3405

优化前的一个随机路线轨迹如图6.6所示。模拟退火算法的进化过程如图6.7所示。优化后的路线如图6.8所示。

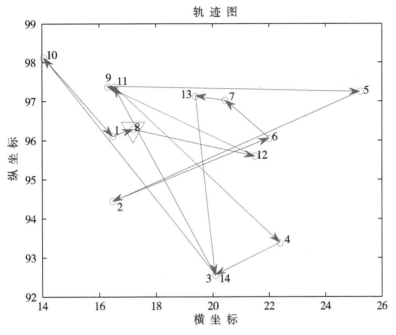

图 6.6 优化前的一个随机路线轨迹

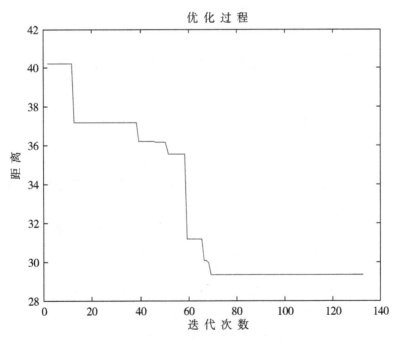

图 6.7 模拟退火算法的进化过程

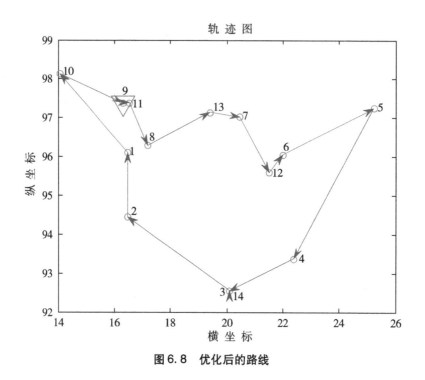

图6.8 优化后的路线

【拓展知识】

6.4 蚁群算法求解TSP

6.4.1 算法及案例简介

蚁群算法是由意大利学者M. Dorigo等人于20世纪90年代初提出的一种新的模拟进化算法,其真实地模拟了自然界蚂蚁群体的觅食行为。M. Dorigo等人将其应用于解决旅行商问题(TSP),取得了较好的实验结果。

近年来,许多专家与学者致力于蚁群算法的研究,并将其应用于交通、通信、化工、电力等领域,成功解决了许多组合优化问题,如调度问题、指派问题、TSP等。

按照枚举法,我国31个城市包括22个省会城市、4个直辖市和5个自治区首府(未包括港、澳、台)的巡回路径应有约1.326×10^{32}种。假设该31个城市的坐标如表6-4所示,试利用蚁群算法寻找到一条最佳或较佳的路径。

表6-4 31个城市的位置坐标

城市编号	X坐标	Y坐标	城市编号	X坐标	Y坐标	城市编号	X坐标	Y坐标
1	1304	2312	12	2562	1756	23	3429	1908
2	3639	1315	13	2788	1491	24	3507	2367
3	4177	2244	14	2381	1676	25	3394	2643
4	3712	1399	15	1332	695	26	3439	3201
5	3488	1535	16	3715	1678	27	2935	3240
6	3326	1556	17	3918	2179	28	3140	3550
7	3238	1229	18	4061	2370	29	2545	2357
8	4196	1004	19	3780	2212	30	2778	2826
9	4312	790	20	3676	2578	31	2370	2975
10	4386	570	21	4029	2838			
11	3007	1970	22	4263	2931			

6.4.2 程序源码

1. 程序

```
%%清空环境变量
clear all
clc
%%导入数据
load citys_data.mat
%%计算城市间相互距离
n = size(citys,1);
D = zeros(n,n);
for i = 1:n
    for j = 1:n
        if i~=j
            D(i,j) = sqrt(sum((citys(i,:) - citys(j,:)).^2));
        else
            D(i,j) = 1e-4;
        end
    end
end
%%初始化参数
m = 50;                    %蚂蚁数量
alpha = 1;                 %信息素重要程度因子
beta = 5;                  %启发函数重要程度因子
rho = 0.1;                 %信息素挥发因子
```

```matlab
Q = 1;                                    %常系数
Eta = 1./D;                               %启发函数
Tau = ones(n,n);                          %信息素矩阵
Table = zeros(m,n);                       %路径记录表
iter = 1;                                 %迭代次数初值
iter_max = 200;                           %最大迭代次数
Route_best = zeros(iter_max,n);           %各代最佳路径
Length_best = zeros(iter_max,1);          %各代最佳路径的长度
Length_ave = zeros(iter_max,1);           %各代路径的平均长度
%%迭代寻找最佳路径
while iter < = iter_max
    %随机产生各个蚂蚁的起点城市
    start = zeros(m,1);
    for i = 1:m
        temp = randperm(n);
        start(i) = temp(1);
    end
    Table(:,1) = start;
    %构建解空间
    citys_index = 1:n;
    %逐个蚂蚁路径选择
    for i = 1:m
        %逐个城市路径选择
        for j = 2:n
            tabu = Table(i,1:(j-1));                %已访问的城市集合(禁忌表)
            allow_index = ~ismember(citys_index,tabu);
            allow = citys_index(allow_index);    %待访问的城市集合
            P = allow;
            %计算城市间转移概率
            for k = 1:length(allow)
                P(k) = Tau(tabu(end),allow(k))^alpha * Eta(tabu(end),allow(k))^
                beta;
            end
            P = P/sum(P);
            %轮盘赌法选择下一个访问城市
            Pc = cumsum(P);
            target_index = find(Pc > = rand);
            target = allow(target_index(1));
            Table(i,j) = target;
        end
    end
    %计算各个蚂蚁的路径距离
    Length = zeros(m,1);
    for i = 1:m
```

```
            Route = Table(i,:);
            for j = 1:(n-1)
                Length(i) = Length(i) + D(Route(j),Route(j+1));
            end
            Length(i) = Length(i) + D(Route(n),Route(1));
        end
        %计算最短路径距离及平均距离
        if iter = =1
            [min_Length,min_index] = min(Length);
            Length_best(iter) = min_Length;
            Length_ave(iter) = mean(Length);
            Route_best(iter,:) = Table(min_index,:);
        else
            [min_Length,min_index] = min(Length);
            Length_best(iter) = min(Length_best(iter-1),min_Length);
            Length_ave(iter) = mean(Length);
            if Length_best(iter) = =min_Length
                Route_best(iter,:) = Table(min_index,:);
            else
                Route_best(iter,:) = Route_best((iter-1),:);
            end
        end
        %更新信息素
        Delta_Tau = zeros(n,n);
        %逐个蚂蚁计算
        for i = 1:m
            %逐个城市计算
            for j = 1:(n-1)
                Delta_Tau(Table(i,j),Table(i,j+1)) = Delta_Tau(Table(i,j),
                    Table(i,j+1)) + Q/Length(i);
            end
            Delta_Tau(Table(i,n),Table(i,1)) = Delta_Tau(Table(i,n),
                Table(i,1)) + Q/Length(i);
        end
        Tau = (1-rho) * Tau + Delta_Tau;
    %迭代次数加1,清空路径记录表
    iter = iter +1;
    Table = zeros(m,n);
end
%%结果显示
[Shortest_Length,index] = min(Length_best);
Shortest_Route = Route_best(index,:);
disp(['最短距离:' num2str(Shortest_Length)]);
disp(['最短路径:' num2str([Shortest_Route Shortest_Route(1)])]);
```

```
%%绘图
figure(1)
plot([citys(Shortest_Route,1);citys(Shortest_Route(1),1)],…
    [citys(Shortest_Route,2);citys(Shortest_Route(1),2)],'o-');
grid on
for i=1:size(citys,1)
    text(citys(i,1),citys(i,2),['   ' num2str(i)]);
end
text(citys(Shortest_Route(1),1),citys(Shortest_Route(1),2),'起点');
text(citys(Shortest_Route(end),1),citys(Shortest_Route(end),2),'终点');
xlabel('城市位置横坐标')
ylabel('城市位置纵坐标')
title(['蚁群算法优化路径(最短距离:' num2str(Shortest_Length) ')'])
figure(2)
plot(1:iter_max,Length_best,'b',1:iter_max,Length_ave,'r:')
legend('最短距离','平均距离')
xlabel('迭代次数')
ylabel('距离')
title('各代最短距离与平均距离对比')
```

2. 数据文件

citys_data.mat：

```
citys =
        1304    2312
        3639    1315
        4177    2244
        3712    1399
        3488    1535
        3326    1556
        3238    1229
        4196    1004
        4312     790
        4386     570
        3007    1970
        2562    1756
        2788    1491
        2381    1676
        1332     695
        3715    1678
        3918    2179
        4061    2370
        3780    2212
        3676    2578
```

4029	2838
4263	2931
3429	1908
3507	2367
3394	2643
3439	3201
2935	3240
3140	3550
2545	2357
2778	2826
2370	2975

6.4.3 优化结果

【拓展视频】

优化结果如下:

最短距离:15601.9195

最短路径:

14—>12—>13—>11—>23—>16—>5—>6—>7—>2—>4—>8—>9—>10—>3—>18—>17—>19—>24—>25—>20—>21—>22—>26—>28—>27—>30—>31—>29—>1—>15—>14

各城市最优巡回路径如图6.9所示。各代最短距离与平均距离对比如图6.10所示。

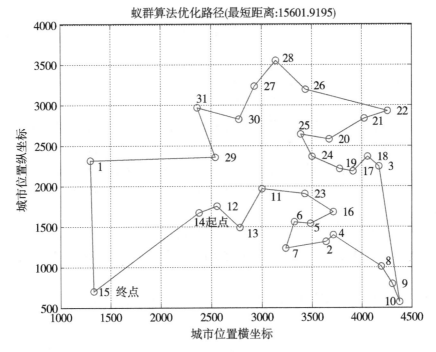

图6.9 各城市最优巡回路径

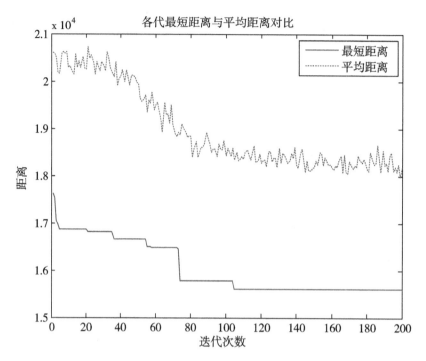

图 6.10　各代最短距离与平均距离对比

本章小结

本章主要用 4 种算法求解 TSP。

遗传算法是一种进化算法,其基本原理是仿效生物界中的"物竞天择、适者生存"的演化法则。遗传算法的做法是把问题参数编码为染色体,再利用迭代的方式进行选择、交叉及变异等运算来交换种群中染色体的信息,最终生成符合优化目标的染色体。

粒子群算法是一种基于群体智能的优化算法,它首先初始化一群随机粒子,然后通过迭代寻找问题的最优解,在每一次迭代过程中,粒子通过个体极值和群体极值更新自身的速度和位置。

模拟退火算法的出发点是基于物理中固体物质的退火过程与一般的组合优化问题之间的相似性。模拟退火算法是一种通用的优化算法,其物理退火过程由加温过程、等温过程、冷却过程 3 部分组成。

蚁群算法是一种新的模拟进化算法,其真实地模拟了自然界蚂蚁群体的觅食行为。

关键术语

遗传算法(Genetic Algorithm)
模拟退火算法(Simulated Annealing Algorithm)
混合粒子群算法(Hybrid Particle Swarm Optimization Algorithm)
蚁群算法(Ant Colony Algorithm)

习 题

思考题
1. 遗传算法的基本原理是什么?
2. 简述混合粒子群算法的操作过程。
3. 模拟退火算法由哪几部分组成?
4. 蚁群算法的基本原理是什么?

第 7 章 物流公司 A 配送方案分析

【学习目标】
(1) 理解案例的数学模型建立过程。
(2) 掌握用蚁群算法建立 VRP 模型的过程。
(3) 理解蚁群算法的程序。
(4) 了解不同因子对配送路径优化求解的影响。

【学习重点】
蚁群算法求解过程。

【学习难点】
蚁群算法求解过程。

本章首先给出了一个案例，即对物流公司 A 的配送方案进行分析，然后利用第 6 章讲解的蚁群算法对此案例进行求解，展示了利用 MATLAB 实现蚁群算法的程序实现过程，最后分析了 3 种不同因子对配送路径的影响，最终确定了最优参数组合。

7.1 案例背景

【期刊推荐】

物流公司 A 需要为 31 个客户进行物流配送，已知 31 个客户的坐标和物流公司 A 的坐标，以及各需求点的需求量如表 7-1 所示，其中编号 1 为物流公司 A，编号 2~32 为 31 个客户。另外，物流公司 A 可供使用的车辆足够多，现需要寻找一种配送方案使得在满足各点配送需求的基础上，总配送距离最短，车辆满载率最高。

表 7-1 客户点坐标及需求量

编号	X坐标	Y坐标	需求量	编号	X坐标	Y坐标	需求量
1	2438	1509	0	17	3918	2179	67
2	3639	1315	12	18	4061	2370	22
3	4177	2244	13	19	3780	2212	34
4	3712	1399	14	20	3676	2578	56
5	3488	1535	53	21	4029	2838	24
6	3326	1556	45	22	4263	2931	25
7	3238	1229	22	23	3429	1908	26
8	4196	1004	11	24	2507	2367	46
9	4312	790	11	25	3394	2643	87
10	4386	570	56	26	3439	3201	33
11	3007	1970	43	27	2935	3240	22
12	2562	1756	24	28	3140	3550	24
13	2788	1491	65	29	2545	2537	56
14	2381	1676	32	30	2778	2826	24
15	1332	695	56	31	2370	2975	43
16	3715	1678	67	32	1304	2312	12

7.2 问题分析与模型建立

通过分析问题的目标和约束条件可知,本问题属于带有负载约束的车辆路径问题,基于之前对此类配送路径规划问题的描述,和根据实际配送情况设置的一些约束条件,我们给出了针对此类 VRP 的数学模型。

1. 符号定义

T_{ij}:从客户 i 到客户 j 的运行时间 $(i,j=1,2,\cdots,n)$。
D_i:客户 i 的需求 $(i=1,2,\cdots,n)$。
C_k:车辆 k 的容量 $(k=1,2,\cdots,p)$。

$$x_{ijk} = \begin{cases} 1, & \text{如果车在访问完客户 } i \text{ 之后再访问客户 } j \\ 0, & \text{其他} \end{cases}$$

VRP 模型如下所示。

最小化:

$$\sum_{k=1}^{p}\sum_{i=1}^{n}\sum_{j=1}^{n}T_{ij}x_{ijk} \tag{7-1}$$

约束条件:

$$\sum_{k=1}^{p}\sum_{i=1}^{n}x_{ijk} = 1, \quad j = 1,2,\cdots,n \tag{7-2}$$

$$\sum_{k=1}^{p}\sum_{j=1}^{n}x_{ijk} = 1, \quad i = 1,2,\cdots,n \tag{7-3}$$

$$\sum_{i=1}^{n}D_i\sum_{j=1}^{n}x_{ijk} \leq C_k, \quad k = 1,2,\cdots,p \tag{7-4}$$

$$\sum_{i=1}^{n}x_{ilk} - \sum_{j=1}^{n}x_{ljk} = 0, \quad l = 1,2,\cdots,n \quad k = 1,2,\cdots,p \tag{7-5}$$

$$x_{ijk} = 0 \text{ 或 } 1, \quad i,j = 1,2,\cdots,n \quad k = 1,2,\cdots,p \tag{7-6}$$

2. 优化目标设置

配送路径的合理与否直接影响配送的速度、成本和效益。无论采用何种优化方法,我们首先都要设置合理的优化目标。对于区域共同配送工作,要根据实际情况、配送要求、客观条件等选择优化目标。通常有以下几种选择。

(1) 预期的效益,当效益被选择为优化目标时,通常以企业当前的效益为主要考虑因素,同时兼顾长远的效益。由于效益是企业整体经营活动的综合体现,在建立数学模型时,效益与配送路线之间很难建立函数关系,因此一般很少采用这一目标。

(2) 配送成本,以最低配送成本为预期目标时,配送成本一般与配送路线有着直接的联系;当选择配送成本为优化目标时,一般是配送成本决定了企业的效益,通常来说具有实用可行性,也可一定程度上减少计算量。

(3) 运力利用,在运力非常紧张、运力与配送成本或效益相关性较强的情况下,为了节约和充分利用运力,也可将运力安排作为优化目标,确定配送路线。

(4) 配送路程,如果配送成本和路程相关性较强,则可以选择路程最短为优化目标,这样可以避免许多不易计算的影响因素,大大简化计算。需要注意的是,有时候路程最短并不意味着配送成本最低,如道路条件、道路收费等因素也会影响配送成本。

在此案例中,配送的成本和配送的路程具有较强的相关性,因此选择配送路程作为优化目标,同时也能简化计算。

7.3 蚁群算法

蚁群算法是一种人们在观察蚂蚁觅食和迁移习性基础上衍生出来的一种智能仿生算法。最初的蚁群算法用来解决 TSP,后被用于解决多种组合优化问题。这里研究的 VRP 与 TSP 有一定程度的相似性,所以,需要在针对 TSP 的蚁群算法的基础上加以改进,使之能满足本文中区域共同配送路径规划问题的求解。

7.3.1 蚁群算法基本原理

研究人员发现,自然界中的蚂蚁群体在觅食等活动中,总是能寻找到较短的路径,而这恰恰是因为蚂蚁能释放一种称为信息素的激素物质,利用这种信息素,蚂蚁之间可以进行信息的传递。蚂蚁通过感知之前的蚂蚁在途经的路径上遗留下来的信息素,来判断行进的方向。正是由于这种蚁群之间的协同、反馈机制,使得蚂蚁总是能在没有任何指引的情况下寻找到最优路径,并且能适应环境的变化,不断地进行搜索。图 7.1 所示为蚁群的搜索机制。

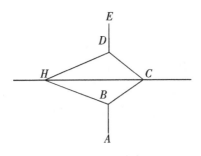

图 7.1 蚁群的搜索机制

在图 7.1 中,假设有 30 只蚂蚁从 A 处出发,要寻找位于 E 处的食物,现有两条路径可选择,一条是从 A 出发,经过 B—C—D 到达 E,另一条是经过 B—H—D 到达 E,而 $BH = DH$,$BC = CD$,$BH = 2CD$。第一次蚂蚁出发,由于路径上没有信息素,蚂蚁选择两条路径的概率是相等的。因此，会有 15 只蚂蚁选择 B—C—D，15 只蚂蚁选择 B—H—D，过了一个单位时间，B—C—D 路线上的信息素是 B—H—D 路线上信息素的两倍，当 $t=1$ 时，会有 20 只蚂蚁选择 B—C—D，10 只蚂蚁选择 B—H—D。随着时间的推移，会有越来越多的蚂蚁选择 B—C—D 路线，导致最终全部蚂蚁都选择此路线。

人们将蚁群这种最优路径选择机制应用到实际生产的路径优化问题中去，这里就要引入人工蚂蚁。人工蚂蚁可以在各节点间进行移动，它依靠一定的概率函数实现对下一个节点的寻找。该概率函数与路径上遗留的信息素量的大小，以及相应的启发值（如路径的长度）有关，一般来说，路程长的路径信息素相对来说就会小，而人工蚂蚁与自然蚂蚁一样都会倾向选择信息较多的路径。人工蚂蚁相较于自然蚂蚁也有一定的区别，那就是，人工蚂蚁具有一定的记忆能力，它能存储记忆已经到达过的节点，并且人工蚂蚁可以进行节点的筛选，按照一定的概率选择节点与路线。

蚁群算法就是利用上述设置人工蚂蚁的方法来解决路径优化组合问题的。综上，蚁群算法的本质体现在以下几个方面：

（1）选择机制，利用路径上信息素的多少进行选择，信息素越多越容易被选择。

（2）更新机制，路径上的信息会随着蚂蚁的经过而增加，也会随着时间的推移而逐渐减少。

（3）协调机制，蚁群之间通过信息素传递信息，进行相互协调。

7.3.2 蚁群算法基本模型

蚂蚁 $k(k=1,2,\cdots,m)$ 运算符号假设如下。

d_{ij}：城市 i、j 之间的几何距离。

m：人工蚂蚁的总数量。

τ_{ij}：t 时刻在边 (i,j) 上的信息素大小。

$\tau_{ij}(0)=C(C$ 为常数$)$：初始时刻各条路径上的信息素量为 C。

η_{ij}：表示 t 时刻在边 (i,j) 上的启发信息量，可取城市 i、j 间几何距离的倒数，即 $\eta_{ij}=1/d_{ij}$。

蚂蚁 $k(k=1,2,\cdots,m)$ 在运动过程中，根据各条路径上的信息素量和启发信息量决定转移方向，则蚂蚁 k 在 t 时刻由城市 i 转移到城市 j 的概率按式（7-7）计算。

$$P_{ij}^{k}(t) = \begin{cases} \dfrac{\tau_{ij}^{\alpha}(t) \cdot \eta_{ij}^{\beta}(t)}{\sum_{s \in \text{allowed}_k} \tau_{ij}^{\alpha}(t) \cdot \eta_{ij}^{\beta}(t)}, & J \in \text{allowed}_k \\ 0, & \text{其他} \end{cases} \quad (7-7)$$

在式（7-7）中，α 为信息启发式因子，β 为期望值启发式因子，α 决定了信息素量和的相对影响力，β 决定了启发信息量；allowed$_k$ 表示蚂蚁 k 下一步可以选择的城市集合；$P_{ij}^{k}(t)$ 表示蚂蚁 k 在 t 时刻由城市 i 转移到城市 j 的概率。

一旦所有的蚂蚁都建立好路径之后，按照式（7-8）所示的规则更新各条路径上的信息素。

$$\tau_{ij} \leftarrow (1-\rho)\tau_{ij} + \sum_{k=1}^{m} \Delta\tau_{ij}^{k} \tag{7-8}$$

在式(7-8)中，ρ 为信息素挥发系数，$0<\rho<1$，ρ 可以避免路径上信息素的无限累积。$\Delta\tau_{ij}^{k}$ 表示第 k 只蚂蚁在本次循环中留在边 (i,j) 的信息素量。假如 $\Delta\tau_{ij}^{k}$ 依照式(7-9)计算的话，则称为蚁周系统。

$$\Delta\tau_{ij}^{k} = \begin{cases} Q/L_{k}, & \text{若第 } k \text{ 只蚂蚁经过边}(i,j) \\ 0, & \text{其他} \end{cases} \tag{7-9}$$

在式(7-9)中，L_k 表示蚂蚁 k 在这一次的循环中所走的路径长度。Q 表示信息素强度。另外还有如下两种模型。

蚁量系统：

$$\Delta\tau_{ij}^{k} = \begin{cases} Q/d_{ij}, & \text{若第 } k \text{ 只蚂蚁经过边}(i,j) \\ 0, & \text{其他} \end{cases} \tag{7-10}$$

蚁密系统：

$$\Delta\tau_{ij}^{k} = \begin{cases} Q, & \text{若第 } k \text{ 只蚂蚁经过边}(i,j) \\ 0, & \text{其他} \end{cases} \tag{7-11}$$

对比3种系统，蚁周系统是所有蚂蚁完成一次循环后更新信息素，而蚁量系统和蚁密系统是蚂蚁每走一步就要更新一次信息素。

7.3.3 改进的蚁群算法 VRP 模型

为了能得到全局最优解，我们在采用蚁周系统的前提下，采用最大最小蚂蚁(Max Min Ant System，MMAS)算法来求解。位于 i 配送点的蚂蚁 k 选择 j 配送点作为下一位置的概率，仍按式(7-7)进行计算。但是 $allowed_k$ 表示蚂蚁 k 下一步允许选择的配送点集合。P_{ij}^{k} 表示蚂蚁 k 由配送点 i 转移到配送点 j 的概率。当所有蚂蚁都构建好路径之后，各边上的信息素将按式(7-12)的规则进行更新。

$$\tau_{ij} \leftarrow (1-\rho)\tau_{ij} + 1/L_{\text{best}} \tag{7-12}$$

在式(7-12)中，L_{best} 为当前迭代的最优路径长度。各条路径上的信息素量 τ_{ij} 被限制在 $[\tau_{\min}, \tau_{\max}]$ 之间，超出这个范围的值将被强制设为 $\tau_{\min} = \tau_{\max}/5$ 或 $\tau_{\max} = 1/(\rho Z)$，其中 Z 为最短的配送路程。

使用 MMAS 建立的模型，其求解步骤如下所述：

(1) 初始化参数 α、β、ρ 和循环次数 $N_{\max}$，设 $N=0$。
(2) 将蚂蚁 k 置于配送中心。
(3) 对于蚂蚁 k 按照式(7-7)选择下一个配送点。
(4) 如果配送点 j 满足要求，就将第 k 只蚂蚁转移到该配送点。
(5) 把配送点 j 加入到已访问配送点集合中。
(6) 重复以上步骤，直到蚂蚁 1 到 m 全部完成循环。
(7) 按照式(7-12)更新信息素。
(8) 令 $N=N+1$，如果 $N<N_{\max}$，转到步骤2，否则结束步骤，输出最优解。

7.4 算法程序的实现

首先编写 data.txt 文件，里面加载客户点和物流公司的坐标，以及各客户点的需求量，以备在程序中调用计算。

1. 数据文件

该 TXT 文件的内容如下：

```
1  2438 1509 0
2  3639 1315 12
3  4177 2244 13
4  3712 1399 14
5  3488 1535 53
6  3326 1556 45
7  3238 1229 22
8  4196 1004 11
9  4312 790  11
10 4386 570  56
11 3007 1970 43
12 2562 1756 24
13 2788 1491 65
14 2381 1676 32
15 1332 695  56
16 3715 1678 67
17 3918 2179 67
18 4061 2370 22
19 3780 2212 34
20 3676 2578 56
21 4029 2838 24
22 4263 2931 25
23 3429 1908 26
24 2507 2367 46
25 3394 2643 87
26 3439 3201 33
27 2935 3240 22
28 3140 3550 24
29 2545 2357 56
30 2778 2826 24
31 2370 2975 43
32 1304 2312 12
```

2. 程序源码

编程进行配送方案的求解，程序源码如下：

```
%清除所有变量和类的定义
clear;
clear classes;
%蚁群算法参数(全局变量)
global ALPHA;                    %启发因子
global BETA;                     %期望因子
global ANT_COUNT;                %蚂蚁数量
global CITY_COUNT;               %需求点数量
global RHO;                      %信息素残留系数!!!
global IT_COUNT;                 %迭代次数
global DAry;                     %两两用户点间距离
global TAry;                     %两两需求点间信息素
global CITYWAry;                 %客户点货物需求量
global VW;                       %车辆最大载重
% ================================================================
%设置参数变量值
ALPHA=1.0;
BETA=2.0;
RHO=0.95;
IT_COUNT=200;
VW=100;
% ================================================================
%读取数据并根据读取的数据设置其他参数
load data.txt;                   %从文本文件加载数据
city_xy_ary=data(:,2:3);         %得到城市的坐标数据
CITYWAry=data(:,4);              %得到每个城市的货物需求量
CITY_COUNT=length(CITYWAry);     %得到城市数量(包括配送站在内)
ANT_COUNT=round(CITY_COUNT*2/3)+1;%根据城市数量设置蚂蚁数量,一般设置为城市数量的2/3
%MMAS 信息素参数
%计算最大信息素和最小信息素之间的比值
PBest=0.05;                      %蚂蚁一次搜索找到最优解的概率
temp=PBest^(1/CITY_COUNT);
TRate=(1-temp)/((CITY_COUNT/2-1)*temp); %最大信息素和最小信息素之间的比值
%信息素的最大最小值开始的时候设置成多大无所谓
%第一次搜索完成会生成一个最优解,再用这个解会重新产生最大最小值
Tmax=1;                          %信息素最大值
Tmin=Tmax*TRate;                 %信息素最小值
%计算两两城市间距离
DAry=zeros(CITY_COUNT);
for i=1:CITY_COUNT
    for j=1:CITY_COUNT
```

```matlab
            DAry(i,j) = sqrt((city_xy_ary(i,1) - city_xy_ary(j,1))^2 + (city_xy_ary(i,2) - city_xy_ary(j,2))^2);
        end
    end
    %初始化城市间信息素
    TAry = zeros(CITY_COUNT);
    TAry = TAry + Tmax;
    %==================================================================
    %初始化随机种子
    rand('state',sum(100*clock));
    %定义蚂蚁
    mayi = ant();
    Best_Path_Length = 10e9;       %最佳路径长度,先设置成一个很大的值
    tm1 = datenum(clock);          %记录算法开始执行时的时间
    FoundBetter = 0;               %一次搜索是否有更优解产生
    %开始搜索
    for i = 1:IT_COUNT
        fprintf('开始第%d次搜索,剩余%d次',i,IT_COUNT - i);
        FoundBetter = 0;           %搜索前先置为没有更优解产生
        for j = 1:ANT_COUNT
                                   %蚂蚁搜索一次
            mayi = Search(mayi);
                                   %得到蚂蚁搜索路径长度
            Length_Ary(j) = get(mayi,'path_length');
                                   %得到蚂蚁搜索的路径
            Path_Ary{j} = get(mayi,'path');
                                   %保存最优解
            if (Length_Ary(j) < Best_Path_Length);
                Best_Path_Length = Length_Ary(j);
                Best_Path = Path_Ary{j};
                                   %有更优解产生,设置标志
                FoundBetter = 1;
            end
        end
        %有更好解产生,进行2-OPT优化
        if (FoundBetter == 1)
            fprintf(',本次搜索找到更好解!');
            Best_Path = opt2(Best_Path);
            Best_Path_Length = PathLength(Best_Path);
        end
    %--------------------------------------------------------------------
        %全部蚂蚁搜索完一次,更新环境信息素
        TAry = TAry*RHO;
        %只有全局最优蚂蚁释放信息素
```

```
        dbQ = 1/Best_Path_Length;
        for k = 2:CITY_COUNT
            m = Best_Path(k-1);                    %上一个城市编号
            n = Best_Path(k);                      %下一个城市编号
            %更新路径上的信息素
            TAry(m,n) = TAry(m,n) + dbQ;
            TAry(n,m) = TAry(m,n);
        end
        %更新最后城市返回出发城市路径上的信息素
        TAry(n,1) = TAry(n,1) + dbQ;
        TAry(1,n) = TAry(n,1);
        %-------------------------------------------------------------
        %更新完信息素,进行边界检查
        Tmax = 1/((1 - RHO)*Best_Path_Length);     %信息素最大值
        Tmin = Tmax*TRate;                         %信息素最小值
        for m = 1:CITY_COUNT
            for n = 1:CITY_COUNT
                if (TAry(m,n) > Tmax)
                    TAry(m,n) = Tmax;
                end
                if (TAry(m,n) < Tmin)
                    TAry(m,n) = Tmin;
                end
            end
        end
        %-------------------------------------------------------------
        %换行
        fprintf('\n');
end
tm2 = datenum(clock);                              %记录算法结束执行时的时间
fprintf('\n 搜索完成,用时%.3f 秒,最佳路径长为%.3f,派送方案如下 :: \n \n[1]',...
    (tm2 - tm1)*86400,Best_Path_Length);
%================================================================
%输出结果
dbW = 0;
%for i = 2:CITY_COUNT
    m = Best_Path(i-1);                    %上一个城市
    n = Best_Path(i);                      %当前城市
    if(dbW + CITYWAry(n) > VW)             %运送的货物超过限制
        fprintf('          (满载率:    %.1f%%)\n[1] - %d',dbW*100/VW,n);
        dbW = CITYWAry(n);                 %运输的重量等于该城市的需求量
    else                                   %没有超过限制
        fprintf(' - %d',n);
        dbW = dbW + CITYWAry(n);           %运输的重量加上该城市的需求量
```

```
        end
end
fprintf('            (满载率:%.1f%%)',dbW*100/VW);
fprintf('\n \n');
%[程序结束]
```

7.5 配送方案与结果分析

设置默认参数为 $\alpha=1$，$\beta=2$，$\rho=0.3$，迭代次数 N 为 200。在 MATLAB 中运行程序。某次运行结果如图 7.2 所示。我们使用控制单个变量的方法进行仿真实验，具体介绍如下。

```
开始第184次搜索 ， 剩余16次
开始第185次搜索 ， 剩余15次
开始第186次搜索 ， 剩余14次
开始第187次搜索 ， 剩余13次     本次搜索找到更好解!
开始第188次搜索 ， 剩余12次
开始第189次搜索 ， 剩余11次
开始第190次搜索 ， 剩余10次
开始第191次搜索 ， 剩余9次
开始第192次搜索 ， 剩余8次
开始第193次搜索 ， 剩余7次
开始第194次搜索 ， 剩余6次
开始第195次搜索 ， 剩余5次
开始第196次搜索 ， 剩余4次
开始第197次搜索 ， 剩余3次
开始第198次搜索 ， 剩余2次
开始第199次搜索 ， 剩余1次
开始第200次搜索 ， 剩余0次

搜索完成 ， 用时22.689秒 ， 最佳路径长为56334.923 ， 派送方案如下

[1]-15-13-12-14             (满载率 : 88.5%)
[1]-11-19-17-3-18           (满载率 : 89.5%)
[1]-10-9-8-2-4-16-23        (满载率 : 98.5%)
[1]-24-20-22-21-27-30       (满载率 : 98.5%)
[1]-29-6-5-7                (满载率 : 88.0%)
[1]-25-26-28-31-32          (满载率 : 99.5%)
```

图 7.2　某次程序运行结果

7.5.1　α 对配送路径优化求解的影响

信息启发式因子 α 决定了信息素量的相对影响力。当 α 数值相对较大时，信息素影响力大，算法的随机性会减小，因为正反馈作用得以增强，蚂蚁倾向选择之前走过的路径。这样会使得算法过早的收敛。当 α 数值相对较小时，算法容易陷入局部最优解。α 对配送路径优化求解的影响如表 7-2 所示。

表 7-2 α 对配送路径优化求解的影响

参数	配送路程	配送路线	车辆满载率
$\alpha=1$ $\beta=2$ $\rho=0.3$	27435	[1]—14—12—11—20—19	94.5%
		[1]—17—3—18—26—27—28	90.5%
		[1]—13—7—5—6	92.5%
		[1]—24—21—22—25	91.0%
		[1]—29—30—31—32—15	95.5%
		[1]—10—9—8—2—4—16—23	98.5%
$\alpha=2$ $\beta=2$ $\rho=0.3$	25908	[1]—14—29—31—32—15	99.5%
		[1]—24—20—25	94.5%
		[1]—3—18—22—21—26—28—27—30	93.5%
		[1]—12—11—23—19—17	97.0%
		[1]—16—4—2—8—9—10—7	96.5%
		[1]—6—5—13	81.5%
$\alpha=3$ $\beta=2$ $\rho=0.3$	32519	[1]—14—12—25—24	94.5%
		[1]—21—22—18—17—19—3	92.5%
		[1]—20—29—13	88.5%
		[1]—11—7—6—2—4—5	94.5%
		[1]—16—26—28—27—31	94.5%
		[1]—30—23—8—9—10—15—32	98.0%

由表 7-2 明显可以看出,当 $\alpha=3$ 时的配送路程远大于当 $\alpha=2$ 时的配送路程,说明算法过早的收敛;而 $\alpha=1$ 时,也不是全局最优解。

7.5.2 β 对配送路径优化求解的影响

期望值启发式因子 β 决定了启发信息量的相对重要性。当 β 的数值比较小时,信息素的影响力减弱,蚂蚁失去感知判断,容易陷入随机搜索中。当 β 的数值比较大时,蚂蚁会倾向选择之前走过的路径,这样就容易陷入局部最优解。β 对配送路径优化求解的影响如表 7-3 所示。

表 7-3 β 对配送路径优化求解的影响

参数	配送路程	配送路线	车辆满载率
$\alpha=1$ $\beta=1$ $\rho=0.3$	26669	[1]—15—32—31—27—28—26	95.0%
		[1]—19—17—3—18—22—21	92.5%
		[1]—25—20—24	94.5%
		[1]—13—7—10—9—8—2—4	95.5%
		[1]—6—5—16—23	95.5%
		[1]—11—30—29—12—14	89.5%

续表

参数	配送路程	配送路线	车辆满载率
$\alpha=1$ $\beta=3$ $\rho=0.3$	26496	[1]—14—12—11—25	93.0%
		[1]—20—21—22—26—28—27	92.0%
		[1]—13—6—5—23	94.5%
		[1]—19—17—3—18—24	91.0%
		[1]—16—4—2—8—9—10—7	96.5%
		[1]—15—32—31—30—29	95.5%
$\alpha=1$ $\beta=5$ $\rho=0.3$	29712	[1]—24—26—28—27—30—31	96.0%
		[1]—32—11—20—25	99.0%
		[1]—21—22—18—3—17—19	92.5%
		[1]—23—16—5—6	95.5%
		[1]—8—10—9—4—2—13	84.5%
		[1]—15—29—7—12—14	95.0%

由表 7-3 明显可以看出，当 $\beta=5$ 时的配送路程远大于当 $\beta=3$ 时的配送路程，说明算法过早的收敛，而当 $\beta=1$ 时，不是全局最优解。

7.5.3 ρ 对配送路径优化求解的影响

信息素挥发系数 ρ 影响着蚁群算法的全局搜索能力和收敛的速度。ρ 的数值相对较大时，蚂蚁会倾向选择之前走过的路径，这样就容易陷入局部最优解，ρ 的数值较小时，虽然说可以提高全局搜索能力，但收敛速度会变慢。ρ 对配送路径优化求解的影响如表 7-4 所示。

表 7-4 ρ 对配送路径优化求解的影响

参数	配送路程	配送路线	车辆满载率
$\alpha=1$ $\beta=2$ $\rho=0.3$	27178	[1]—14—12—11—23—16	96.0%
		[1]—7—5—2—4—8—9—10	89.5%
		[1]—21—22—26—28—27—30—31	97.5%
		[1]—25—20—24	94.5%
		[1]—19—17—3—18—6	90.5%
		[1]—13—29—32—15	94.5%
$\alpha=1$ $\beta=2$ $\rho=0.5$	26375	[1]—14—12—11—17—19	100.0%
		[1]—25—20—24	94.5%
		[1]—27—28—26—21—22—18—3—23	94.5%
		[1]—6—5—16	82.5%
		[1]—29—30—31—32—15	95.5%
		[1]—7—10—9—8—4—2—13	95.5%

续表

参数	配送路程	配送路线	车辆满载率
$\alpha=1$ $\beta=2$ $\rho=0.7$	29665	[1]—24—26—28—27—30—31	96.0%
		[1]—32—11—20—25	99.0%
		[1]—21—22—18—3—17—19	92.5%
		[1]—23—16—5—6	95.5%
		[1]—8—10—9—4—2—13	84.5%
		[1]—15—29—7—12—14	95.0%

由表 7-4 明显可以看出，当 $\rho=0.7$ 时的配送路程远大于当 $\rho=0.5$ 时的配送路程，说明算法过早的收敛，而 $\rho=0.3$ 时，不是全局最优解。

7.5.4 确定最优参数组合

通过上面的仿真结果对比分析，基本确定了单个参数的较为合适的数值。但这些值组合在一起未必就是最优参数组合，因此还需根据表 7-2~表 7-4 的结果，对参数组合进行仿真分析。不同参数组合下问题的较好解如表 7-5 所示。

表 7-5 不同参数组合下问题的较好解

α	β	ρ	配送路程
1	2	0.1	26258
1	3	0.3	26496
2	2	0.3	25908

由表 7-5 可知，其中的最好解为 25908，而其他解与最好解十分接近，相差仅在 1%~2%。因此，算法参数的取值范围为 $\alpha \in [1,2]$，$\beta \in [2,3]$，$\rho \in [0.1,0.3]$。因此，求解此 32 个配送点问题的最佳参数组合为 $\alpha=2$，$\beta=2$，$\rho=0.3$。

本章小结

本章首先介绍了一个配送路径优化的案例，并分析了该案例，建立了数学模型。在此基础上用蚁群算法对此案例进行了求解。

通过蚁群算法的程序实现，获得了配送路径优化结果，此外，我们利用控制单个变量的方法进行了仿真实验，体现了不同因子 α、β、ρ 对配送方案的结果的影响，并确定了最优的参数组合。

读者要重点学习蚁群算法的求解过程，多加练习，以便更好地掌握。

关键术语

蚁群算法(Ant Colony Algorithm)

第 8 章 北京市某区域共同配送中心案例分析

【学习目标】
(1) 了解案例背景。
(2) 掌握遗传算法的设计过程。
(3) 掌握利用 MATLAB 实现遗传算法的程序实现过程。

【学习重点】
遗传算法设计。

【学习难点】
遗传算法的程序实现。

本章首先给出了一个案例，即对北京市某区域共同配送中心的方案进行分析，然后利用第 6 章讲解的遗传算法对此案例进行求解，展示了利用 MATLAB 实现遗传算法的程序实现过程，最后得出了程序计算的结果，即最优方案。

8.1 案例背景

【期刊推荐】

2015 年 4 月 30 日，中共中央政治局召开会议，审议通过《京津冀协同发展规划纲要》。会议指出，推动京津冀协同发展是一个重大国家战略，战略的核心是有序疏解北京非首都功能。京津冀协同发展是以习近平同志为总书记的党中央做出的一项重大战略决策。《京津冀协同发展规划纲要》除将明确区域整体定位及三省市定位以外，还将确定京津冀协同发展的近、中、远期目标。《京津冀协同发展规划纲要》包括总纲、实施细则和具体名录。既有顶层设计纲要，也有实施方案细则和路线图。其中，实施方案细则包括交通一体化细则、环保一体化细则和产业一体化细则。

京津冀协同规划作为高层力推的国家级区域规划，将带来巨量投资，也将极大地改变京津冀三省市的产业格局，相对落后的河北、天津两地无疑将有巨大的发展空间。

京津冀协同发展规划一旦落地，势必成为超越国家战略的一项具备里程碑式的历史性工程，而其带来的投资机会更是不容小视。据财政部测算，京津冀一体化未来 6 年需要投入 42 万亿元。这将给房地产、建材、交运、环保等方面带来确定性投资机会。

现如今，随着电子商务的不断普及，人们快速变化的消费需求推动着快递业迅速增长，线性快递服务模式存在种种弊端。在北京市实行快递企业共同配送便可有效缓解市区交通拥堵状况，减少环境污染，提高物流服务能力，不断满足电子商务发展需求，提高用户网购体验，有效降低物流企业成本，提高企业收益率。

在快递企业共同配送的背景下，首要的是解决物流快递运输问题及共同配送下车辆配送路径优化和车辆调度问题。假设在北京海淀区 X026（西小口路）设置大型快递共同配送中心，每天向分别位于北京市海淀区正白旗路、北京市海淀区南大桥、北京市海淀区宝盛东路、北京市海淀区清华东路 17 号、北京市朝阳区科荟南路、北京市朝阳区安慧北里小区路、北京市海淀区中关村北大街、北京市海淀区花园东路乙 9 号院的 8 处快递综合服务中心（具体自提柜布置点和人工服务的综合服务中心）派件。综合服务中心的配送车辆均为最大载重量为 8t 的派送车。如何得到车辆每天的配送方案，并通过实时有效的跟踪实现快递共同配送，是我们要解决的问题。

8.2 项目系统性分析

项目中，快递业共同配送方案主要包括车辆路径规划和车辆配送实时跟踪方案。项目系统性分析图解如图 8.1 所示。

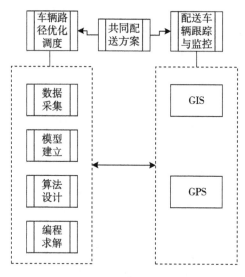

图8.1　项目系统性分析图解

8.3　物流配送调度优化解决方案

8.3.1　数据采集和整理

根据共同配送中心位置，自提柜布置位置，在百度地图中输入地址得到相应坐标位置如图8.2和图8.3所示，项目中的配送中心和配送点位置如表8-1所示。在GIS中根据相应坐标得到相应各点之间的道路距离如表8-2所示。

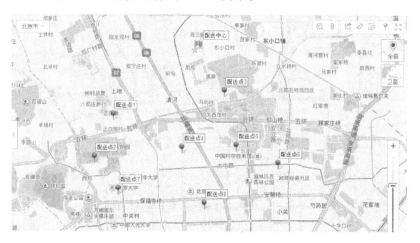

图8.2　配送中心及各自提点的位置分布

图 8.3　各配送点及配送中心之间的距离采集

表 8-1　配送中心和各配送点的位置

配送中心或配送点编号	地理位置	坐标
0(配送中心)	北京市海淀区 X026(西小口路)	(116.373684,40.058017)
1	北京市海淀区正白旗路	(116.316331,40.024177)
2	北京市海淀区南大桥	(116.307734,40.013451)
3	北京市海淀区宝盛东路	(116.380517,40.047828)
4	北京市海淀区清华东路 17 号	(116.36421,40.010529)
5	北京市朝阳区科荟南路	(116.406642,40.013513)
6	北京市朝阳区安慧北里小区路	(116.418581,40.002384)
7	北京市海淀区中关村北大街	(116.322988,39.991592)
8	北京市海淀区花园东路乙 9 号院	(116.373853,39.986575)

表 8-2　共同配送中心与综合物流中心之间的距离　　（单位：km）

配送节点	0	1	2	3	4	5	6	7	8
0	0	7.4	12.1	5.3	6.6	8.2	11.9	11.2	10.8
1	7.4	0	5.8	9	7.1	11.4	12.8	6.9	10.7
2	12.1	5.8	0	12.2	9.4	10.1	13.7	2.8	9
3	5.3	9	12.2	0	4.9	4.1	7.8	11.9	8.5
4	6.6	7.1	9.4	4.9	0	4	6	6.6	4
5	8.2	11.4	10.1	4.1	4	0	3.9	10	4.4
6	11.9	12.8	13.7	7.8	6	3.9	0	10.8	5.7
7	11.2	6.9	2.8	11.9	6.6	10	10.8	0	5.5
8	10.8	10.7	9	8.5	4	4.4	5.7	5.5	0

通过配送中心分拣和归类,假设需要配送到 8 个综合服务中心的快递量分别如表 8-3 所示。另外,已知车辆最大载重量为 8t,最大配送距离为 10km,假设配送中心的配送车辆足够并且满足相应配送需求。

表 8-3 各自提柜或综合物流服务中心的需求配送量

自提柜点	1	2	3	4	5	6	7	8
需求量/t	2	1.5	4.5	3	1.5	4	2.5	3

8.3.2 遗传算法介绍

遗传算法是一种基于自然群体遗传演化机制的高效探索算法,它摒弃了传统的搜索方式,模拟自然界生物进化过程,采用人工进化的方式对目标空间进行随机化搜索。它将问题域中的可能解看作群体的一个个体或染色体,并将每一个体编码成符号串形式,模拟达尔文的遗传选择和自然淘汰的生物进化过程,对群体反复进行基于遗传学的操作(遗传、交叉和变异),根据预定的目标适应度函数对每个个体进行评价,依据适者生存,优胜劣汰的进化规则,不断得到更优的群体,同时以全局并行搜索方式来搜索优化群体中的最优个体,求得满足要求的最优解。遗传算法原理如图 8.4 所示。

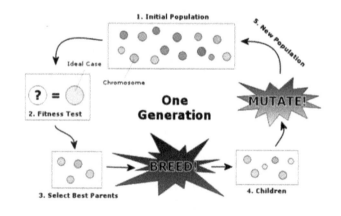

图 8.4 遗传算法原理

个体就是模拟生物个体而对问题中的对象(一般就是问题的解)的一种称呼,一个个体也就是搜索空间中的一个点。种群就是模拟生物种群而由若干个体组成的群体,它一般是整个搜索空间的一个很小的子集。基本遗传算法可用于解决求一般参数优化问题的全局最优解。其寻优过程如图 8.5 所示。

1. 编码

对优化问题解空间中可行解(个体)进行编码,也就是要将解空间的设计变量转换为遗传算法中的基因型数据结构,通常用一个固定长度的二进制位串来进行编码,形成遗传算法中的染色体,这种编码方式简单,易于在计算机上编程实现。

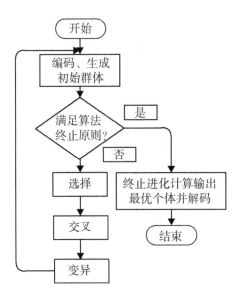

图 8.5 遗传算法基本优化步骤

在进行二进制编码时,首先要确定二进制编码串的长度,其依赖于变量的定义域及问题所要求的精度。例如,若变量的定义域为 [0,10],而问题的精度要求为 10^{-6},要确定编码串的长度,首先要把定义域分割成 10 000 000 个等长区间,每个区间采用一个二进制编码来表示,而 $2^{23} = 83\,886\,082\,2^{24} = 16\,777\,216$,因此至少需要编码串长度为 24。这样对应于 [0,10] 区域精度范围内的每个值都可用一个 24 位编码串个体来表示,其转换过程如下:当优化问题属于多维优化问题时,可先对各个变量分别进行编码,然后将它们合并成一个长串;在解码时,再对各个变量分别进行解码即可。

2. 产生初始群体

由于遗传算法是对群体的反复操作,因此需要建立一个初始迭代的群体。群体的大小视具体问题而定,较小的优化问题个体可以选择 10~20 个,复杂一些的问题则需要 50~100 个个体。初始群体的每个个体都是通过随机方法产生的,初始群体称为进化第一代。

3. 构造评价函数(适应度)

在遗传算法中,通常将优化问题的目标函数进行适当的变化后,作为遗传算法的评价函数,或称为适应度。群体在进化过程中,通过适应度来评价个体的优劣,作为遗传操作的依据,并由此一步步地达到问题的最优逼近值。适应度就是借鉴生物个体对环境的适应程度,而对问题中的个体对象所设计的表征其优劣的一种测度。

适应度函数就是问题中的全体个体与其适应度之间的一个对应关系。它一般是一个实值函数。该函数就是遗传算法中指导搜索的评价函数。

4. 遗传操作

在初始群体的基础上,通过遗传操作产生后代群体,遗传操作也称遗传算子,它影响着群体的进化过程和效率。选择、交叉和变异是遗传算法的 3 个主要操作算子,它们构成了遗传算法的主体。下面分别介绍选择运算、交叉运算和变异运算。

1) 选择运算

选择是遗传算法的基本算子，它从当前群体中选择出一定数量的优良个体，作为参与下一代群体繁殖的父代个体，使它们有机会繁殖后代，体现了"适者生存"的自然选择原则。个体的选择是依据适应度大小进行的，适应度大的个体被复制，适应度小的个体则被淘汰，而新群体个体的总数保持不变。

假定一个群体有6个符号串，而且它们的适应度值如表8-4所示。

表8-4　6个符号串的适应度值

个体	适应度值	选择概率
A	25	0.5
B	10	0.2
C	6	0.12
C	6	0.12
D	2	0.04
E	1	0.02
总　数	50	1

实现上述选择的一种方法是轮盘选择，即每个符号串在轮盘上占有一格，而格的大小则与符号串的适应度值成正比。在选择一个新的符号串时，只转动轮盘，待轮盘停下，落在标记处的格所对应的符号串被选中。轮盘转动6次生成一代新的群体，符号串的期望组合为基于期望次数，结果如表8-5所示。新的群体可能是(A,A,A,B,C,C)。很明显，如果繁殖操作被重复运用，适应度较高的符号串在整个群体中将占据主导地位。繁殖操作只能使新群体性能得到改善，但是不能生成新的符号串(个体)。

表8-5　新群体的适应度值

个体	选择概率	期望次数
A	0.5	3
B	0.2	1.2
C	0.24	1.44
D	0.04	0.24
E	0.02	0.12

2) 交叉运算

交叉运算是使群体产生新个体的操作过程，简单的交叉操作首先对新群体中的个体(优胜者)进行随机配对，然后在配对个体中随机选择交叉点位置，再将两个个体的部分结构加以替换，重组而生成新个体。一般交叉操作要求既不能过多地破坏优良个体的优良特性，又能够产生一些较好的新个体模式。交叉操作主要包括以下内容。

(1) 在形成的配对库中随机产生配对个体组,并依概率决定是否进行交叉操作。
(2) 设定配对交叉点并完成交叉操作。两个个体符号串可按如下步骤进行:
① 在个体符号串长度范围内,随机选择一个交叉点位置,将个体符号串断开。
② 交换个体符号串断开后的一部分信息。

由此一来,就会产生两个具有其父母双方基因成分的符号串。这一交叉操作所产生的新个体有时和父代个体具有明显的差别,有时又会产生一定的相似性,正是有了交叉操作,群体才保持着多样性,从而扩大了遗传算法的探索范围,加快了优化的收敛速度。需要注意的是,如果整个群体中只有一种符号串,则交叉操作不会产生任何新的符号串,如何处理这种情况呢?我们可采用下面要介绍的变异运算来解决这个问题。

3) 变异运算

在生物的遗传和自然进化过程中,其细胞分裂复制环节可能因为某些偶然因素的影响而产生一些复制差错,这样就会导致生物内的某些范围发生变异,从而产生出新的染色体,表现出新的生物性状。虽然发生这种变异的可能性较小,但也是产生新物种的一个不可忽视的原因。

在遗传算法中利用变异运算来模拟生物遗传和进化过程中由变异而产生的新个体,即对群体中个体的某些基因座上的基因值做变动。对于二进制编码的个体,变异操作就是将个体在变异点上的基因值按照变异概率取反,即 1 变 0,0 变 1。变异率是指发生变异的基因位数所占全体染色体的基因总位数的比例,记为 P_m,取值范围一般为 $0.0001 \sim 0.1$。

4) 判定遗传算法的收敛性

遗传算法是一种基于群体进化的计算模型,它通过对群体中的个体进行遗传操作(选择、交叉和变异)使群体向着最优方向移动并最后逼近问题最优解,这样的进化过程包含了大量的随机性操作,显然该进化过程为一随机过程,从而可用随机过程理论来研究进化过程。由遗传算法的进化过程可知,每一子代群体只和它的父代群体相关,而与其他代种群无关,因此进化过程具有无后效性,同时,各代种群之间的转换概率与时间的起点无关,因此可用 Markov 链分析遗传算法收敛性。

5) 最优个体解码(最优解)

当群体进化结束时,对适应度最大的个体,即最优个体,进行解码,从而可以得到相应变量的值,这就是优化问题的最优解。

8.3.3 遗传算法设计

由于遗传算法在求解大规模复杂非线性问题方面具有其独特的优势,首先,其搜索过程不易陷入局部最优,算法的本质并行性使其适用于大规模并行计算。其次,其操作不受空间限制假设的约束,不必要求诸如连续性、导数存在和单峰等假设。当然其也存在一些不足,主要有收敛性缺少完整的理论,以及随机搜索机制缺乏有效性研究。因此,控制遗传算法的搜索方向,引导算法向靠近最优解的方向进行有目的的搜索,避免使其陷入无效搜索，提高算法效率是其主要问题。在车辆资源外包情况下基于时间窗的车辆配送路径优化模型的遗传算法设计如下。

1. 车辆路径编码

车辆路径编码采用简单的自然数编码方式，以 0 代表配送中心，1，2，…，N 代表各配送点，每条染色体则表示车辆的配送顺序。设 k 为算法中配送车数量。其中，集合 $N = \{n_1, n_2, \cdots, n_n\}$ 是包含各配送点的 ID 的集合。车辆配送路线如图 8.6 所示。

图 8.6　车辆配送线路

例如，对于 8 个配送点，总共用 3 辆车辆配送，假设编码如图 8.7 所示。

图 8.7　车辆配送编码

由图 8.7 可知，第 1 辆车由配送中心 0 出发，首先到达配送点 1，然后是配送点 2，其次是配送点 3，最后返回配送中心。第 2 辆车的配送路线则依次为配送中心 0、配送点 4、配送点 5、配送点 6，最后回到配送中心。第 3 辆车的配送路线为配送中心 0、配送点 7、配送点 8，最后返回到配送中心。

2. 种群初始化

种群初始化采用并行式分布计算，对于每一种车辆组合，分别进行编码通过遗传算法种群进化，求得最优配送路线方案，再对每一种方案的最优结果进行对比，结合车辆成本得到花费最小、最经济的车辆组合方案及其各车辆配送路径方案。

例如，对于 3 辆车的初始配送解，首先随机生成一定种群规模的所有配送点的 ID 随机排序；其次依次按照车辆容量限制在配送点序列中添加虚拟配送中心 0，从首位开始将各配送点需求加和，根据车辆数目和车辆类型分别添加相应配送中心，直至虚拟配送中心全部插入到染色体中；最后在首尾添加虚拟配送中心 0。这样便构成了一个配送车辆调度方案。

3. 目标函数

目标函数正确评价各个染色体，并进行不断迭代，引导遗传算法向更加正确的方向求解。这里将采取对评价函数添加惩罚函数的方法，来对那些不满足条件约束的染色体进行惩罚。

4. 选择操作

为避免种群在迭代过程中最优个体基因由于交叉和变异操作而流失，这里采取最佳个体保存策略，即每代进化过程中的最优个体不经过选择和变异而是直接进入下一代种群中。采用轮盘赌法进行染色体基因的选择和复制，即首先计算每个个体的适应度与种群总体适应度的比值，将适应度由小到大进行排序，然后计算其累积概率、生成的随机数，将该随机数与累计概率做比较，如果染色体累积概率大于该随机数则其被复制到下一代，否则不复制。该方法有效保证了具有较大适应度值的染色体被保留到了下一代中。为了避免遗传算法陷入局部最优解，并保证每代迭代的种群数不因为选择算子而减少，这里当种群规模减小到初始种群规模的一定比例时，通过添加新的一定比例的初始种群，来丰富种群基因，以完成全局搜索，找到全局最优解。

5. 交叉操作

传统的简单的交叉算子容易破坏原有染色体的合理性，故需要根据实际编码和问题需求设计合理的交叉规则，以尽可能地提高交叉操作后染色体的可行性。如图 8.8 所示，随机选择交叉操作的车辆编号，以染色体 1 的虚拟配送中心 0 中间的配送序列作为交叉段，移至另一条染色体的首部，将染色体 2 的其余数依次排开，虚拟配送中心 0 不变，染色体 2 则同理，如图 8.9 所示。

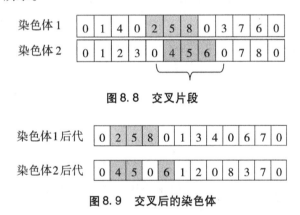

染色体 1	0	1	4	0	2	5	8	0	3	7	6	0
染色体 2	0	1	2	3	0	4	5	6	0	7	8	0

图 8.8　交叉片段

染色体1后代	0	2	5	8	0	1	3	4	0	6	7	0
染色体2后代	0	4	5	0	6	1	2	0	8	3	7	0

图 8.9　交叉后的染色体

6. 变异操作

变异操作作为遗传算法中起辅助性作用的操作，其发生概率相对较小。这里对于 0－1 编码的染色体，传统遗传算法一般直接取反，对于本问题中的自然数编码，这里通过随机选取两点进行交换从而实现染色体变异，为不破坏染色体合理性，这里选取的两点需保证非 0 即只能选取用户配送点作为交换和被交换的对象，如图 8.10 所示。

父代	0	2	5	8	0	1	3	4	0	6	7	0
子代	0	2	4	8	0	1	3	5	0	6	7	0

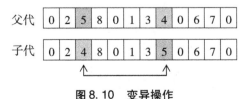

图 8.10　变异操作

综上所述，本问题的解决方案如图 8.11 所示。

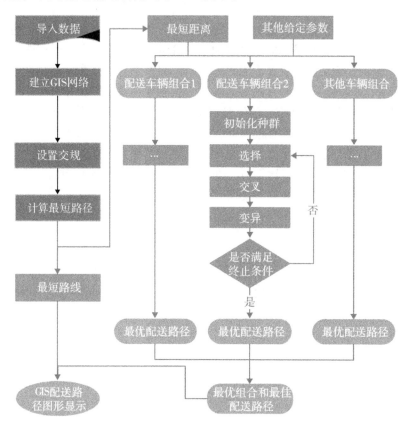

图 8.11　解决方案

8.3.4　算法比较验证

在某物流中心有 5 台配送车辆，车辆的最大载重量均为 8t，一次配送的最大行驶距离都为 50km，需要向 20 个客户送货。利用计算机随机产生了物流中心和 20 个客户的位置坐标，以及客户的货物需求量，其中物流中心的坐标为(1415,1310)，20 个客户的坐标及其货物需求量如表 8-6 所示。要求合理安排车辆的配送路线，使配送总里程最短。

表 8-6　实例的已知条件

客户编号	1	2	3	4	5	6	7	8	9	10
横坐标 x/km	121.8	18.4	15.4	18.9	15.5	3.9	10.6	8.6	12.5	13.8
纵坐标 y/km	8.5	3.4	16.6	15.2	11.6	10.6	7.6	8.4	2.1	5.2
货物需求量 q/t	0.1	0.4	1.2	1.5	0.8	1.3	1.7	0.6	1.2	0.4
客户编号	11	12	13	14	15	16	17	18	19	20

续表

客户编号	1	2	3	4	5	6	7	8	9	10
横坐标 x/km	6.7	14.8	1.8	17.1	7.4	0.2	11.9	13.2	6.4	9.6
纵坐标 y/km	16.9	2.6	8.7	11	1	2.8	19.8	15.1	5.6	14.8
货物需求量 q/t	0.9	1.3	1.3	1.9	1.7	1.1	1.5	1.6	1.7	1.5

为方便起见，该实例中各客户相互之间及物流中心与客户之间的距离均采用直线距离，该距离可根据客户和物流中心的坐标计算得到，计算相互之间距离的 MATLAB 程序如下。

```
%配送点和配送中心互相距离求解及各点坐标显示
function [distance] = distanceCALCU(gkx,gky);
n = size(gkx,2)                %顾客与配送中心数总和
%计算各配送中心与用户之间的距离
for i = 1:n
    for j = 1:n
        d(i,j) = sqrt((gkx(i) - gkx(j))^2 + (gky(i) - gky(j))^2);
    end
end
distance = d
%画出配送中心点和需求用户点
%候选配送中心以实心蓝色点表示,需求用户点以空心圈表示
figure;
axis([0 20 0 20]);             %设置坐标轴在指定的区间
scatter(gkx(1),gky(1),'filled');
scatter(gkx,gky);
for j = 2:21
    j - 1
    b = num2str(j - 1);
    b = ['',b];
    text(gkx(j),gky(j),b)
end
%对候选 DC 点和用户需求点依次编号
text(gkx(1),gky(1),'DC')
end
```

运用此改进遗传算法进行编程求解，采用了以下参数：群体规模取 50、进化代数取 100、交叉概率取 0.9、变异概率取 0.1，对不可行路线取惩罚项为 1 000。其主程序如下：

```
%主程序
clear
%计算配送中心与配送点之间的距离
gkx = [14.5 12.8 18.4 15.4 18.9 15.5  3.9 10.6 8.6 12.5 13.8 6.7 14.8  1.8 17.1 7.4
    0.2 11.9 13.2 6.4 9.6];
gky = [13   8.5 3.4 16.6 15.2 11.6 10.6  7.6 8.4 2.1 5.2 16.9 2.6 8.7 11  2.8
    19.8  15.1 5.6 14.8];
```

```
distance = distanceCALCU(gkx,gky);
g = [0.1 0.4 1.2 1.5 0.8 1.3 1.7 0.6 1.2 0.4 0.9 1.3 1.3 1.9 1.7 1.1 1.5 1.6 1.7 1.5];
%各客户点的需求量
t = [1 4;4 6;1 2;4 7;3 5.5;2 5;5 8;1.5 4];    %各客户对车辆到达的时间窗要求
xt = [1 2 1 3 2 2.5 3 0.8];                    %xt 各个客户卸货需要的时间
ngpool = 50;                                    %种群中染色体的数目
ngeneration = 50;                               %进化世代数
pc = 0.9;                                       %交叉概率
pm = 0.1;                                       %变异概率
%%%%%%%%%%%%%%%%%%%%%%%%%%%%%%%%%%%%%%%%%%%%%%%%%
N_cous = size(gkx,2) -1                         %每个配送中心的顾客数为 N_cous
NV = 3;       %车辆总数,每个染色体上的 0 数目为 NV +1 个,中间插入的 0 数为 NV -1 个
Q = 8;        %车辆容量为 8
v = 50;       %车速为 50 km/h
%%%%%%%%%%%%%%%%%%%%%%%%%%%%%%%%%%%%%%%%%%%%%%%%%
%产生添加虚拟配送中心的初始种群
%产生初始种群
for i = 1:ngpool
    gpool1(i,:) = randperm(N_cous);             %有 N_cous 个客户
    for j = 1:i -1
        while gpool1(i,:) = = gpool1(j,:)
            gpool1(i,:) = randperm(N_cous);
        end
    end
end
%根据车辆容量限制添加虚拟配送中心
%%%%%%%%%%%%%%%%%%%%%%%%%%%%%%%%%%%%%%%%%%%%%%%%%
for i = 1:ngpool
    gg(i,:) = g(gpool1(i,:));                   %初始种群的需求矩阵
end
for i = 1:ngpool
    ggf = gg(i,:)
    ggr = [];
    ggr = cumsum(ggf)
    for l = 1:NV -1
        ind(l) = max(find(ggr < = Q))
        ggr = [];
        ggr = cumsum(ggf(ind(l) +1:N_cous))
    end
    center = cumsum(ind)
    %针对不同车辆类型组合其带有虚拟配送中心的染色体个体
    gpool11 = gpool1(i,:)
    if NV > 2
        gpool2 = [0 gpool11(1:center(1)) 0
```

```
            for l = 1:NV - 2
                l
                center(l) +1
                center(l +1)
                gpool11(center(l) +1:center(l +1))
                gpool2 = [gpool2 gpool11(center(l) +1:center(l +1)) 0]
            end
            gpool2 = [gpool2 gpool11(center(NV -1) +1:N_cous) 0]
        elseif NV = =2
            gpool2 = [0 gpool11(1:center(1)) 0 gpool11(center(1) +1:N_cous) 0];
        elseif NV = =1
            gpool2(i,:) = [0 gpool11(1:N_cous) 0];
        end
    gpool(i,:) = gpool2
end
gpool
%对初始种群进化操作,在此进化 ngenaration 代
tourmin = [];
for ngen =1:ngeneration;
    gpool
    gpool = selection(gpool,distance,v,g,t,xt,NV,Q);
    gpool = crossover(gpool,pc,NV);
    gpool = mutation(gpool,pm,N_cous,NV);
    [rmincost(ngen) idx(ngen)] = min(calcost(gpool,distance,v,g,t,xt,NV,Q));
    %rmincost 用来存储进化过程中每代种群中总成本最小的染色体的成本
    tourmin(ngen,:) = gpool(idx(ngen),:);
    %tourmin 用来存储进化过程中每代种群中总成本最小的染色体即车辆配送安排
end
[mincost id] = min(rmincost);
mincost
sequence = tourmin(id,:)
%画出配送中心点和需求用户点
%候选配送中心以实心蓝色点表示,需求用户点以空心圈表示
figure,hold on;
axis([0 20 0 20]);              %设置坐标轴在指定的区间
scatter(gkx,gky);
hold on
scatter(gkx(1),gky(1),'filled');
for j =2:21
    j -1
    b = num2str(j -1);
    b = ['',b];
    text(gkx(j),gky(j),b)
end
```

```
hold on
%对候选 DC 点和用户需求点依次编号
text(gkx(1),gky(1),'DC')
pppp = size(sequence)
hold on
for i = 1:pppp - 1
    gkx(sequence(i) +1)
    plot ([gkx(sequence(i) +1);gkx(sequence(i +1) +1)],[gky(sequence(i) +1);
        gky(sequence(i +1) +1)])
end
%把求解结果绘出来
figure;
rmincost = rmincost;
plot((1:ngeneration),rmincost,' - .bd')
title('物流配送车辆优化调度成本的遗传算法求解结果图','fontsize',12,'fontweight',
    'bold','fontname','隶书')
xlabel('进化的世代数','fontweight','bold');
ylabel('最小调度成本','fontweight','bold');
grid on
```

对实例随机求解 10 次,得到的计算结果如表 8 - 7 所示。

表 8 - 7 改进遗传算法计算结果

配送总距离/km	解的次数	车辆数	计算时间
130.311	2	4	3.38
127.453	2	3	2.92
123.223	1	3	2.82
118.314	3	4	3.22
116.214	2	4	2.71

8.3.5 遗传算法程序实现

在 MATLAB 中对北京市某区域共同配送项目按照改进遗传算法进行编程,编辑 M 文件,程序如下,主要包括主程序 M 文件、评价函数 M 文件、选择操作 M 文件、交叉操作 M 文件、变异操作 M 文件。

1. 主程序

```
%主程序
clear
load distvrptw.txt;
distance = distvrptw
```

```matlab
g = [2 1.5 4.5 3 1.5 4 2.5 3];                    %各客户点的需求量
t = [1 4;4 6;1 2;4 7;3 5.5;2 5;5 8;1.5 4];        %各客户对车辆到达的时间窗要求
xt = [1 2 1 3 2 2.5 3 0.8];                       %xt 各个客户卸货需要的时间
ngpool = 50;                                       %种群中染色体的数目
ngeneration = 50;                                  %进化世代数
pc = 0.9;                                          %交叉概率
pm = 0.1;                                          %变异概率
%%%%%%%%%%%%%%%%%%%%%%%%%%%%%%%%%%%%%%%%%%%%%%
N_cous = 8;                                        %每个配送中心的顾客数为 N_cous
NV = 3;     %车辆总数,每个染色体上的 0 数目为 NV+1 个,中间插入的 0 数为 NV-1 个
Q = 8;      %车辆容量为 8
v = 50;     %车速为 50 km/h
%%%%%%%%%%%%%%%%%%%%%%%%%%%%%%%%%%%%%%%%%%%%%%
%产生添加虚拟配送中心的初始种群
%产生初始种群
for i = 1:ngpool
    gpool1(i,:) = randperm(N_cous);                %有 N_cous 个客户
    for j = 1:i-1
        while gpool1(i,:) == gpool1(j,:)
            gpool1(i,:) = randperm(N_cous);
        end
    end
end
%根据车辆容量限制添加虚拟配送中心
%%%%%%%%%%%%%%%%%%%%%%%%%%%%%%%%%%%%%%%%%%%%%%
for i = 1:ngpool
    gg(i,:) = g(gpool1(i,:));                      %初始种群的需求矩阵
end
for i = 1:ngpool
    ggf = gg(i,:)
    ggr = [];
    ggr = cumsum(ggf)
    for l = 1:NV-1
        ind(l) = max(find(ggr <= Q))
        ggr = [];
        ggr = cumsum(ggf(ind(l)+1:N_cous))
    end
center = cumsum(ind)
    %针对不同车辆类型组合其带有虚拟配送中心的染色体个体
    gpool11 = gpool1(i,:)
    if NV > 2
        gpool2 = [0 gpool11(1:center(1)) 0]
        for l = 1:NV-2
            l
```

```
                center(1)+1
                center(1+1)
                gpool11(center(1)+1:center(1+1))
                gpool2=[gpool2 gpool11(center(1)+1:center(1+1)) 0]
            end
                gpool2=[gpool2 gpool11(center(NV-1)+1:N_cous) 0];
        elseif NV==2
                gpool2=[0 gpool11(1:center(1)) 0 gpool11(center(1)+1:N_cous) 0];
        elseif NV==1
                gpool2(i,:)=[0 gpool11(1:N_cous) 0];
        end
    gpool(i,:)=gpool2
end
gpool
%对初始种群进化操作,在此进化 ngenaration 代
tourmin=[];
for ngen=1:ngeneration;
    gpool
    gpool=selection(gpool,distance,v,g,t,xt,NV,Q);
    gpool=crossover(gpool,pc,NV);
    gpool=mutation(gpool,pm,N_cous,NV);
    [rmincost(ngen) idx(ngen)]=min(calcost(gpool,distance,v,g,t,xt,NV,Q));
%rmincost 用来存储进化过程中每代种群中总成本最小的染色体的成本
    tourmin(ngen,:)=gpool(idx(ngen),:);
%tourmin 用来存储进化过程中每代种群中总成本最小的染色体即车辆配送安排
end
[mincost id]=min(rmincost);
mincost
tourmin(id,:)
%把求解结果绘出来
rmincost=rmincost./100;
plot((1:ngeneration),rmincost,'-.bd')
title('物流配送车辆优化调度成本的遗传算法求解结果图','fontsize',12,'fontweight',
    'bold','fontname','隶书')
xlabel('进化的世代数','fontweight','bold');
ylabel('最小调度成本(百元)','fontweight','bold');
grid on
```

2. 子程序

1) 评价函数

```
function [fitvalue]=calfitvalue(gpool,distance,v,g,t,xt,NV,Q)
%计算种群中各个染色体的适应度
[m,n]=size(gpool);
averagecost=sum(calcost(gpool,distance,v,g,t,xt,NV,Q))/m;
```

```
    fitvalue = averagecost./calcost(gpool,distance,v,g,t,xt,NV,Q);
end
function [cost] = calcost(gpool,distance,v,g,t,xt,NV,Q)
%计算染色体成本
time = distance/v;              %计算各路径的配送时间矩阵
[m,n] = size(gpool);
cost = zeros(m,1);
for ngpooli = 1:m
    r = gpool(ngpooli,:);    %依次从种群中取一个染色体
    center = [];             %center用来存储染色体r中虚拟配送中心位置对应的数值
    %计算取出的染色体r的运输距离成本,1元/km
    %需要首选寻找虚拟配送中心的位置
    l = 1;
    for j = 1:n
        if r(j) = = 0&&l < = NV + 1
            center(l) = j;
            l = l + 1;
        end
    end
    %distcost用来存储运输距离成本对应的数值
    distcost = 0;
    for i = 1:n - 1
        distcost = distcost + distance(r(i) + 1,r(i + 1) + 1);
    end
    %loadcost用来计算车辆违反容量限制的惩罚成本对应的数值
    load = zeros(NV,1);
    Loadcost = zeros(NV,1);
    for l = 1:NV
        for i = center(l) + 1:center(l + 1) - 1
            load(l) = load(l) + g(r(i));
            if load(l) > Q
                Loadcost(l) = 1000;
            end
        end
    end
    loadcost = sum(Loadcost);
    cost(ngpooli) = distcost + loadcost;
end
```

2) 选择操作

```
function [newgpool] = selection(gpool,distance,v,g,t,xt,NV,Q)
%对产生的初始种群进行复制
%采用轮盘赌法进行复制,但这里在轮盘赌法的基础上用适应度值最大的染色体代替下一代适应度
  最低的染色体,遮掩可以保证最优的个体成存到下一代
```

```
%避免了最优个体的中途丢失
newpool = [];                              %复制后的种群
fitvalue = calfitvalue(gpool,distance,v,g,t,xt,NV,Q);
[m,n] = size(gpool);
totalfit = sum(fitvalue);                  %求初始种群各染色体的适应度之和
fitvalue = fitvalue/totalfit;              %单个个体被选择的概率
fitvalue = cumsum(fitvalue);
ms = sort(rand(m,1));                      %随机的选择概率从小到大排列
fitin = 1;
newin = 1;
while newin < = m
    if(ms(newin)) < fitvalue(fitin)
        newgpool(newin,:) = gpool(fitin,:)
        newin = newin + 1;
    else
        fitin = fitin + 1;
    end
end
%适应度值最大的染色体代替下一代适应度最低的染色体,这样可以保证最优个体生存到下一代,避
  免最优个体的中途丢失
[cost1 idx1] = min(calcost(gpool,distance,v,g,t,xt,NV,Q));
[cost2 idx2] = max(calcost(newgpool,distance,v,g,t,xt,NV,Q));
newgpool(idx2,:) = gpool(idx1,:);
end
```

3) 交叉操作

```
%交叉操作
function [newgpool] = crossover(gpool,pc,NV)
%对种群中的染色体进行两两交叉操作
%pc 为交叉概率
[m,n] = size(gpool);
newgpool = gpool;
for i = 1:2:m - 1
    if (rand < pc)
        newgpool(i,:) = rcrossover(gpool(i,:),gpool(i + 1,:),NV);
        newgpool(i + 1,:) = rcrossover(gpool(i + 1,:),gpool(i,:),NV);
    end
end
end
%对染色体 r1 和 r2 进行交叉操作,交叉操作的位置必须选择在车场的位置
function [newr1,newr2] = rcrossover(r1,r2,NV)
    r1
    r2
```

```
center1 = find(r1 = = 0)                          %求得 r1 染色体中虚拟配送中心的位置
center2 = find(r2 = = 0)                          %求得 r2 染色体中虚拟配送中心的位置
%求得染色体 r1 和 r2 不含实际配送中心 0 和虚拟配送中心 0 的纯顾客服务系列
r1k = r1(find(r1))                                %r1k 为染色体 r1 的纯顾客服务系列
r2k = r2(find(r2))                                %r2k 为染色体 r2 的纯顾客服务系列
    r1t = diff(center1) - 1                       %r1 车辆配送客户长度
    r2t = diff(center2) - 1                       %r2 车辆配送客户长度
    r1kk = [0 cumsum(r1t)]                        %客户序列各段端点
    r2kk = [0 cumsum(r2t)]
    r1r = randint(1,1,[1,NV])
    r2r = randint(1,1,[1,NV])
    tempr1 = r1k(r1kk(r1r) + 1:r1kk(r1r + 1))     %染色体 r1 中随机抽取的子段
    tempr2 = r2k(r2kk(r2r) + 1:r2kk(r2r + 1))     %染色体 r2 中随机抽取的子段
    [cc1 ii1] = setdiff(r2k,tempr1);
    tempr11 = r2k(sort(ii1))                      %染色体 r1 交叉需要用到的染色体 r2 片段
    [dd2 jj2] = setdiff(r1k,tempr2);
    tempr22 = r1k(sort(jj2))                      %染色体 r2 交叉需要用到的染色体 r1 片段
    r1t(r1r) = [];
    r2t(r2r) = [];
    r1t
    r2t
    r1kk = [0 cumsum(r1t)]                        %客户序列各段端点
    r2kk = [0 cumsum(r2t)]
    newr1 = [0 tempr1 0]                          %计算染色体 r1 交叉后的后代染色体
    newr2 = [0 tempr2 0]                          %计算染色体 r2 交叉后的后代染色体
    for i = 1:NV - 1
        i
        newr1 = [newr1 tempr11(r1kk(i) + 1:r1kk(i + 1)) 0]
        newr2 = [newr2 tempr22(r2kk(i) + 1:r2kk(i + 1)) 0]
    end
end
```

4) 变异操作

```
%变异操作
function [newgpool] = mutation(gpool,pm,N_cous,NV)
%对种群中染色体进行变异操作
[m,n] = size(gpool);
newgpool = [];
for i = 1:m
    m1 = 0;
    m2 = 0;
    minm = 0;
    maxm = 0;
    if (rand < pm)
```

```
            m1 = randint(1,1,[2,N_cous + NV]);
            while gpool(i,m1) = = 0
                m1 = randint(1,1,[2,N_cous + NV]);
                    if gpool(i,m1) ~ = 0
                        break
                    end
            end
            m2 = randint(1,1,[2,N_cous + NV]);
            while gpool(i,m2) = = 0 | |m2 = = m1
                m2 = randint(1,1,[2,N_cous + NV]);
                    if gpool(i,m2) ~ = 0 & m2 ~ = m1
                        break
                    end
            end
            minm = min(m1,m2)
            maxm = max(m1,m2)
            newgpool(i,:) = [gpool(i,1:minm - 1) gpool(i,maxm) gpool(i,minm + 1:maxm
                - 1) gpool(i,minm) gpool(i,maxm + 1:n)]
        else
            newgpool(i,:) = gpool(i,:);
        end
end
```

8.3.6 实验计算和结果

运行程序 10 次,得到的算法收敛如图 8.12 所示,得到结果分别如表 8 - 12 所示。

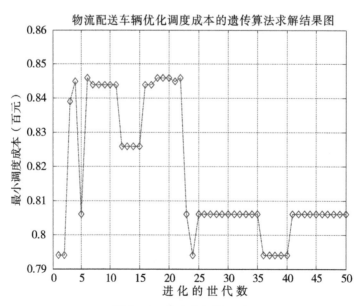

图 8.12 程序求解结果图

表 8-8　程序运行 10 次最优目标值

运行次数	1	2	3	4	5	6	7	8	9	10
目标值/元	82	80.3	82.6	82.4	81.5	79.4	82.5	79.4	80.3	79.4

由表 8-8 得到最佳配送方案的最小运输成本为 79.4 元，相应的配送方案为第 1 辆车由配送中心出发到配送点 8，再到配送点 6，最后返回配送中心。第 2 辆车由配送中心出发首先到达配送点 5，然后依次经过配送点 7、配送点 2 和配送点 1，最后再返回配送中心，第 3 辆车由配送中心出发首先到达配送点 3，其次到达配送点 4，最后返回配送中心。

本章小结

本章首先介绍了一个北京市某区域共同配送中心案例，并对此案例进行了系统性分析。

通过对此案例的学习，读者可以掌握解决问题的遗传算法设计过程，并在 MATLAB 中实现遗传算法的程序设计，读者要多花时间练习。

关键术语

遗传算法（Genetic Algorithm）

第 9 章
快递物流配送路径优化和监控系统案例分析

【学习目标】
(1) 了解 GIS 车辆信息管理系统。
(2) 掌握物流配送路径优化系统的操作。

【学习重点】
掌握物流配送路径优化系统的操作。

【学习难点】
物流配送路径优化系统的操作。

本章以 B 公司为例，结合智能自提柜运营特点，首先介绍了一种物流配送路径优化的解决方案，并介绍了快递物流跟踪监控系统，然后对实例——物流配送路径优化系统的基本环境配置、操作说明及数据交互进行了详细地讲解，此系统利用 GIS 技术对物流配送的 3 种配送方式——多配送路径、单配送路径、自定义路径规划进行了展示。

9.1 案例背景

【拓展视频】

B 公司智能自提柜是 24h 快递自助服务运营商，是服务于快递业最后 100m 的平台，为个人提供快递代收代发及临时寄存服务，是物业、电商、快递和个人之间的枢纽站。该公司的智能自提柜已进驻多家高校、社区和企事业单位。

本系统开发背景是从快递配送中心站点向已选定的北京市十几所高校的自提柜站点配送快件，并实现配送过程的全程监控。

9.2 系统解决方案

【拓展视频】

9.2.1 物流配送路径优化系统

本系统是基于百度地图应用程序编程接口（Application Programming Interface，API）开发的物流配送路径优化系统，设置的情境是从位于三元桥的快递配送中心向北京市 15 所高校进行快件的配送，可选定其中部分自提柜站点，也可选取所有站点进行配送路径优化演示。

本系统按照不同方法提供了 3 种配送路径优化结果。

1. 多配送路径

多配送路径是本案例设定的初始情境，从配送中心向各站点分别派出一辆车进行来回程配送，计算总里程。

2. 单配送路径

单配送路径调用百度地图 API 规划路线实现路径的优化，优化方法是百度地图自带的最短路径算法，再计算出总里程。

3. 自定义路径规划

自定义路径规划采用蚁群算法进行最短路径求解建模，使用 MATLAB 作为计算工具进行计算，从而得出从配送中心到各配送点的最佳配送路径，再调取百度地图 API 路径画线实现配送路径规划。

最后，通过3种方法得出总里程的比较，得到本系统提供的自定义路径规划的实用性。

9.2.2 快递物流跟踪监控系统

快递物流跟踪监控系统架构如图9.1所示。货物入库(或由物流工作人员上门收取货物)时利用条码打印机或扫描仪进行货物的编码入库，形成货物信息的电子流，之后在物流中心进行重新编组运输，利用扫描仪等设备自动读取货物的物流编码信息，同时通过Internet把信息进行汇总，集中在计算中心。物流车辆出发后，由车载设备——行车记录仪监控、采集车辆的行驶信息(如车速、引擎状态、行驶信号、冷藏温度、定位点经纬度等)。利用现有的通信网络，通过无线应用通信协议(Wireless Application Protocol，WAP)(GSM/GPRS)将信息定时传回计算中心，结合GIS，这样计算中心就可以在监控中心的电子地图上集中监控货物的行踪(行驶路线、车速等信息)；行车记录仪的后台分析软件还可以根据发回的行车信息(超速次数、超速里程、猛加速、紧急制动、疲劳驾驶时间、行驶中开车门、燃油、引擎状况等行驶信息)，进行报警，监控中心在出现报警后及时提醒司机，防患于未然。

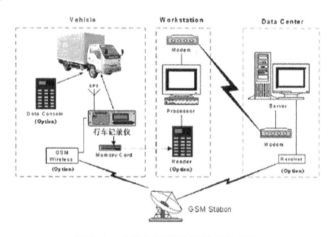

图9.1　快递物流跟踪监控系统架构

1. 系统的组成

整个系统网络由车载终端、通信链路、中心服务器及监控终端组成。车载终端完成车辆的定位、轨迹、视频流的存储及信息发送，通信链路完成信息的交互，中心服务器完成与车载终端及监控终端的连接及数据存储，监控终端完成对车辆的监控。

2. 系统的工作原理

车辆在运行过程中，车载终端的GPS接收机接收定位卫星的定位数据，计算出自身所处地理位置的坐标，车载终端通过数据接口为车载导航终端提供GPS数据，供车载导航终端导航。车载终端装有摄像头，能实时地拍摄车上的情况，形成视频流，同时坐标数据及视频流通过车载终端的通信模块，利用码分多址(Code Division Multiple Access，CDMA)网络将车辆的位置、状态、视频、报警等综合信息发送到具有固定 IP 地址的中心服务器，并存入中心数据库。在移动目标遇到紧急情况时，可通过移动目标的终端设备，采用自动或手动报警，将移动目标所在位置、报警信息等数据发送至中心服务器并存入数据库，同时将相应的报警信息发送到服务器进行连接，实时接收中心服务器发来的数据，从而达到对移动目标进行监控的目的，也可对移动目标的轨迹进行查询，移动目标的地理位置信息经处理与监控终端上的电子地图匹配，并在地图上显示移动目标的正确位置，从而使监控中心能清楚和直观地掌握移动目标的动态位置信息。监控中心亦可通过查询视频流信息，查看车上的情况。

3．系统结构

系统结构如图 9.2 所示。

图9.2　系统结构

1）总控中心

总控中心是整个系统的核心，根据系统的规模可设置下一级分中心。总控中心是系统的通信枢纽，负责与移动智能终端的信息交互，完成各种信息的分类、记录和转发，同时对整个网络状况进行监控管理。总控中心采用短信息服务（Short Message Service，SMS）、CDMA 结合 GIS 和移动智能终端大屏液晶显示，实现车辆的监控与智能调度，达到移动资源的优化配置、调度和管理，提高调度效率的目的。总控中心响应并处理紧急事件，提供跟踪定位、监听录音和远程控制等处理措施。用户可使用电话、互联网络系统进行信息传递、查询及请求服务。总控中心位于机房内，主要由通信服务器、数据库服务器及监控终端工作站组成。通信服务器负责接收车载终端回传的定位数据，并按照某种规则派发到适当的监控终端，并负责把控制指令、调度信息等发送到车载终端。数据库服务器负责系统中各种图像和数据的存储、查询。监控终端工作站负责把车辆的位置、状态等信息在电子地图上显示，负责车载摄像头所摄图像的实时显示和历史回放，并为用户提供一个友好的操作界面。

2）子监控中心

相对于总控中心，子监控中心是业务载荷相对较轻的业务中心。其可以灵活机动地与总控中心建立远程拨号连接，实现业务操作，不需要复杂的实现条件，相关的业务数据通过建立远程连接从总控中心获取，减少对本地资源的需求。子监控中心实际上是一个远程的监控终端，它装备在总公司下属各个车站和分管处，通过局域网或广域网连接到监控中心服务器，对车辆进行调度指挥（图9.3）。

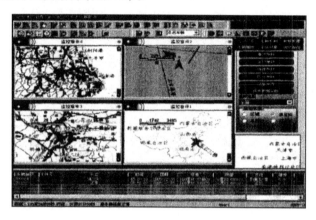

图9.3　监控界面

3）短信/CDMA 服务

目前，采用 CDMA 公网作为车辆监控系统的无线通信网络是比较经济的方式。经过几年的发展，CDMA 已十分成熟和普及。CDMA 方式是目前在各种 GPS 定位系统中应用比较广泛的通信方式，无论是在车载终端，还是监控中心，针对 CDMA 的技术都相当成熟。为了增加系统的可靠性，系统及车载终端同时兼容短信（GSM）模式，使得系统具有双路通信功能。

4）移动智能终端（车载系统）

移动智能终端（车载系统）接收 GPS 定位信号，利用 GPS 作为定位信号源，计算出移动单元的伪距信息；控制单元能完成数据接口、协议、数据格式等转换和控制；通信模块结合 GIS 信息和车辆的状态，进行专门的命令设置及功能控制；智能终端回传数据内容包括车辆 ID 号、经纬度、速度、航向、时间、车辆状态（报警、求救、空车与否）、里程、请求服务等信号；车载终端包含另外两个非常重要的附件：摄像头、行车记录仪。车载终端由通信模块、GPS 接收模块和中心控制模块组成。

5）数字地图

数字电子地图系统是对各类基础数据和专题数据进行存储、管理、查询，最终提供信息的查询服务，完善准确的地图数据库是整个系统的基础和"血液"，数据的正确与否及数据库能否合理地实现共享是整个系统运行成功的关键。按照本系统一期运输车辆调度、管理的需要，系统应该提供一套可精确定位的地图数据库，从实用性和经济性出发，系统建设一套多级比例尺地图数据库，要保证能准确地定位长途车辆和相关货物的位置。信息数据源由软件设计者收集，也可以利用设计者现有的交通资料和文字信息。

9.3 物流配送路径优化系统展示

9.3.1 引言

1. 编写目的

编写目的：明确本系统的功能、作用和操作，帮助用户理解及操作本系统。

2. 项目名称

本项目名称：物流配送路径优化与展示系统。

3. 系统特点

本系统可实现物流配送中心、配送点、配送路径的模拟展示，对比算法优化前后配送路径的差异。其主要功能包括多配送路径展示、单配送路径展示、自定义配送路径展示及结果对比等。

9.3.2 基本环境配置

1. 客户端环境要求

客户端环境要求：Internet Explorer 11（IE11）浏览器，可连接互联网。

2. 前期设置

打开 IE11 的操作界面，选择"工具"→"安全"命令，在打开的菜单中勾选"ActiveX 筛选"复选框，如图 9.4 所示。

图 9.4 勾选"ActiveX 筛选"复选框

首次打开系统时，应允许阻止的内容，单击"允许阻止的内容"按钮，如图9.5所示。

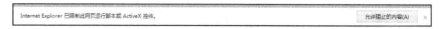

图9.5 允许阻止的内容

此后，弹出提示对话框，单击"是"按钮，如图9.6所示。

图9.6 提示对话框

选择"工具"→"Internet 选项"弹出"Internet 选项"对话框，选择"安全"选项卡，单击"自定义级别"按钮，弹出"安全设置–Internet 区域"对话框，如图9.7所示。

图9.7 "安全设置–Internet 区域"对话框

将 ActiveX 控件和插件中的选项全部设为启用，单击"确定"按钮，再单击"应用"按钮。在弹出的"警告！"对话框中单击"是"按钮，如图9.8所示。

图9.8 "警告！"对话框

9.3.3 操作说明

1. 系统登录

通过IE浏览器打开根目录下的index.html文件，进入系统，如图9.9所示。

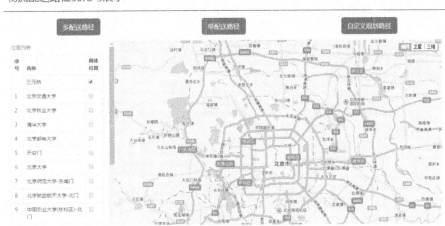

图9.9 系统界面(部分)

2. 位置设置

登录之后，在左侧“位置列表”(图9.10)中勾选本次展示的配送点，单击“确定”按钮，进入“配送中心和配送点列表”界面(图9.11)(可添加或删除配送点)，最后单击“确定”按钮完成本次设置。

位置列表

序号	名称	具体位置
	三元桥	☑
1	北京交通大学	☐
2	北京林业大学	☐
3	清华大学	☐
4	北京邮电大学	☐

图9.10 位置列表

3. 多配送路径规划

在系统界面单击“多配送路径”按钮，展示多配送路径规划结果，如图9.12所示。

图 9.11 "配送中心和配送点列表"界面

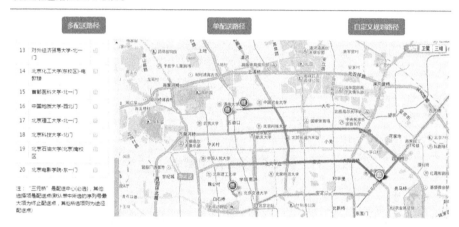

图 9.12 多配送路径规划结果

4. 单配送路径规划

在系统界面单击"单配送路径"按钮，展示单配送路径规划结果，如图 9.13 所示。

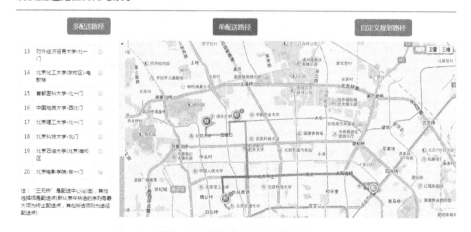

图 9.13 单配送路径规划结果

5. 自定义路径规划

在系统界面单击"自定义规划路径"按钮，展示自定义路径规划结果，如图 9.14 所示。

图 9.14 自定义路径规划结果

9.3.4 数据交互

（1）在位置设置完成后单击"确定"按钮，系统会在根目录下的 data 文件夹下生成 output.txt 文件，保存有本次所有节点间的距离信息，供各种算法调用。

（2）各种算法调用返回的结果需放入 data 文件夹下的 input.txt 文件中，供自定义规划路径使用。

案例

京东展示物流配送平台 GIS 应用为北斗支招

京东应邀出席第三届中国电子信息博览会，京东集团青龙研发部总监李鹏涛在同期举办的"2015 中国北斗产业化应用论坛"上全面介绍了 GIS 在京东物流配送系统中的应用。通过自主研发的 GIS，京东可以对订单轨迹、行车轨迹、配送员轨迹做实时的监控和调度，并可以实现基于 GIS 的 O2O 等服务，大大提高了用户的购物体验。

京东拥有中国电商行业最大的仓储物流设施。截至 2014 年 12 月 31 日，京东在全国拥有 7 大物流中心，在全国 40 座城市运营着 123 个大型仓库，拥有 3 210 个配送站和自提点，覆盖全国 1 862 个区县。京东专业的配送队伍已拥有 5 万多名员工，上千台车辆，每天的包裹数量达到数百万之巨。如何才能支撑如此庞大的配送体系，为京东的用户提供一系列专业的服务呢？李鹏涛在演讲中表示，在支撑京东物流配送的青龙系统中，正是通过自主研发的 GIS 实现了对物流运输的有力保障。

京东通过 GIS 系统的应用，可以对订单轨迹、行车轨迹、配送员轨迹做实时的监控和调度。在企业端完成站点规划、车辆调度、GIS预分拣、配送员路径优化、GIS单量统计等模块管理,对用户实现基于位置的服务(Location Based Service,LBS)、订单全程可视化、送货时间可预期、基于GIS的O2O等服务,大大提高了用户的购物体验。京东青龙系统GIS架构如图9.15所示。

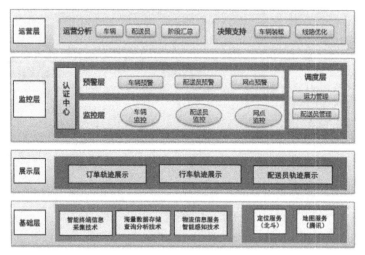

图9.15　京东青龙系统GIS架构

据了解,京东GIS架构包含基础层、展示层、监控层和运营层,通过不断进行系统优化,京东物流系统已经发挥出规模效应,有效解决了物流配送环节的突出问题。在北斗产业化应用方面,京东物流体系对北斗芯片的功耗要求更低,稳定性要求更高,李鹏涛建议有关北斗芯片研发、系统生产厂家可以积极扩展商业联盟,和互联网企业结合,从芯片研发到企业应用形成闭环效应,以提高北斗在生产、生活等实际应用方面的规模和效率,做大做强我国的北斗产业。

据悉,我国北斗市场空间巨大,产业发展迅速,预计到2020年产值将超4 000亿元,在这个过程中,北斗终端市场占有率将迅速提升,届时可望发展成为全球范围内与GPS比肩的导航系统。业内人士认为,京东在北斗应用方面不断地研发与探索,不但能够为京东物流配送体系的发展提供有力保障,进一步提升京东的用户体验,同时也积极推动了北斗技术的落地,促进北斗相关产业的共同发展,为北斗产业联盟的形成与壮大做出贡献。

本章小结

本章首先介绍了GIS车辆信息管理系统,主要介绍了车辆信息管理系统的组成、工作原理和结构。

接着展示了物流配送路径优化系统,该系统可实现物流配送中心、配送点、配送路径的模拟展示,对比算法优化前后配送路径的差异。其主要功能包括多配送路径展示、单配送路径展示、自定义路径展示等。读者要重点掌握物流配送路径优化系统的操作和使用。

最后通过案例展示了京东物流配送平台GIS,便于读者了解GIS的功能。

关键术语

车辆信息管理系统(Vehicle Information Management System)

物流配送路径优化系统(Logistics Distribution Path Optimization System)

单配送路径(Single Distribution Path)

多配送路径(Multiple Distribution Path)

自定义路径(Custom Path)

习 题

思考题

试着操作物流配送路径优化系统,比较在多配送路径、单配送路径和自定义规划路径下,路径方案有什么区别。

附录　主要术语

物流：中国的《物流术语》GB/T 18354—2006 标准将物流定义为，物流是物品从供应地向接收地的实体流动过程。在物品的流动过程中，根据实际需要，将运输、储存、装卸、搬运、包装、流通加工、配送、信息处理等功能有机结合。

配送：配送是指在经济合理区域范围内，根据客户要求，对物品进行拣选、加工、包装、分割、组配等作业，并按时送达指定地点的物流活动。配送是物流中一种特殊的、综合的活动形式，是商流与物流紧密结合，包含了商流活动和物流活动，也包含了物流中若干功能要素的一种形式。

电子商务：电子商务是以信息网络技术为手段，以商品交换为中心的商务活动；也可理解为在国际互联网（Internet）、企业内部网（Intranet）和增值网（Value Added Network，VAN）上以电子交易方式进行交易活动和相关服务的活动，是传统商业活动各环节的电子化、网络化、信息化。

车辆路径规划问题：车辆路径规划问题（VRP）是指一定数量的客户，各自有不同数量的货物需求，配送中心向客户提供货物，由一个车队负责分送货物，组织适当的行车路线，目标是使客户的需求得到满足，并能在一定的约束下，达到如路程最短、成本最小、耗费时间最少等目的。

精确算法：精确算法指可求出最优解的算法。到目前为止，已提出的精确算法种类较多，有分支定界法、割平面法、整数规划算法和动态规划算法等。

启发式算法：一个基于直观或经验构造的算法，在可接受的花费（指计算时间和空间）下给出待解决组合优化问题每一个实例的一个可行解，该可行解与最优解的偏离程度一般不能被预计。

地理信息系统：地理信息系统（GIS）是一门综合性学科，结合地理学与地图学，以及遥感和计算机科学，已经广泛地应用在不同的领域，是用于输入、存储、查询、分析和显示地理数据的计算机系统，随着 GIS 的发展，也有人称 GIS 为地理信息科学（Geographic Information Science），近年来，还有人称 GIS 为地理信息服务（Geographic Information Service）的。GIS 是一种基于计算机的工具，它可以对空间信息进行分析和处理（简而言之，是对地球上存在的现象和发生的事件进行成图和分析）。GIS 技术把地图这种独特的视觉化效果和地理分析功能与一般的数据库操作（如查询和统计分析等）集成在一起。

全球定位系统：全球卫星定位系统 GPS 是一种结合卫星及通信发展的技术，利用导航卫星进行测时和测距。GPS 是美国从 20 世纪 70 年代开始研制的，历时 20 余年，耗资 200 亿美元，于 1994 年全面建成。其是具有海陆空全方位实时三维导航与定位能力的新一代卫星导航与定位系统。

条码：条码是将宽度不等的多个黑条和空白，按照一定的编码规则排列，用以表达一组信息的图形标识符。常见的条码是由反射率相差很大的黑条（简称条）和白条（简称空）

排成的平行线图案。条码可以标出物品的生产国、制造厂家、商品名称、生产日期、图书分类号、邮件起止地点、类别、日期等许多信息,因而在商品流通、图书管理、邮政管理、银行系统等许多领域都得到了广泛应用。

射频识别技术:射频识别(RFID)技术是一种无线通信技术,可以通过无线电信号识别特定目标并读写相关数据,无须在识别系统与特定目标之间建立机械或光学接触。

MATLAB:MATLAB 是美国 MathWorks 公司出品的商业数学软件,提供用于算法开发、数据可视化、数据分析及数值计算的高级技术计算语言和交互式环境,主要包括 MATLAB 和 Simulink 两大部分。

MATLAB 是 MATrix&LAToratory 两个词的组合,意为矩阵工厂(矩阵实验室)。它将数值分析、矩阵计算、科学数据可视化及非线性动态系统的建模和仿真等诸多强大功能集成在一个易于使用的视窗环境中,为科学研究、工程设计及必须进行有效数值计算的众多科学领域提供了一种全面的解决方案,并在很大程度上摆脱了传统非交互式程序设计语言(如 C、Fortran)的编辑模式,代表了当今国际科学计算软件的先进水平。

遗传算法:遗传算法是模拟达尔文生物进化论的自然选择和遗传学机理的生物进化过程的计算模型,是一种通过模拟自然进化过程搜索最优解的方法。遗传算法是从代表问题可能潜在的解集的一个种群开始的,一个种群由经过基因编码的一定数目的个体组成。每个个体实际上是染色体带有特征的实体。染色体作为遗传物质的主要载体,即多个基因的集合,其内部表现(即基因型)是某种基因组合,它决定了个体的形状的外部表现。

混合粒子群算法:混合粒子群算法也称粒子群优化算法属于进化算法的一种,和模拟退火算法相似,它也从随机解出发,通过迭代寻找最优解,通过适应度来评价解的品质,但它的规则比遗传算法的规则更为简单,没有遗传算法的交叉(Crossover)和变异(Mutation)操作,它通过追随当前搜索到的最优值来寻找全局最优。

模拟退火算法:模拟退火算法来源于固体退火原理,是一种基于概率的算法,将固体加热至温度充分高,再让其徐徐冷却,加温时,固体内部粒子随温度的升高变为无序状,内能增大,而徐徐冷却时粒子渐趋有序,在每个温度都达到平衡态,最后在常温时达到基态,内能减为最小。

蚁群算法:蚁群算法又称蚂蚁算法,是一种用来在图中寻找优化路径的概率型算法。蚁群算法是一种模拟进化算法,初步的研究表明该算法具有许多优良的性质。研究人员针对 PID 控制器参数优化设计问题,将蚁群算法设计的结果与遗传算法设计的结果进行了比较,数值仿真结果表明,蚁群算法具有一种新的模拟进化优化方法的有效性和应用价值。

B:字节。

min:分钟。

s:秒。

MHz:兆赫兹。

m:米。

h:小时。

km：千米。

mm：毫米。

mil：千分之一英寸。

int：整数。

dist[ ]：距离。

参 考 文 献

[1] 中国物品编码中心. 条码技术与应用[M]. 北京：清华大学出版社，2003.

[2] 朱金玉. 现代物流基础[M]. 北京：中国物资出版社，2003.

[3] 徐勇谋. 现代物流管理基础[M]. 北京：化学工业出版社，2003.

[4] 重大战略决策京津冀协同发展规划纲要获批. [2015 - 04 - 30]. http：//baike. baidu. com/link? url = LYA – 0G4BjuNrzpOVEVcle63HZtrmaZzW4s59e1sMtGG6uTlhGXJnLcOanR1F9xFobTQnV_Y8Y_wyYN56mw_QSkqXn24Wjtx – HbZ41EplIV8VWFjQK0dPemWS1yrC – PAeB7Sfunj4BmO23xXLVU – UI – hJyHmrYE061d1a5Fb2w8gqod2fYmESiftOBEGrsufv4Uzscl62qyQEz8 – XiZBN1K – ref_[7]_16985873.

[5] 郎茂祥. 配送车辆优化调度模型与算法[M]. 北京：电子工业出版社，2009.

[6] 李珍萍，周文峰. 物流配送中心选址与路径优化问题：建模与求解[M]. 北京：机械工业出版社，2014.

[7] 赵燕伟，张景玲，王万良. 物流配送的车辆路径优化方法[M]. 北京：科学出版社，2014.

[8] 张潜. 物流配送路径优化调度建模与实务[M]. 北京：中国物资出版社，2006.

[9] 陈久梅. 配送系统优化中两级定位 – 路径问题建模及算法[M]. 北京：科学出版社，2014.

[10] 孙瑛，韩杨，刘娜. 物流运输管理实务[M]. 北京：清华大学出版社，2011.

[11] 于凤青. 物流配送车辆优化调度问题研究[D]. 沈阳：沈阳工业大学，2007.

[12] 曹莹，宋金宝. 基于GIS的车辆信息管理系统[J]. 中国传媒大学学报：自然科学版，2008，15(2)：63 – 66.

[13] 徐丽群. 运输物流管理[M]. 北京：机械工业出版社，2007.

[14] 郑阿奇. MATLAB实用教程[M]. 3版. 北京：电子工业出版社，2012.

高等院校物流专业创新规划教材

序号	书名	书号	编著者	定价	序号	书名	书号	编著者	定价
1	物流工程	7-301-15045-0	林丽华	30.00	40	物流系统优化建模与求解	7-301-22115-0	李向文	32.00
2	物流管理信息系统	7-301-16564-5	杜彦华	33.00	41	集装箱运输实务	7-301-16644-4	孙家庆	34.00
3	现代物流学	7-301-16662-8	吴 健	42.00	42	库存管理	7-301-22389-5	张旭凤	25.00
4	物流英语	7-301-16807-3	阚功俭	28.00	43	运输组织学	7-301-22744-2	王小霞	30.00
5	采购管理与库存控制	7-301-16921-6	张 浩	30.00	44	物流金融	7-301-22699-5	李蔚田	39.00
6	物料学	7-301-17476-0	肖生苓	44.00	45	物流系统集成技术	7-301-22800-5	杜彦华	40.00
7	物流项目招投标管理	7-301-17615-3	孟祥茹	30.00	46	商品学	7-301-23067-1	王海刚	30.00
8	物流运筹学实用教程	7-301-17610-8	赵丽君	33.00	47	项目采购管理	7-301-23100-5	杨 丽	38.00
9	现代物流基础	7-301-17611-5	王 侃	37.00	48	电子商务与现代物流	7-301-23356-6	吴 健	48.00
10	现代物流管理学	7-301-17672-6	丁小龙	42.00	49	国际海上运输	7-301-23486-0	张良卫	45.00
11	供应链库存管理与控制	7-301-17929-1	王道平	28.00	50	物流配送中心规划与设计	7-301-23847-9	孔继利	49.00
12	物流信息系统	7-301-18500-1	修桂华	32.00	51	运输组织学	7-301-23885-1	孟祥茹	48.00
13	城市物流	7-301-18523-0	张 潜	24.00	52	物流管理	7-301-22161-7	张仝举	49.00
14	营销物流管理	7-301-18658-9	李学工	45.00	53	物流案例分析	7-301-24757-0	吴 群	29.00
15	物流信息技术概论	7-301-18670-1	张 磊	28.00	54	现代物流管理	7-301-24627-6	王道平	36.00
16	物流配送中心运作管理	7-301-18671-8	陈 虎	40.00	55	配送管理	7-301-24848-5	傅莉萍	48.00
17	物流工程与管理	7-301-18960-3	高举红	39.00	56	物流管理信息系统	7-301-24940-6	傅莉萍	40.00
18	国际物流管理	7-301-19431-7	柴庆春	40.00	57	采购管理	7-301-25207-9	傅莉萍	46.00
19	商品检验与质量认证	7-301-10563-4	陈红丽	32.00	58	现代物流管理概论	7-301-25364-9	赵跃华	43.00
20	供应链管理	7-301-19734-9	刘永胜	49.00	59	物联网基础与应用	7-301-25395-3	杨 扬	36.00
21	逆向物流	7-301-19809-4	甘卫华	33.00	60	仓储管理	7-301-25760-9	赵小柠	40.00
22	供应链设计理论与方法	7-301-20018-6	王道平	32.00	61	采购供应管理	7-301-26924-4	沈小静	35.00
23	物流管理概论	7-301-20095-7	李传荣	44.00	62	供应链管理	7-301-27144-5	陈建岭	45.00
24	供应链管理	7-301-20094-0	高举红	38.00	63	物流质量管理	7-301-27068-4	钮建伟	42.00
25	企业物流管理	7-301-20818-2	孔继利	45.00	64	物流成本管理	7-301-28606-7	张 远	36.00
26	物流项目管理	7-301-20851-9	王道平	30.00	65	供应链管理(第2版)	7-301-27313-5	曹翠珍	49.00
27	供应链管理	7-301-20901-1	王道平	35.00	66	现代物流信息技术(第2版)	7-301-23848-6	王道平	35.00
28	物流学概论	7-301-21098-7	李 创	44.00	67	物流信息管理(第2版)	7-301-25632-9	王汉新	49.00
29	航空物流管理	7-301-21118-2	刘元洪	32.00	68	物流项目管理(第2版)	7-301-26219-1	周晓晔	40.00
30	物流管理实验教程	7-301-21094-9	李晓龙	25.00	69	物流运作管理(第2版)	7-301-26271-9	董千里	38.00
31	物流系统仿真案例	7-301-21072-7	赵 宁	25.00	70	物流技术装备(第2版)	7-301-27423-1	于 英	49.00
32	物流与供应链金融	7-301-21135-9	李向文	30.00	71	物流运筹学(第2版)	7-301-28110-9	郝 海	45.00
33	物流信息系统	7-301-20989-9	王道平	28.00	72	交通运输工程学(第2版)	7-301-28602-9	于 英	48.00
34	物流项目管理	7-301-21676-7	张旭辉	38.00	73	第三方物流(第2版)	7-301-28811-5	张旭辉	38.00
35	现代企业物流管理实用教程	7-301-17612-2	乔志强	40.00	74	现代仓储管理与实务(第2版)	7-301-28709-5	周兴建	48.00
36	出入境商品质量检验与管理	7-301-28653-1	陈 静	32.00	75	物流配送路径优化与物流跟踪实训	7-301-28763-7	周晓光	42.00
37	智能物流	7-301-22036-8	李蔚田	45.00	76	智能快递柜管理系统实训	7-301-28815-3	杨萌柯	39.00
38	新物流概论	7-301-22114-3	李向文	34.00	77	物流信息技术实训	7-301-28807-8	周晓光	38.00
39	物流决策技术	7-301-21965-2	王道平	38.00	78	电子商务网站实训	7-301-28831-3	邢 颖	45.00

如您需要浏览更多专业教材，请扫下面的二维码，关注北京大学出版社第六事业部官方微信(微信号：pup6book)，随时查询专业教材、浏览教材目录、内容简介等信息，并可在线申请纸质样书用于教学。

感谢您使用我们的教材，欢迎您随时与我们联系，我们将及时做好全方位的服务。联系方式：010-62750667，63940984@qq.com, pup_6@163.com, lihu80@163.com，欢迎来电来信。客户服务QQ号：1292552107，欢迎随时咨询。